CB024555

Dados de Catalogação na Publicação (CIP) Internacional
(Câmara Brasileira do Livro, SP, Brasil)

Hiilman, James.
Entre vistas : conversas com Laura Pozzo sobre psicoterapia, biografia, amor, alma, sonhos, trabalho, imaginação e o estado da cultura / James Hillman, com Laura Pozzo ; [tradução Lúcia Rosenberg e Gustavo Barcellos]. — São Paulo : Summus, 1989.

1. Pozzo, Laura 2. Psicanálise 3. Psicologia I. Pozzo, Laura. II. Título.

CDD-150
-150.195092
-616.8917
NLM-WM 460

89-0747

Índices para catálogo sistemático:

1. Psicanálise : Medicina 616.8917
2. Psicanalistas : Biografia e obra 150.195092
3. Psicologia 150

ENTRE VISTAS

CONVERSAS COM LAURA POZZO SOBRE PSICOTERAPIA, BIOGRAFIA, AMOR, ALMA, SONHOS, TRABALHO, IMAGINAÇÃO E O ESTADO DA CULTURA

James Hillman

Do original em língua inglesa
INTER VIEWS

Tradução de:
Lúcia Rosenberg e Gustavo Barcellos

Capa de:
Roberto Strauss

"Laura Pozzo" é um pseudônimo

Direitos para a língua portuguesa
adquiridos por SUMMUS EDITORIAL LTDA.
Rua Cardoso de Almeida, 1287
05013 — São Paulo — SP
Telefone (011) 872-3322
Caixa Postal 62.505 — CEP 01295
que se reserva a propriedade
desta tradução.

Impresso no Brasil

ÍNDICE

APRESENTAÇÃO DA EDIÇÃO BRASILEIRA

Já é tempo de James Hillman ser encarado mais seriamente no Brasil. Os junguianos sempre estiveram mais inclinados na direção das artes, da religião e da filosofia do que na da ciência. Esta tendência encontra enorme ressonância em Hillman, que é visto por alguns, mas certamente não por todos, como o pensador mais provocativo e abrangente de sua geração.

O terreno intelectual de Hillman estende-se a partir do ponto em que a psicologia e as ciências humanas se encontram. Num momento em que a maioria dos analistas, especialmente os da escola freudiana, procura estabelecer uma credibilidade científica para seu trabalho, Hillman aparece mais interessado em re-colocar a atividade psicológica junto das artes, da literatura, da mitologia, da poesia. Hillman escreve e fala sobre terapia como um homem da Renascença.

Como ele afirma, a psicologia esqueceu-se de que é o "estudo da alma". Mas alma, para Hillman, tem um sentido específico, um sentido psicológico: ela deve ser encontrada na capacidade humana de imaginação, manifesta em sonhos e em fantasias, poesia e arte. Uma das idéias mais radicais de Hillman é a de que o próprio mundo possui uma alma, e a terapia deveria não apenas reconhecer este fato, mas ajudar os pacientes a cultivar a habilidade de perceber melhor o mundo. Acreditamos que estas idéias focalizadas por Hillman nos levam a reconhecer a terapia de maneira inteiramente diversa: como nas artes, a terapia também deveria propiciar uma mudança na percepção.

Nessa perspectiva, encaramos o desenvolvimento de um "sentido de alma" como condição e objetivo para o trabalho psicológico, quer em teoria, quer em análise, quer na relação que se tem com o mundo. Em sua abordagem terapêutica — a psicologia arquetípica — Hillman utiliza imagens, que a alma produz, em mitos ou sonhos, para explorar a vida interior de seus pacientes. Seu trabalho clínico cria uma terapia que está de fato mais próxima da arte do que da ciência.

Sabemos que muito do que Hillman diz hoje é de difícil aceitação, especialmente porque leva a reflexão junguiana e sua perspectiva mitológica e cultural para a compreensão não somente daquilo que se relaciona com os fatos da vida do paciente, mas também para o cultivo da imaginação no mundo das idéias.

No Brasil carecemos de uma reflexão junguiana desse porte. A grande maioria de seus livros ainda não está traduzida. Quando pensamos em traduzir *Entre Vistas* queríamos acima de tudo despertar a curiosidade do leitor pela obra desse autor tão surpreendente. Esse livro importante e oportuno na medida em que Hillman fala basicamente de tudo aquilo que em outras obras ele desenvolve mais profundamente. Aqui entramos em contato com o pensador James Hillman, o homem discutindo suas idéias num debate vivo com a entrevistadora, que aparece sob o pseudônimo de Laura Pozzo, e que mostra conhecer a fundo a obra de Hillman. Ela conduz a conversa de forma a despertar em Hillman exatamente os temas sobre os quais sentimos que ele gostaria de estar falando. Por outro lado, consegue até um capítulo inteiro sobre biografia, assunto que ele prefere sempre evitar. A entrevista desenrola-se num clima de bastante integração. Quem será Laura?

Lúcia Rosenberg
Gustavo Barcellos
São Paulo, fevereiro, 1989.

PREFÁCIO DOS AUTORES

No verão de 1980 voei de Roma a Zurique para um encontro com James Hillman, que havíamos acertado por correspondência. A Editora Laterza, em Bari, Itália, havia concordado com minha proposta de entrevistar James Hillman sobre psicologia profunda, psicoterapia e o estado da cultura para sua coleção de pequenos livros com intelectuais famosos discutindo suas visões sobre a atualidade. Eu já havia feito o trabalho com R. D. Laing e fiquei bastante interessada em trabalhar com James Hillman. Já tinham sido publicadas em italiano algumas traduções de seus trabalhos, a psicologia arquetípica estava se tornando oficialmente conhecida e registrada na *Enciclopédia Italiana do Século XX*, e *O Mito da Análise* e *Pan and the Nightmare* eram *best-sellers*. Como reconhecimento de sua importância, em 1981 Hillman recebeu a Medalha da Comuna de Florença pelo elo que estabeleceu entre as novas direções do pensamento psicológico e a psicologia da Renascença florentina.

As questões referentes à Itália que aparecem na entrevista não são, entretanto, direcionadas apenas ao público italiano. Elas expressam a orientação fundamental do trabalho de Hillman no que diz respeito a uma psicologia que ele chama de "mediterrânea" ou "meridional" em suas raízes culturais, seus temas e suas perspectivas — ou seja, mítica, passionalmente intelectual, estética e urbana. A idéia da Itália como um território imaginal amplo e variado para esse tipo de psicologia era intrigante. Para mim, a tentativa de Hillman era um novo passo da jornada italiana na imaginação setentrional. Essa psicologia à qual Hillman se refere como "uma terapia da imaginação que re-imagina a terapia" teve, no meu entender, grande relevância para a Itália, e também para além dela.

A minha formação é principalmente em literatura, tanto a renascentista quanto a moderna — minha área de estudo e pesquisa na Universidade de Roma —, e em psicologia — freudiana e junguiana. Também escrevo, faço traduções e críticas, e foi como uma jornalista independente que me ocorreu a idéia da entrevista. Levei comigo para a Suíça questões específicas e temas amplos, e estava curiosa para saber no que resultaria essa aventura: eu realmente não fazia idéia daquilo em que estava me metendo.

Hillman — que havia voltado para a América (Dallas, Texas, em 1978) depois de viver trinta anos na Europa — estava novamente na Europa *en route* para a Conferência de Eranos, em Ascona. Ele reservou uns cinco dias para o nosso papo. Nossos encontros aconteceram num apartamento silencioso e só parávamos para as refeições. Não apenas o gravador mas também nossa conversa quebrava-se aqui e ali — nossa briga era como o próprio paradigma: a entrevista como forma, a interlocução de pergunta-resposta como sendo inapropriada para uma psicologia da alma, a noção de biografia, e a interferência de uma imaginação tão viva numa discussão racional.

Mais tarde, quando transcrevi as fitas e comecei a tradução para o italiano, tornou-se evidente que teríamos que nos encontrar novamente. Havia muitos pontos obscursos, lacunas e repetições. Os encontros subseqüentes aconteceram em Roma, em fevereiro, e em Ascona, em outubro, 1981. O que aparece aqui se deve não somente à nossa agradável cooperação, mas especialmente ao carinho que James posteriormente dedicou à edição do texto.

Laura Pozzo

Desde o começo a idéia deste livro, e também dos tópicos, assim arranjados em capítulos, era de Laura Pozzo. Ela chegou ao nosso primeiro encontro com um plano definido ao qual fomos basicamente fiéis. Seu amplo *background* cultural, a variedade de idiomas que domina, e seu conhecimento específico do meu trabalho permitiram-me a liberdade de ultrapassar a explicação de conceitos básicos: eu não precisei começar, repito, do ponto zero. Como entrevistadora, ela se manteve pouco intromissiva, graciosamente convidando a aparição de múltiplas e exuberantes respostas no entrevistado. Ajudaram na versão final Patricia Berry e Hope Harris. Laura e eu agradecemos nossos editores, Hugh Van Dusen e Janet Goldstein.

James Hillman

1 SOBRE A ENTREVISTA

L.P. *Você parece estar bastante incomodado por dar esta entrevista. Por quê?*

J.H. Eu tenho uma sensação esquisita sobre a coisa toda. Não confio em jornalismo, entrevistas. Nunca fui capaz de participar de uma entrevista, seja na televisão ou no rádio, uma entrevista sempre me pareceu uma arapuca. Além disso, eu tenho uma sensação tremendamente forte de que o trabalho é dez vezes mais interessante do que a pessoa, as entrevistas não ajudam particularmente a entender o trabalho: elas podem até mesmo roubá-lo, trapaceá-lo, desperdiçá-lo. Eu acredito *no trabalho.*

L.P. *Eu não pretendo desvinculá-lo de seu trabalho. É por ele que estamos aqui. A psicologia arquetípica que você desenvolveu a partir de Jung tem algumas das idéias culturais mais importantes de nossos dias. É uma revolução na psicologia em todos os sentidos — o estilo de pensar e de escrever, a tradição clássica onde ela se origina (nos mitos, na literatura, na filosofia platônica, o modo como você encara psicopatologia, o sentido daquilo que você chama de "alma" em todos os seus trabalhos... Eu quero que exploremos o "trabalho".*

J.H. Mas o trabalho está disponível — os livros estão aí. E o trabalho requer tanto trabalho para chegar onde você quer... Você nunca vai conseguir isto numa conversa; conversar é muito fácil — a menos que a conversa atinja um certo pico...

L.P. *Por que aceitou fazer esta entrevista, então?*

J.H. No ano passado eu tentei novamente sair do *Schreibstube* — aquele *closet* da introversão —, sentar, escrever e clinicar. Rodei toda a América, falando e ouvindo perguntas. As perguntas me forçaram a pensar coisas, a dizer coisas. As coisas saíam de minha boca, e eu ficava fascinado ao ouvir aquilo que vinha, como se a boca pudesse dizer coisas novas e coisas diferentes daquelas que vêm de minhas mãos quando estou escrevendo. Além disso, há uma outra razão: eu me interesso muito pelo que acontece na Itália.

L.P. *Por que isso?*

J.H. Porque eu gosto de pensar que meu trabalho está sendo escrito a partir de uma fantasia mediterrânea.

L.P. *O que você quer dizer com "fantasia mediterrânea"?*

J.H. Isto tem a ver em parte, vamos dizer, com a Renascença, que eu agora estou tentando trazer de volta num estilo de pensamento que tenha a ver com "figura" — pessoas, figuras, retórica, estilo —, com uma psicologia que não é conceitual. Todas essas coisas penetram de algum modo na minha fantasia da Itália. Mas esta é a minha *fantasia* da Itália.

L.P. *Você poderia explicar isso mais claramente? É muito difícil para um italiano aceitar ser uma fantasia, apesar de os italianos terem sido sempre, em em todos os lugares, objetos de fantasia.*

J.H. Bem, não é que eu esteja "caracterizando" os italianos; é que simplesmente há uma geografia que é física e uma geografia que é imaginal. Shakespeare tinha uma imaginação da Itália, assim ele podia colocar todo tipo de coisas na Itália, e Nietzsche tinha uma imaginação da Itália, Goethe tinha uma imaginação da Itália, Jung teve grandes sonhos localizados na Itália. A Itália tem sofrido a imaginação setentrional ou tirado proveito da imaginação setentrional há séculos. Então, eu tenho uma imaginação "italiana", uma fantasia de que a mente, o coração ou a *anima* italianos respondem a um tipo de pensamento mais estético. Para mim, escrever a partir de uma fantasia mediterrânea significa deixar que considerações estéticas desempenhem um papel bem importante; não me importo muito em cometer erros, como ser muito sentimental ou nebuloso ou decorativo ou supercomplicado e barroco ou estar amarrado a formas e palavras tradicionais — vamos chamá-los de erros "italianos". De qualquer forma, estes são melhores do que erros alemães, setentrionais, ou aquela bobagem francesa sobre clareza e suas obsessões semânticas. Eu sempre amei Vico por seu ódio a Descartes e à mente francesa. A América tem a "doença francesa" — estruturalismo, lacanismo, Derrida —, e quando eles não têm essa, eles pegam a sarna alemã: Heidegger, Hesse, pra não falar da psicologia profunda alemã... Eu gostaria que eles pudessem pelo menos uma vez ser infectados pela Itália.

L.P. *Eu me pergunto se a sua "Itália" e esses "erros" italianos pertencem à Itália que eu conheço ou a uma fantasia literária que você precisa para poder fazer aquilo que quer. Eu suponho que você tenha que ter um "lugar", um solo geográfico de onde possam brotar suas idéias.*

J.H. Isso aí, bom! Mas há algo mais sobre a Itália que eu devo confessar. Para mim ela é verdadeiramente a sociedade naquele estado de *Umbruch*, como diriam os alemães, despedaçando-se, quebrando-se; e este desmoronamento é completamente real, bem ali nas ruas. Ao mesmo tempo, parece haver muito mais vida mental acontecendo na Itália do que, por exemplo, na Alemanha. Vocês publicam mais livros, mais traduções do que na Alemanha, França ou Inglaterra. Em parte por causa deste desmoronamento, desta desestruturação, as idéias se tornam necessidades, não um luxo. A maneira como vocês pensam e o que vocês pensam na Itália é extremamente importante porque determina a maneira como vocês são. Então uma idéia psicológica não se torna apenas um caminho subjetivo para o autoconhecimento, como a cultura do "eu" na Califórnia. Na Itália idéias psicológicas vão além da cultura do "eu", espalham-se para toda a cultura, para como viver, porque vocês estão lutando com o problema da sobrevivência. Experiência, pode-se dizer — mas eu não uso esta palavra, é muito abstrata —, é ser assassinado nas ruas, ou raptado, ou ter seus amigos levados pela polícia, ou sabe Deus o que mais, algo está acontecendo que faz com que seu intelecto imediatamente se engaje. Como na Renascença. Não há outra saída, exceto engajar-se. E isto é parte daquilo que chamo estética — consciência sensorial imediata, direta, como um animal que vive através de sua inteligência sensorial. Há também na Itália toda uma consciência coletiva que está vivendo alguma coisa. E está provavelmente processando dois mil anos de Igreja num curto espaço de tempo, confrontando a antiga cultura cristã com a nova: para mim toda a cultura ocidental está ali como num microcosmo, na Itália mais do que em qualquer outro lugar... Meu Deus, já estou na entrevista e não quero estar.

Está vendo, é disso que eu não gosto. É *inflação*. Estou lhe dizendo tudo sobre a Itália — e o que é que eu sei sobre a Itália?! É o *seu* país.

L.P. *É a sua fantasia da Itália, sua Itália de fantasia. Mas por que você fala que uma entrevista gera inflação?*

J.H. Porque me perguntam questões egóicas diretas, e eu respondo do topo de minha cabeça, e eu vomito opiniões. Ao escrever, você pode elaborá-las. Numa entrevista elas aparecem muito cheias de importância. Receio que todo o empenho venha apenas nos inflar aos dois. Você sabe que o próprio falar leva à inflação — ficar sentado horas num café, o velho hábito mediterrâneo, pode manter seu espírito lá em cima. É como uma droga.

L.P. *Então não é apenas que você não gosta da entrevista, você receia esta subida, embriagar-se com ela.*

J.H. Isto é porque entrevistas têm um certo estilo e este estilo é contra-indicado para a psicologia na forma como eu a vejo. Entrevistas pertencem a um gênero egóico: um ego perguntando a outro ego. A gente considera que deve-se proceder em termos de "eu respondo uma pergunta" e portanto devo "ater-me ao tópico", "ao assunto dado", e tenta-se responder, você sabe, de uma forma precisa, firme, racional. Isto em psiquiatria é chamado de "pensamento direcionado". Tudo ego. Agora, a psicologia que eu quero fazer não se dirige ao ego. Ela deve evocar a imaginação, ser extremamente complexa; deve falar com emoção, a partir da emoção e para a emoção; então como você pode, numa entrevista, fazer com que toda esta complexidade apareça? Como você pode falar a toda a psique ao mesmo tempo? Quando estou escrevendo, estou consciente de que abordo um tema na segunda ou terceira página e de que não vou mexer com ele por um bom tempo, e volto a ele mais tarde; o trabalho de escrever uma monografia, um artigo ou um capítulo é sempre conscientemente elaborado, conscientemente moldado, como se fosse um trabalho de arte... Agora, qual o trabalho de arte numa entrevista? Eu não sei qual é! A retórica de uma entrevista é uma retórica egóica, e eu fico paralisado neste estilo. Não posso usar toda a minha paleta, tenho de cortar tudo o mais e responder àquela questão específica. Torna-se um pensar monoteísta, e eu não posso fazer isso. Eu não posso pensar monoteisticamente. Um amigo meu diz que há três coisas que um psicólogo deve evitar: o debate, o programa de TV e a entrevista. Nenhuma profundidade.

L.P. *Muito interessante observá-lo atacar e destruir a própria área em que estamos trabalhando. Suas observações contra a entrevista fazem parte de seu método. Quando você escreve sobre qualquer assunto, e eu estou pensando em seu trabalho sobre parapsicologia, ou seu livro sobre o suicídio ou mesmo sobre Freud e Jung, primeiro você sempre limpa a área com um ataque ao próprio assunto, como se não valesse a pena ou fosse impossível escrever sobre ele. Você constrói sua estrutura pela desestruturação não somente das idéias de um determinado campo, mas do próprio campo — neste caso, a entrevista.*

J.H. Não se deve começar primeiro encarando a falta de esperança? Se começamos secretamente assumindo que sabemos o que estamos fazendo, se começamos com entusiasmo, caímos de cara.

L.P. *Poderíamos deixar que a falta de esperança aparecesse como ironia...*

J.H. Gostei: a ironia desta entrevista é que ela é desesperançada. Este é um bom começo — bem na patologia.

L.P. *Eu estava pensando mais na ironia platônica, que somos mais como personagens num diálogo que está sendo imaginado por um autor, o autor saberia exatamente onde estamos indo enquanto que os personagens não. Eles estariam se sentindo desesperançados apesar de estarem na verdade levando a ação adiante.*

J.H. O que me interessa realmente é a parte que não sabe, porque isto significa simplesmente deixar que os personagens falem, a boca. Mas uma entrevista não é um diálogo clássico é uma peça de ficção, mas nossa conversa deve ser espontânea, cinema verdade, ser o que é. Literalmente real — e, diabos, eu não quero me envolver com nada que seja literalmente real. É como estar no tribunal, onde você responde questões, trazendo evidências materiais para o seu ponto de vista, defendendo sua posição. Então, o melhor que podemos fazer é fingir que isto é literalmente real, fingir que estamos agora fazendo aquela peça chamada "uma entrevista".

L.P. *Isto parece sofisma, até trapaça. E o leitor que comprou o livro? Será decente fingir que estamos fazendo algo que na verdade não estamos? O leitor espera verdade, e ele tem o direito de esperar por isso.*

J.H. O leitor está muito em mente. Não poderíamos estar fazendo isto sem ele — ou ela. Talvez devêssemos falar diretamente com este leitor, agora mesmo: Leitor, por favor, não pare de ouvir; por favor, não fique bravo; por favor, não pense que o estamos deixando de lado. Deixe-me explicar: eu sou na verdade um escritor e é difícil falar diretamente. Realmente, eu não tenho coragem para tal. Eu tenho que fazer isto no meu canto, escrevendo. Quando me fazem uma pergunta diretamente, num confronto, eu me torno um covarde. Portanto, a entrevista não é meu estilo. Normalmente, eu escrevo cartas a meus amigos e aos meus filhos em vez de dizer as coisas ao vivo. Eu necessito de algum tipo de artifício entre mim e você para poder ser sincero. Eu preciso de sofisticação simplesmente para não ser sofista.

L.P. *Há uma bela frase de Kafka que diz mais ou menos assim: "Confissão e mentira são a mesma coisa. Não podemos comunicar o que somos, justamente porque o somos. Podemos comunicar apenas aquilo que não somos: ou seja, somente a mentira". Não podemos comunicar o que somos justamente porque verdade e sinceridade não são a mesma coisa. Então você pode falar a verdade sem ser sincero.*

J.H. A verdade é revelada. Não pode ser contada. Nós não podemos falar a verdade. Ela deve aparecer na fala, ou através da fala. É por isso que, em psicanálise, escutamos aquilo que *não* é dito, e novamente é isto que está errado numa entrevista: ela põe muito foco naquilo que é dito.

L.P. *Mas o leitor não precisa focar-se naquilo que é dito. Ele pode ler a entrevista como um psicanalista — ou como Kafka, ou Oscar Wilde, que também escreveram sobre o valor da mentira.*

J.H. Às vezes, inocentemente, pensamos que quando somos sinceros, ou "direitos", como dizemos na América, então isto é verdade. Mas toda a verdade e nada mais que a verdade, como também dizemos na América, inclui diversos outros estilos de retórica como sofisticação, ironia, ficção, até mesmo meias verdades. Isto me lembra aquele conto de Thomas Mann no qual o jovem oficial alemão lê sua poesia em voz alta e é um desastre porque é sincero demais; nenhuma elaboração. Uma vez eu estava sendo recebido para um ciclo de palestras e o anfitrião, durante um jantar calmo e refinado, num salão parecido com aquele onde o oficial leu seu poema, perguntou quem eu realmente era e disse que queria conhecer o meu eu verdadeiro. Bom eu fiquei enfurecido, e bati minha mão na mesa com toda a força. Foi horrível, pois tinha sido um jantar calmo e agradável. Veja, aquilo implicava que tudo o que escrevi, tudo o que eu fiz lá de pé dando a palestra — despido, suando, ansioso e me expondo e tudo o mais — não era meu "eu verdadeiro". Thomas Mann sabia o que estava fazendo naquela estória, em todas as suas estórias sobre arte — você simplesmente não é ninguém quando você é real e sinceramente "você". A verdade tem que ter véus. Ela necessita da proteção da ironia. Esta entrevista não pode funcionar, não pode dizer nada ao leitor a menos que ele possa aceitar o sofisma, a ironia, a insinceridade.

L.P. *Possivelmente você fará com que o leitor sinta que isto é apenas mais um pedaço do "show business". É possível que a ironia não somente proteja a verdade. Pode matá-la também.*

J.H. Mas não podemos proteger o leitor — este não é o objetivo. O leitor não quer isso. Acho que o leitor quer ser convidado a participar de alguma coisa, ver algo acontecer repentinamente na espontaneidade que entrevistas supostamente deveriam produzir. Vamos encarar isto, o objetivo está muito próximo do *show business*. Vamos admiti-lo: é diversão, não é? Mas o que é diversão realmente? É um gênero muito sério, muito importante. Entretenimento. A palavra *entre-ter* significa que tem alguma coisa acontecendo *entre* o leitor e nós, isto acontece na fantasia, na imaginação. Nossa fantasia sobre o leitor e a fantasia do leitor sobre nós. Entretenimento mantém este mundo da fantasia, da imaginação, da psique viva, feliz e sadia entre nós. Uma entrevista pode ser uma verdade que diverte sem ser uma verdade literal, não é? Ela pode revelar-nos, mostrar-nos, ou ser uma mostra, um *show*, sem ter que ser *show business*. Só se isso fosse *business* — e Deus sabe que está saindo mais caro para nós do que para o leitor — é que seria suspeito. Eu não acho que o leitor esteja sendo trapaceado de forma alguma.

L.P. *Há também diversos tipos de entrevistadores: Fallaci, David Frost, Cavett, Barbara Walters. Algumas vezes o entevistador pode ir longe nas coisas, como Sócrates, e ajudar, como uma parteira.*

J.H. Estaremos dando à luz aqui? Idéias novas, cruas, vermelhas e úmidas? Não; nenhum nascimento, nenhuma obstetrícia — nenhuma psicanálise, tampouco.

L.P. *Qual é a diferença?*

J.H. Talvez não haja muita: de qualquer maneira, você agora é a analista, e eu estou fazendo minhas associações, deixando vir o que vem.

L.P. *Ainda assim, há uma diferença: o analista não quer saber coisa alguma do paciente; ele apenas ajuda o paciente a saber aquilo que ele ou ela não sabe. Um entrevistador, entretanto, quer fazer perguntas para obter respostas. Então, supõe-se que o entrevistado saiba as respostas: é por isso que está sendo entrevistado.*

J.H. A coisa mais importante é que a gente saia do caminho. O que pode bloquear a entrevista é "nós", você pensando sobre o que deve conseguir aqui, e eu pensando sobre minhas idéias, opiniões, biografia, eu mesmo. O "você" e o "eu" podem impedir o "entre". O que importa não é *nossas* vistas, mas a "entre" vista.

L.P. *Você disse que numa entrevista supõe-se que você seja um* expert *e que ganhe o leitor por meio de sua personalidade e perícia. Isso pertence ao mesmo domínio das biografias modernas. Elas tentam impressionar, persuadir, convencer. Mas não era assim com os diálogos e as biografias clássicas?*

J.H. De jeito nenhum. Não podemos situar esta entrevista num modelo clássico. Como dissemos, ela não é um diálogo clássico, nem tampouco parece-se com uma biografia clássica. Uma pessoa que termina de ler uma entrevista apenas acrescentou mais informações àquilo que ela já tinha; ela não foi transformada por essa leitura como poderia ser por um diálogo platônico. Este sim mobiliza sua alma. Tem uma forma. Há uma psicoterapia acontecendo nesses diálogos. Como pode uma entrevista ser terapêutica? A única forma que ela poderia ter é dada pela extensão da fita! A única biografia que conheço que tem este efeito terapêutico é a de Jung, que está cheia de pequenos e preciosos "detalhes biográficos"; então as pessoas falam que ele não disse a verdade. Dizem que a biografia começa com as *Vidas* de Plutarco — esta é supostamente a origem daquilo a que chamamos biografia. Mas essas figuras de Plutarco eram reconstruções imaginais de tipos ideais. Ele criou figuras de fantasia. Ou, olhe para as vidas dos santos. Estas são figuras transpessoais. O fato mesmo de serem santos implicava que eles fossem divinos de algum modo. Eram pessoas ideais, pessoas além das pessoas humanas, pessoas do imaginal que a alma deve "lembrar", com quem deve manter contato... Talvez este seja o ímpeto arquetípico além da biografia: quero dizer, tentar manter contato com as figuras transpessoais, imaginais. Hoje em dia, biografia é uma forma secular; está decaída, pode-se dizer. Mas eu não penso que a entrevista é realmente um diálogo decaído. É totalmente diferente. Aqueles diálogos clássicos nunca foram realmente falados. Agora estamos lidando com algo falado. E talvez a forma correta para a entrevista seja a fita gravada. Porque ali está a voz. E ali estão todos os aspectos musicais, do som, as pausas. O grande problema com a entrevista é que você perde a voz. Você pode extrair o padrão do discurso, o modo como as frases são arranjadas, mas você perde a voz, você perde o crescendo você perde o aspecto retórico de toda a fala. Veja, a parte mais importante da retórica, e devemos falar de retórica, é que ela é *falada*. E é todo o modo como você usa sua voz, na qual está o corpo.

L.P. *Mas também é verdade que em uma entrevista você corta o tempo.*

J.H. Sim, numa entrevista você faz um uso destrutivo do tempo. Por quê? Veja, no trabalho escrito parece haver maneiras de introduzir tempo na redação. Através da densidade, de passagens descritivas, de modificações no padrão da narrativa, de súbitos momentos de ação que aceleram a intensidade do enredo, e depois pausas; há toda uma série de mudanças que você pode fazer no trabalho escrito que podem fornecer o sentido de tempo. De modo que uma pessoa que começa a ler uma novela antiga sente que deixou o universo do tempo e que penetrou no tempo da estória. E o tempo pára, e você está imerso no livro, e daí você detesta quando ele termina porque você tem que voltar de lá. Há uma mudança de tempo no trabalho escrito. Uma entrevista não possui a arte de produzir um tempo, seu próprio tempo. Ela é apenas tecnicamente reduzida ou condensada; matematicamente, quinze horas de gravação tornam-se uma hora e meia de leitura. Ao passo que num trabalho escrito você pode construir o tempo, você pode recolocar o tempo de uma outra maneira. E este tempo dá ressonância àquilo que é dito. E sem ressonância não há psique, não há psicologia. então temos uma entrevista sobre psicologia, com um psicólogo, sem psique nela — a menos que possamos resgatar a voz, as pausas, o eco, o sentido de ressonância ou profundidade. Há momentos em que nada acontece exceto a receptividade, a mente partindo em outra direção. Como você pode colocar o silêncio numa entrevista? Impossível.

L.P. *Contudo, aqui estamos nós. O que podemos fazer?*

J.H. Nós podemos simplesmente re-ver a entrevista. Nós já falamos de todas as coisas que *não* queremos fazer. Por que não podemos fazer desta assim chamada entrevista, uma entrevista desliteralizada? De qualquer maneira, se pudermos fazer uma entrevista que tente uma re-visão do próprio gênero, então estaremos fazendo algo mais, algo diferente daquilo que pensamos que iríamos fazer. Assim teremos dado valor a toda esta aventura.

2 A ALMA E O PATOLOGIZAR

L.P. *Na maioria de seus escritos você deliberadamente escolheu os aspectos sombrios da psique: suicídio, traição, masoquismo, masturbação, fracasso, depressão, oportunismo. Mas você nunca escreveu sobre outros aspectos obscuros como agressividade, violência, poder, sadismo. Você não acha esta sua atitude incoerente?*

J.H. Eu não tento ser coerente. Eu nem sequer penso nisto. Ficaria metódico, tudo se encaixando direitinho. Se você vai realmente ser politeísta, você está ligado — não a princípios de coerência — às necessidades imediatas daquilo em que você se encontra. A psique é muito incoerente — pense nos sonhos. A consistência aparece nos sonhos como *in*sistência, um retorno insistente ao mesmo lugar, pessoa, agonia...

L.P. *Mas por que você escolheu os aspectos passivos, sombrios, e deixou de fora os mais ativos, agressivos?*

J.H. As coisas que você mencionou — agressão, violência, poder, sadismo — não são sombrias de jeito nenhum; elas são todo o ego ocidental! Vá em frente, consiga, faça! Somente quando isto se quebra, quando vem a depressão e você não consegue se levantar e seguir em frente; quando acontece a impotência e você não pode continuar assim; quando você se sente abatido, oprimido, por baixo... Daí alguma coisa o mobiliza, você começa a se sentir como uma alma. Você não se sente como uma alma quando está lá, fazendo e construindo. Assim, eu sempre estive preocupado com aquelas partes do comportamento que, na nossa cultura, ampliam o sentido de alma. Isto não quer dizer que não haja uma grande questão sobre violência, poder e dominação. Mas eu não posso atacar violência poder e dominação diretamente. Só posso ir onde estas coisas começam a se quebrar, onde a psique está enfraquecida, e onde a fantasia começa a se mostrar. Durante a dominação, você não se sente numa *fantasia* de dominação. Você está preocupado em agarrar o objeto e obter o que quer dele. Mas quando você está sofrendo, quando há fracasso, desânimo, abatimento, ensimesmamento, solidão, umidade, de um jeito ou de outro — aí você começa a sentir: Quem sou eu? O que está acontecendo? Por que eu não posso? Por que não consigo o que quero? A Grande Vontade Ocidental — pois eu fui treinado desde pequeno a saber o que quero, a consegui-lo e fazê-lo. Ser independente. Não importa aqui se você é um homem ou uma mulher. Você é ensinado a ser independente, a manter-se em suas próprias pernas e ir em busca do que você precisa, saber o que quer e para onde está indo. Agora veja, tudo isto malogra nas síndromes e nos sintomas de que falo, o patologizar. O suicídio é um. A traição é outro, masturbação é outro ainda, extremamente importante, por causa da fantasia, do sentido de si mesmo, e de todas as suas complicações. Mas hoje em dia a masturbação se tornou industrializada e é...

L.P. *É apenas pornografia...*

J.H. Bem, não "apenas" pornografia. Penso no equipamento. É um grande negócio. Mesmo nas lojas de departamento mais finas existem os *kits* de masturbação — plásticos, muito limpos e bem desenhados. Como utensílios domésticos para o seu corpo. E a propaganda dessas máquinas — mesmo que não usem a palavra "masturbação" — fala sobre o alívio do estresse, sobre relaxamento, em vez de falar em excitação. Mas onde está a excitação secreta, obscena? Ao invés da clandestinidade, temos *workshops* — provavelmente sobre como usar os utensílios. Tornou-se uma anestesia, como um tranqüilizante enquanto você assiste TV. Acho que antes havia fantasias na masturbação: culpa, vergonha, romance, todo o tipo de imagens. Imagens estranhas: posições e maluquices e desejos e materiais compulsivos como o fígado de Portnoy. Era um campo psicológico muito rico, que agora está industrializado: toda a fantasia está no equipamento plástico. É a mesma coisa com a depressão. Acho que eu já disse em algum lugar que a verdadeira revolução em nossa sociedade começa com a pessoa que pode suportar sua própria depressão. Porque desta forma você diz não a toda a situação maníaca da sociedade moderna: viagens, superatividade, superconsumismo.

Aqui estamos nós em Zurique. Você vem de Roma, eu venho do Texas. Nunca nos vimos antes. Mas nos sentamos e começamos a falar. Isto é mania. Isto é loucura. Jamais escrevemos longas cartas um para o outro para saber quem é o outro e o que sentimos e como poderíamos conversar, *se* poderíamos conversar. Eu não passei dez dias num navio cruzando o oceano tendo tempo para me preparar. Nós presumimos que podemos começar a falar imediatamente, e até mesmo falar coisas significativas. Isto é maníaco! Como se qualquer pessoa pudesse falar com qualquer outra, o que pode ser feito pelo telefone, é claro, porque não há rosto, olhos, nem corpo. O outro não é levado em conta no telefone — apenas rudes intrusões na privacidade de alguém. Maníaco. Nossas conversas hoje em dia estão moldadas pelas nossas conversas ao telefone. Sem pausas, porque se houver um momento de reflexão, um momento de silêncio, você se pergunta se a outra pessoa ainda está lá. Maníaco. Vai falando, como eu estou fazendo agora.

A cultura espera que sejamos maníacos: hiperatividade, gasto, consumo, desperdício, que sejamos eminentemente verbais, um fluxo de idéias, não se ater demais a coisa alguma — o medo de ser chato — e assim perdemos o sentido da tristeza. Para que uma entrevista seja boa nós temos que movimentá-la. Ela realmente não pode emperrar, ser repetitiva, não pode cair, deixar de fluir, deixar que ela nos afete ao ponto em que uma conversa poderia nos afetar. Supõe-se que uma entrevista seja pessoal, mas ela não deve penetrar no âmbito da depressão. Então também podemos chamar de maníaca toda a estrutura que você mencionou: agressiva, dominante, poderosa, sádica. E essa qualidade da psique é o nosso desenvolvimento egóico. Está tão identificada com o ego que nem sequer a encaramos como síndrome! Para nós síndrome é tristeza, lentidão, secura, espera. Isto nós chamamos de depressão, e temos uma indústria farmacêutica gigantesca para lidar com ela.

L.P. *Normalmente pensa-se que depressão é o contrário de felicidade, como masoquismo é o reverso do sadismo. Nos seus escritos estes fenômenos não-ativos tornam-se modos em si mesmo e não são mais a imagem espelhada do seu contrário...*

J.H. Você tocou num ponto bem importante. Se eu leio um poema, não posso dizer que aquele poema é o oposto de outro poema. Ou que este conto de Edgar Allan Poe é o oposto de um conto de D. H. Lawrence. Isto não faz sentido. Eu tenho que trabalhar com a estória de D. H. Lawrence como ela é. Nas artes não se usa opostos. Você pode dizer que num quadro nota-se fortes contrastes entre o azul e o vermelho, a parte superior e a parte inferior, ou entre a forma e o conteúdo, o que quer que seja. Mas aquilo que está na frente dos olhos, a imagem, não se preocupa com a questão dos opostos. Eu não penso em termos de consciente *versus* inconsciente, ou sadismo *versus* masoquismo, ou atividade *versus* passividade; eu tento ficar com aquilo que é apresentado.

Eu poderia abordar este problema de uma outra maneira, que é através do cristianismo. A perspectiva cristã penetra de imediato numa situação em termos de moralidade — bem ou mal; já de início, um par de opostos. Você já está preso em julgamentos antes mesmo de examinar o fenômeno. Se você diz que atividade é bom, então passividade deve se tornar negativa, fraca e neurótica. Se a passividade ganha o sinal positivo, então atividade tem que se tornar agressiva. Te pegaram. Você jamais poderá lidar com a coisa como ela é. Então, por que não tentar compreender um fenômeno, a escuridão, digamos, sem fazer referência à luz, sem contrastá-la com a luz? Você pode estudar a qualidade das sombras, onde estão, sua consistência, sua profundidade, se essas sombras são pintadas de roxo, azul, ou marrom, ou ferrugem, ou tons de cinza, sem senhuma referência à luz.

L.P. *Mas parece inevitável pensar em opostos...*

J.H. Sim, *pensar*; mas a sensação, o sentir, o perceber não funcionam em termos de opostos. Infelizmente grande parte do pensar em psicologia se dá em termos de opostos — seja por ser cristão ou porque baseia-se na lei da contradição ou porque se origina numa certa fascinação teórica com a estrutura. Até Freud e Jung tornaram-se "opostos", quando poderiam ser vistos como irmãos, ou como pai e filho.

Eu estou simplesmente seguindo o modo imagético, fenomenológico: tome qualquer coisa por aquilo que ela é e deixe-a falar. E se estamos falando de depressão deixe a depressão mostrar todas as imagens de depressão, se é uma depressão saturnina ou se está no fundo do mar com Dioniso, ou como Teseu sentado para sempre numa pedra — a paralisia heróica —, tanto a fazer que ele não pode se mover. Marte também tem uma terrível depressão: uma frustração solitária e amarga, como que enferrujado; ou Hera, a "abandonada", como foi chamada — a desamparada, completamente sozinha, ninguém liga? Tantos estilos de depressão... Na Idade Média, por exemplo, eles tinham três animais que representavam a depressão: o porco, o cachorro e o asno, acredito. Mas há também o camelo, que pode agüentar o deserto, e o alce, sozinho nas florestas, grande e desajeitado tentando se esconder. Então tínhamos no velho conhecimento sobre animais e planetas certas imagens de depressão. Não tínhamos que contrastar depressão com atividade ou com condições maníacas. Não precisamos ver estados em termos de opostos.

L.P. *Mas, então, isto também é verdade para o masoquismo. Masoquismo tem o seu próprio mundo. Não é apenas feminino, apenas* *passivo e o oposto do sadismo: não é apenas a resposta passiva a uma atividade direcionada contra ele. Masoquismo também é um tipo de destruição que vem de dentro, como a ironia: aceita-se as regras do parceiro tão literalmente que elas se tornam sem sentido, absurdas. Pode-se destruí-las por dentro num tipo de mimetismo irônico. Isto mostra o lado mecânico, compulsivo, ritualístico de qualquer comportamento como uma paródia. Nesse sentido, o masoquismo poderia ser um modo irônico de reflexão: e está aí uma coisa que o teatro moderno, contemporâneo, mostra muito bem.*

J.H. Você precisa de um certo masoquismo, um toque masoquista, para aprofundar-se — é um modo de aprofundar-se em sua própria dor que é quase místico. O que não quer necessariamente dizer que você é de algum modo sádico, ou que haja um parceiro sádico nisto, e assim por diante. Como é que você pode "agüentar" ou "submeter-se" — palavras-chave para o processo de desenvolvimento psicológico — se você não pode sofrer? A própria consciência machuca. Não é apenas uma alegria — há alegria quando, de repente, você vê alguma coisa ou se apercebe de algo —, mas há também um aspecto doloroso na análise, quer você esteja realmente em análise ou simplesmente tome consciência de algo. Há um sentimento de dor envolvido nisto. Machuca — aquele pensamento, aquela percepção, aquela consciência. E este machucar é como tornar-se mais sensível. Em inglês, *smart* significa esperto, inteligente, e significa também ferroada, dor, machucado. Por que a psique nos fere? Por que é preciso que haja dor para que tomemos consciência de alguma coisa, para que reconheçamos algo? Então, para mim, esta é uma experiência masoquista. Há uma alegria neste machucar porque você está descascando, perdendo uma camada de sua pele: você está muito mais sensível. Porque o *insight* fere e o torna mais sensível. Você tem que ser masoquista para se tornar consciente.

L.P. *Então a consciência está sempre ligada à dor...*

J.H. Talvez seja por isto que os sintomas são tão úteis. E talvez, também, seja por isso que eu não ligue muito para as terapias de corpo — livrar-se de todos os nós e tensões, relaxar, livre de sintomas. Sinto que masoquismo tem a ver com consciência... não livrar-se da dor — afinal a psique a enviou, não é? — mas *desfrutá-la* como um masoquista. Isto é ironia, embora não exatamente o que você quis dizer com isto, eu acho.

L.P. *A sua psicologia certamente não é hedonista, do prazer e da alegria.*

J.H. Não vamos separar o prazer da dor desta forma tão abstrata, como se uma psicologia séria e depressiva não tivesse sua alegria ou seus prazeres — por exemplo, prazeres dos sentidos, os prazeres de insistir longa e lentamente nas coisas, os prazeres da escuridão. Veja, para mim este é um outro aspecto do masoquismo da consciência, ele gosta de se tornar consciente através da dor. Na estória de Eros e Psique, esta sofre tormentos terríveis e ao mesmo tempo tem uma criança em seu ventre chamada Volúpia e ela trabalha para Vênus. O prazer e a dor são muito complicados, estão muito interligados e a psicologia tentou separá-los num par de opostos. Portanto, tememos qualquer coisa dolorosa, perdendo a beleza e o prazer que há dentro da própria dor.

L.P. *Mas, mesmo assim, você parece não começar pelo lado prazeroso; parece que você sempre começa onde dói.*

J.H. Suponho que tenho uma queda por estas condições de fracasso, fraqueza, abandono... Mas penso que posso justificá-lo teoricamente. Quero dizer que precisamos situar esta fraqueza, estas patologias, numa fantasia teórica do Corpo, da Alma, do Espírito. A alma é o campo intermediário nas tradições de Platão, Plotino e Jung, também. A alma sempre parece ser mais fraca, mais "feminina" e mais receptiva do que o espírito. Se você olhar para a linguagem do espírito, suas descrições, suas imagens são sempre supremas, absolutas, elevadas, o topo das montanhas; a alma está no vale. Num trabalho que escrevi chamado "Picos e Vales", eu falo de literatura, textos religiosos, linguagem comum, lugares diferentes para se contrastar a fenomenologia da alma e a do espírito. A alma é experienciada como algo inferior. Há uma inferioridade necessária quando você está na realidade psíquica. Um dos problemas desta entrevista, desde o princípio, foi como fazê-la, como permanecer psicológico e ainda estar no topo de tudo — estar no topo —, bem ali com a palavra, o *logos*. *Logos*, quando funciona direito, deixa a alma de fora — se você traz a alma pra dentro, você começa a gaguejar, ou andar em círculos, ou ficará incapaz de expressá-la de forma a fazerlhe justiça — você estará numa semi-escuridão. Meu ponto é que a alma implica em inferioridade — algo sensível, algo... bem... patologizado. A alma faz o ego sentir-se desconfortável, inseguro, perdido. E este perder-se é um sinal de alma. Você não poderia ter ou ser uma alma se não pudesse sentir que a perdeu. Uma pessoa de ego forte, como se diz, não sente que perdeu coisa nenhuma. Esta é uma razão pela qual eu questiono o procedimento psiquiátrico de desenvolver um ego forte. Parece-me um objetivo monstruoso para a psicoterapia porque tenta superar o sentido de alma, o qual aparece como fraqueza, uma fraqueza que parece requerer sintomas. Então estas síndromes passivas, sobre as quais você levantou esta questão, trazem consigo aquele sentimento de inferioridade. Violência, sadismo, poder ou dominação nos impedem de sentir a alma, e até que eles se quebrem, não mais funcionem, se despedacem, como eu havia dito, não podemos trabalhar com eles. Temos que nos concentrar em fazer a alma a partir das condições inferiores e perdidas.

L.P. *Precisamos parar um momento aqui. Para o público italiano, para um italiano, a própria palavra "alma", anima, é repulsiva, quer pela qualidade de inferioridade inerente à palavra, quer pelas várias camadas de significados históricos nela depositados. Para mim, é estranho ouvir a palavra "alma" dita por alguém que não é um padre. Cria suspeita, resistência. "Psique" é diferente: embora o significado seja o mesmo, ela soa mais objetiva, menos supersticiosa. O significado mais comum para a palavra "alma" em italiano é fantasma...*

J.H. Qual é a palavra italiana para "*self*"?

L.P. *Sè.*

J.H. *Sè*. Certo. E ela tem qualquer outro significado?

L.P. *Sè é um pronome reflexivo.*

J.H. Reflexivo. Então você tem o *Io* para "Eu" e o *Sè*, e *anima* para "alma".

L.P. *Mas "Sè" não carrega o mesmo significado que 'self' no sentido junguiano.*

J.H. *"Sè"* não tem substância em si.

L.P. *Não.*

J.H. Eu não gosto destas palavras: *"Io"* e *"Sè"* — ego e *self*. Elas são subjetivas. Abstrações. E ainda assim elas o induzem a pensar que são entidades reais e substanciais. Se ao menos pudéssemos vê-las como personificações, fantasmas, máscaras ou como entidades do mundo das trevas... Agora, "*anima*" realmente dá aquele sentido de alma além de "mim" como um ego e um *self*, além daquela reflexão subjetiva e daquela vontade subjetiva. Ao usar a palavra "*anima*" você sabe que está falando sobre uma meia-presença, um tipo de corpo-fantasma.

Com relação à segunda parte de sua objeção sobre a palavra "*anima*" para alma, não posso fazer nada. Não posso fazer nada se os italianos ainda sofrem da sua sobrecarga cristã. Em parte, é a sua responsabilidade — se vocês não inventaram o cristianismo, ao menos o têm mantido vivo há muito tempo. Só porque o cristianismo arruinou a palavra "*anima*", não significa que ela não possa evocar uma realidade remota. O cristianismo apoderou-se do velho latim e teologizou-o. Cumpre ao psicólogo hoje recuperar a psicologia da teologia onde ela esteve presa. O fato de a teologia ter estabelecido dogmas sobre a alma — sobre sua imortalidade, sobre sua natureza, sobre o catecismo, que a alma divide-se em três partes, porque Santo Agostinho fez isto e aquilo — não significa necessariamente que o indivíduo hoje tenha que continuar nesta tradição teológica. Então "fazer alma" — *fare anima* em italiano — é como tirar a alma da jaula. *Anima in carcere*. Tirar a alma da prisão dos conceitos teológicos, das estruturas de consciência que têm oprimido a alma. Abrir a prisão conceitual — é um trabalho para os italianos. Os franceses têm um outro trabalho, e os americanos um outro ainda. A alma não é dada, ela deve ser feita. E deve ser feita a partir da tradição em que você se encontra. E de qualquer maneira, você terá que lutar ou brigar ou que retirar o papel de embrulho no qual ela esteve culturalmente aprisionada. Mesmo que um italiano ouça a palavra "*anima*" através de uma *déformation théologique*, isto não significa que não deveríamos usar esta palavra. A palavra "*anima*" e suas implicações são muito mais ricas do que aquilo que aconteceu com ela através da opressão teológica.

Você disse alguma coisa a mais sobre o porquê de não se gostar dessa palavra: ela evoca fraqueza, inferioridade? É isto? Bem, isto é exatamente o que ela deve fazer! Supõe-se que ela deva evocar fraqueza. Eu uso "*anima*" para evocar algo diferente de "*Io*". E a imagem de *Io*, do ego, é forte; deveria ser forte, saudável e ativa, firme — você sabe, todas aquelas coisas robustas e musculosas. Mas "*anima*" tem esse sentido de fraqueza — o que há de tão ameaçador nisto?

L.P. *Imperfeição. Inocência...*

J.H. Inocência. Fraqueza. Desesperança. Depedência? As descrições que você está usando, esta linguagem, é exatamente a experiência. Melancolia também, talvez. Bem, é exatamente assim que Jung descreve *anima* como um componente psíquico. *Anima* torna a pessoa sensível, melancólica, um pouco desamparada, um pouco insegura. E quando você trabalha com estas condições, você se torna psicológico: você descobre a interioridade, se torna reflexivo, percebe sua própria atmosfera. Portanto, a resistência à *anima* é também uma resistência ao psicológico. É uma resistência que vem da fantasia da onipotência do ego... na habilidade de modelar ou trabalhar com estas condições de flexibilidade, incerteza. Imaginação está nisto. Os escritores da Renascença — estou pensando nas *Cartas* de Petrarca, *Cartas* de Ficino, *Cartas* de Michelangelo — estão repletos de *anima*: depressão, fraqueza, doença, queixume, diversos tipos de amor, desamparo. Eles não são capazes de fazer o que querem. É claro, estes homens eram extremamente ativos: Ficino nunca interrompeu seu trabalho, apesar de suas queixas de estar paralisado e ser incapaz de fazer qualquer coisa mais. Michelangelo sentia-se velho aos quarenta anos, e viveu mais de oitenta. A alma constrói sua resistência, seu "vigor", como diz Rafael Lopez, através do desamparo e da depressão. Penso que os italianos têm um enorme sentido de *anima*, exatamente porque eles sabem de imediato como são os humores desta. O fato é que você não precisa tomar todos esses humores, todas essas fraquezas, desamparos, e assim por diante, tão literalmente. Uma coisa que você realmente aprende em terapia é que, quando você tem uma depressão, ela pertence a você, mas você não se identifica com esse humor. Você vive sua vida na depressão. Você trabalha com depressão. Ela não pára você completamente. Ela só vai paralisá-lo se você for maníaco. A depressão é pior quando tentamos a escalada para fora dela, ficar "por cima" dela.

L.P. ***Você está sugerindo que todas as síndromes que você mencionou não são depressivas nem patológicas...***

J.H. Não, Não. Eu não nego as síndromes, eu não passo um pano sobre a patologia. Mas temos que olhar para a psicopatologia do ponto de vista da psique. As síndromes simplesmente manifestam o processo de patologizar — a alma faz isto com a gente, e temos que começar com este fato, não com nossas ilusões egóicas sobre como "deveríamos" ser. As síndromes tornam nossas idéias muito, muito reais. Falamos de amor, por exemplo, mas quando nos tornamos ciumentos — paranóica, impossivelmente ciumentos —, então a síndrome nos traz o amor de volta de um jeito muito poderoso.

Digamos que você tenha uma idéia do tipo "*festina lente*" (acelerar vagarosamente), ou a idéia de Petrarca de "olhar para trás para poder ver à frente". É um ideal, uma sabedoria, ou um *motto* para ser inscrito no seu marcador de livro. Eu vi "*festina lente*" entalhado numa pedra num edifício em Yale. Torna-se uma idéia objetificada: "Ei, não seria bárbaro ir para a frente olhando para trás; se mover rapidamente devagar, acelerar lentamente"? Então, eu pus a idéia em prática: disse a mim mesmo: "Calma, não vá tão depressa". Ou quando estou simplesmente matando o tempo, eu digo a mim mesmo: "Tudo bem, posso me mexer bem lentamente". A idéia objetificada se tornou uma receita, um tipo de sabedoria barata, ou uma ordem do superego. Tornaram-se programas. Moralismos. Mas tomar estas máximas renascentistas *psicologicamente* seria reconhecer que a própria psique trabalha de acordo com estes ditos. "*Festina lente*" é então experienciada como um sintoma, acontece no seu comportamento real quando você se encontra indo para a frente muito depressa numa conversa e perdendo o fio, esquecendo aquilo que queria dizer, o que está acontecendo agora nesta entrevista. Isto já é "*festina lente*" funcionando, brecando nosso movimento para a frente e ao mesmo tempo acelerando-o. A própria psique estabelece um duplo vínculo entre nós. Essas máximas renascentistas não foram pregadas do púlpito do ego — elas eram digestivas, elas eram regurgitações... epítomes de como a psique realmente se comporta.

L.P. *Eu ainda estou pensando em fraqueza, que a alma nos torna fracos. Você diz que se pode sentir fraqueza sem ter que ser fraco. Isto seria permanecer com o humor da alma sem tomá-lo para o ego, o* Eu *como uma identificação.*

J.H. Esta é uma das primeiras coisas que se aprende em terapia, não é?

L.P. *Não. Acho que primeiro você aprende a sentir o que você sente, inteiramente.*

J.H. Sentir alguma coisa inteiramente não significa sê-la inteiramente. É um erro, um grande erro. Tomar os sentimentos de maneira extremamente literal. A psicoterapia enclausurou-se na adoração dos sentimentos. Se tomarmos as idéias tão literalmente, diremos que uma pessoa é paranóica, e então adotaremos os sentimentos como se eles fossem a verdade de quem e daquilo que somos. Veja, quando você está deprimido é uma coisa sua, e você não pode fazer nada a não ser sentir a depressão inteiramente (a menos que você tome comprimidos ou entre numa defesa maníaca), mas você não tem que estar identificado com esse humor. Você pode passar o dia de uma forma deprimida. O ritmo é mais lento, e há muita tristeza. Você não consegue enxergar um palmo adiante do seu nariz. Mas você pode notar isto tudo, reconhecer e continuar — meu Deus, milhares de pessoas vivem assim, regular ou periodicamente. Você pode encontrar maneiras de falar disso, enxergar o mundo através disso, contactar pessoas sem mascarar isso. É impressionante como os outros podem reagir à sua depressão *se você não se identificar com ela*: um suspiro imediatamente provoca um suspiro no outro. Você já pensou que alívio estar com alguém que sabe viver a depressão sem sê-la? Este é um mestre com quem se aprende, como os velhos às vezes podem ser. A depressão lhe permite viver rente ao chão. E viver rente ao chão significa abrir mão da coisa cristã sobre ressurreição e ressurgir dela; "a luz no fim do túnel". Não uma fantasia da luz; e assim a depressão se torna menos escura. Sem esperança, nem desespero. A mensagem da esperança apenas torna a falta de esperança mais escura. Este é o maior instigador da indústria farmacêutica! Note como é freqüente, ao trabalharmos em alguma coisa, qualquer coisa, termos que voltar atrás. Ou como um pensamento surge depois, mais tarde. Você tem que voltar a algo que aconteceu um tempo atrás e rever este pensamento para poder seguir adiante com ele. Estes encadeamentos vagarosos são comportamentos psicológicos que acontecem automaticamente. O que pensamos ser — ou o que o ego pensa ser — sintomas, perder o fio da meada, repetir, regredir, reiterar, voltar atrás, *esprit d'escalier*, todas estas coisas são na verdade modos de funcionamento deste específico comportamento da psique.

L.P. *É como o metro, o ritmo e a rima em poesia: o mesmo padrão voltando o tempo todo, como uma cadência, que dá ao poema seu tempo individual e específico e mantém o sentido, as palavras e a seqüência. Também determina o sentido: é um molde, um formato que ajuda — não apenas ajuda, mas contém...*

J.H. Exatamente. Ajuda e contém. E todas as formas de arte têm esses modos culturais abstratos para conter e prevenir um movimento linear, direto e unilateral. É isto que mantém, eu diria, todas as formas de arte psicológicas; quando digo psicológico quero dizer que elas falam para a alma.

L.P. *Mas este modo repetitivo é também o modo das compulsões e obsessões...*

J.H. Eu acho que a diferença aí com a *ossessione*, a parte obsessiva, é se essa repetição, esse ritmo, não se aprofunda na volta, se não muda na volta, se não há revisão, ou eco, então temos algo meramente obsessivo. Mas a obsessão é uma tentativa de atingir aquele aprofundamento. Retrabalhá-lo novamente. Se você observa alguém fazendo um trabalho manual, é pura obsessão. Você não pode dar um nó sem obsessão. Não pode fazer cerâmica. A arte tem este constante fuçar numa mesma coisa. Bem, isto é exatamente o que fazemos com um sintoma. A gente está sempre voltando e fuçando a mesma coisa. Se você é ciumento, você vai voltar, fuçar e remexer uma pequena suspeita, elaborando-a mil vezes. O pensamento ciumento obsessivo também pode ser visto como um modo de fazer alguma coisa acontecer. Não é apenas "elaborar", como dizem os psicanalistas: na verdade, você pode estar tirando alguma coisa disso, construindo algo, realizando uma ficção, uma imaginação, e o fuçar no ciúme pode estar polindo a imagem, por assim dizer. Vamos supor que sua mulher ou seu namorado provoque em você uma suspeita de que há uma outra pessoa... e você começa a fazer todo o tipo possível de perguntas, tentando obter todo o tipo de detalhes, detalhes sexuais. Sua mente está extremamente obcecada em obter a imagem da outra pessoa, a cena, esfregando-a, polindo-a, deixando a fantasia acontecer. É um tipo de voyeurismo imaginal. É aqui que você precisa de Balzac, Proust ou Stendhal — onde você necessita de algum *background* para este patologizar, para que você possa ver que força esses ventos do ciúme têm para a imaginação. Isto não significa que você vá escrever romances. Isto nem sequer significa que o patologizar vá parar quando tiver sido totalmente falado e "compreendido". Eu ainda tenho que "compreender" o ciúme, exceto quando estou falando sobre ele como agora. Eu estou tentando acompanhar o que a própria psique faz com estas questões paranóico-obsessivas. Uma exigência de detalhes, de precisão. Obter a imagem precisa incomodando-a, voltando a ela mil vezes. É incrível o que a febre da imaginação pode detonar. Você poderia pensar que não gostaria de conhecer os detalhes. E ainda assim a psique constrói dessa maneira obsessiva, como um joalheiro, um relojoeiro. É como fazer uma imagem do evento.

L.P. *Então, quando entra a patologia?*

J.H. Ela não entra, está lá o tempo todo! A patologia é o lugar que mantém a pessoa *na* alma, aquele tormento, aquela torção a qual você não pode simplesmente ignorar, não pode simplesmente seguir adiante de uma maneira natural, pois há algo quebrado, torcido, doendo, que força uma reflexão constante — e um trabalho, no sentido de Bachelard. Há um trabalho acontecendo todo o tempo, um fogo queimando, algo *elemental* ocorrendo. O analista que vem para a terapia com uma bagagem médica vê as patologias dentro de um enquadramento médico e lida com elas como problemas médicos a serem curados, sanados, tratados. Se você encara a patologia de uma perspectiva psicológica, você estará lidando com patologias e vendo nelas a forma pela qual a alma trabalha a si mesma. Então eu penso que a patologia é necessária para o trabalho da imaginação.

L.P. *Você pensa que é necessário ser louco para poder tornar-se psicológico? Uma abordagem da psique através da loucura?*

J.H. Não. Isto não significa que uma pessoa deva estar tão patologizada que ela não possa fazer nada além de suas compulsões, ou tão patologizada que não possa fazer nada além de estar numa ilusão paranóica, psicoticamente patológica, cronicamente patológica, de forma que isto se torne tão determinante que nada mais possa ocorrer. Este aspecto da patologia é sempre um mistério, ninguém sabe responder por que o ser humano fica paralisado desta maneira. Buda não sabia, a psiquiatria não sabe, e nós não sabemos o que é a loucura. Mas o que sabemos é que numa pessoa comum que vem para a terapia há algum tipo de tormento, algum tipo de patologia. E o primeiro passo é afirmá-la — não brigar com ela ou mesmo analisá-la. Acolher a patologia. Deixar que ela se sente na cadeira.

L.P. *Em alguns de seus trabalhos você usou a palavra "patologia" para caracterizar situações psicóticas, e você usou essas situações como representações de algum mito. Então, desta forma o mito adentra o cenário terapêutico. Por outro lado, quando você fala sobre patologia na sua prática terapêutica parece óbvio que está se referindo ao que é geralmente chamado de sintomas neuróticos... Como é que você trabalha esta contradição ou, antes, você considera isto uma contradição?*

J.H. Em primeiro lugar psicose e mito não estão necessariamente ligados, embora você encontre esta idéia em Jung. Eu não acredito que você enxergue melhor o mito na psicose. Creio que o comportamento mitológico está acontecendo o tempo todo. O médico também está num mito, ainda que de um modo diferente do que o do paciente. Comportamento mitológico não significa andar por aí como um deus; significa comportar-se com a retórica de um determinado estilo, quer você esteja numa consciência apolônica, ou numa consciência saturnina ou esteja atuando a Grande Mãe ou qualquer coisa. Você pode ser um perfeito "normal", uma mulher comum, casada, com três *bambini*, que faz tudo certinho, dirige seu carrinho, sabe vestir-se para qualquer ocasião, nunca perde uma missa, e você pode estar na consciência de Hera. O mito está acontecendo bem ali. Não é uma questão de ser louco para ser mítico. Isto é uma perversão romântica! Então, pra começar, eu não quero absolutamente dizer isso com relação a psicose e mito.

A psicose é acima de tudo chata, estrita. Não é um campo tão rico e selvagem quanto as pessoas pensam que é; na verdade, é muito mais um empobrecimento e uma rigidez, também. Mesmo a fase mais colorida da mania não tem a riqueza de conteúdos que se imagina. As explosões não são tão arrebatadoras. O que torna interessante uma condição psicótica não é a psicose, é *quem* tem a psicose; qual é a natureza, o caráter daquela psique em especial. Vai ver eu simplesmente não tenha tido com a psicose a habilidade que alguns analistas podem ter. Talvez eu tenha muitas defesas contra a psicose para ser bom no trabalho com ela. Não tenho nada "contra ela", sabe, é que eu estou mais preocupado com o tipo normal de loucura

— e com a loucura chamada "normalidade". Estou interessado no medo que você e eu sentimos dela, e nas suas manifestações na vida diária onde ela está disfarçada ou é aceitável, e como encontramos maneiras de lidar com ela na religião, no vício, na sexualidade, nos negócios, nas viagens, na alimentação. Na política também. Quero dizer, a loucura está em toda parte — não meramente estreitada e literalizada na "população de loucos" dos asilos, nos pacientes drogados, nos pacientes estatisticamente cadastrados e sociologicamente analisados.

L.P. *Então você está tentando acabar com a classificação entre psicótico e neurótico?*

J.H. E normal. Não acho esses termos muito úteis. Tenho tanto medo das pessoas normais quanto dos psicóticos. Mais ainda dos "normais" — por causa da repressão. É com os neuróticos, como se costuma chamá-los, que estou mais à vontade. E também, você esqueceu de um outro grupo: os psicopatas — eles serão normais? Tendo a achar que sim — ao menos em nossa cultura... Mas estamos saindo do assunto.

L.P. *Existem alguns padrões míticos ou deuses específicos que são mais saudáveis, digamos, para nossas vidas e outros que são mais patológicos? Seu próprio trabalho parece ter favorecido Dioniso, Hermes, Pan e Hades, enquanto você vem atacando Apolo, principalmente, já desde "Suicide and the Soul".*

J.H. Apolo certamente apresenta um padrão desastroso, destrutivo para a vida psicológica, afastado de tudo que tenha a ver com os caminhos femininos, seja Cassandra, Creusa ou Dafne — quem quer que ele toque se dá mal —, de modo que você tem a sensação de que Apolo não pertence ao espaço da psique. Mas, então, surge um outro momento onde o apolônico é extremamente essencial, por exemplo, quando você necessita de forma, de distância, quando você precisa de uma imagem ideal para orientação. Às vezes, a alma precisa de disciplina e quer o brilho do sol, idéias claras e distintas. Se você resiste a Apolo de forma completa e consistente, então ele não pode entrar e não haverá o sentido de forma, nem clareza, nenhuma compreensão profética mais profunda. Você fica sempre confundindo todo mundo e lidando com as coisas de maneira emocional. Não há distanciamento, nem mesmo com relação ao garçom no restaurante, ao carro à sua frente — é tudo envolvimento o dia todo. Ou então Apolo te pega por trás: você se torna puro e rígido com seus envolvimentos: eles se tornam princípios e ideais apolônicos.

L.P. *Se todos os deuses têm seu estilo próprio de patologizar, então a única forma possível de saúde psicológica é estar atento a todos eles. Não é esperar demais?*

J.H. Não se trata de tentar arrumar um lugar para todos os deuses como um diretor de circo com três picadeiros, um lugar para todos eles ao mesmo tempo, os Gêmeos no arame, Hércules levantando pesos, e Dioniso no meio das panteras. De qualquer forma, você não é um diretor — nem mesmo Zeus pode realmente dirigir os deuses. É mais uma questão de se dar conta da pertinência, o que Platão chamou de adequação, um sentido do que está acontecendo agora e como isto se encaixa, e qual deus neste momento está sendo negligenciado, e de que maneira está sendo negligenciado. A saúde psicológica, se você quiser, não começa com um princípio. É uma sensibilidade. Um reconhecimento.

L.P. *Mas ainda assim você usa a imagem do diretor do circo, e mesmo que você diga que ninguém é diretor, isto não implica, de qualquer modo, que você, a pessoa humana, realmente convida ou exclui este ou aquele deus e ao fazer isso convida ou exclui este ou aquele estilo de patologizar?*

J.H. Nós estamos enredados em seus mitos — não podemos excluí-los. A alma vive miticamente: pode estar dentro de nós, mas está também dentro dos deuses — e esta é a maneira mais significativa de imaginar a alma: como enredada em mitos, como dentro dos deuses. Então, vamos sempre chegar em seus estilos de destrutividade — mentindo e trapaceando como Hermes. Pense no que Dioniso fez a Penteus! Pense na doce e bela Vênus dourada e no que ela fez a Hipólito e Fedra ou em toda a guerra de Tróia. Não há saída. E este sentido, esta sensação de estar preso pela necessidade deles, faz com que nos voltemos a eles. Não vejo como podemos sequer conceber a alma como *real* e perceber que as coisas míticas estão de fato nos acontecendo a não ser pelas patologias.

L.P. Se todos os deuses têm seu estilo próprio de patologizar, então a única forma possível de saúde psicológica é estar atento a todos eles? Não é esquema demais?

J.H. Não se trata de tentar arrumar um lugar para todos os deuses como um diretor de circo com três picadeiros, um lugar para todos eles ao mesmo tempo, os Gêmeos ao acaso, Hércules levantando pesos, e Dioniso no meio das panteras. De qualquer forma, você não é um diretor — nem mesmo Zeus pode realmente dirigir os deuses. É mais uma questão de se dar conta da pertinência, o que Platão chamou de adequação, um sentido do que está acontecendo agora e como isto se encaixa, e qual deus neste momento está sendo negligenciado e de que maneira está sendo negligenciado. A saúde psicológica, se você quiser, não começa com um princípio. É uma sensibilidade. Um reconhecimento.

L.P. Mas ainda assim você usa a imagem do diretor do circo, e mesmo que você diga que imagem é diferente, isto não implica, de qualquer modo, que você, a pessoa humana, realmente convida ou escolhe este ou aquele deus e o convida ou exclui este ou aquele estilo de patologizar?

J.H. Nós estamos entrelaçados em seus mitos — não podemos escolhê-los. A alma, e igualmente, pode estar dentro de nós, mas está também dentro dos deuses — e esta é a maneira mais significativa de imaginar a alma: como enredada em mitos, como dentro dos deuses. Então, vamos sempre chegar em seus estilos de desumanidade — mentindo e trapaceando como Hermes. Pense no que Dioniso fez a Penteu! Pense na doce e bela Vênus dourada e no que ela fez a Hipólito e Fedra e em toda a guerra de Troia. Não há saída. E neste sentido, esta sensação de estar preso pela necessidade deles, faz com que nós voltemos a eles. Não vejo como podemos sequer conceber a alma como tal e perceber que as cenas míticas estão de fato nos acontecendo a não ser pelas patologias.

3 A PSICANÁLISE E OUTRAS ESCOLAS

L.P. *Em seu livro* O Mito da Análise *você disse que Freud atuou como o fundador de uma religião ou de uma seita. Você é um junguiano que saiu fora da ortodoxia junguiana e fundou uma nova escola, a psicologia arquetípica. Você não acha que está no mesmo mito que Freud estava, o mito do fundador?*

J.H. Não. Não um fundador neste sentido. Meu jeito de trabalhar é tomar algo já estabelecido e torcê-lo, revirá-lo, colocar nele o teu estilo. Comenta-se a respeito de Bach: "Ele não deixou nada como encontrou", e é isso o que quero fazer com Jung e Freud. Desta forma, as pessoas dizem que estou distorcendo Jung — eu acho que o espírito do trabalho de Jung ganha uma forma diferente cada vez que você lida com ele, e pessoas diferentes lidam com ele diferentemente. Eu lido da minha maneira. Tem gente que realmente nunca pôs suas próprias mão nele... simplesmente o repetiram, como um gravador. Sem Jung eu jamais teria sido capaz de pensar as coisas que pensei. São os discípulos que fazem o fundador. Os discípulos tomam-no literalmente e o transformam num fundador. Tomam suas idéias e escrevem teses a respeito, explicações, interpretações, e eles querem praticá-las de acordo com regras; eles lêem o que você disse e dizem: "É isso que ele disse e eu vou fazer do mesmo jeito"; deixando assim de renovar de torcer as idéias.

L.P. *Então você não é nem um discípulo de Jung nem um herege; tampouco você é um pensador original, já que você diz que simplesmente "torce" as idéias de Jung a Freud. O que você se considera ser, então?*

J.H. Este "torcer" pode ser o jeito de ser tanto de um junguiano quanto de um pensador original. Pelo menos, é assim que eu vejo o que faço. Sou acusado de não ser independente o bastante... Por que me escondo atrás da máscara do junguiano, por que não dou o nome certo à minha escola, por que sempre digo "estou simplesmente aprofundando o pensamento de Jung"? Ou você se enquadra ou você cai fora! Eu acho que este é o único jeito. Minha tradição é mais judaica: você fica no *schul* estudando, e escreve comentários sobre o texto, você segue comentando, e no final você acrescenta uma nova *midrash* ao texto — e sua originalidade está nesta *midrash*. Se você ficar na tradição da psicologia profunda você permanece como um adleriano, um junguiano, um freudiano e você segue fazendo o que eles fizeram, partindo deles, rompendo com eles, comentando-os, reagindo a cada um deles. Cada um deles produziu idéias originais dentro de um mesmo terreno — e é isso o que eu quero fazer. *E* — isto é muito importante — eles *não* integraram uns aos outros (embora Jung diga tê-lo feito com sua teoria tipológica). Eles não eram ecléticos: pegue um pouco disto e um pouco daquilo, como numa compra de supermercado ou qualquer coisa assim. Ecletismo é o diabo. É melhor ser um jesuíta, ser muito, muito rigoroso por um longo tempo, cogitando um mesmo problema até resolvê-lo. Descartes, você sabe, esteve numa escola jesuíta, e encontrou seu caminho, pelo menos em parte.

L.P. *Sua fantasia da* midrash *não me convence. Por exemplo, eu não vim até aqui porque você é um comentador de textos. Você deu novos passos, abriu novas perspectivas que são tão originais que me fizeram querer realizar esta entrevista; e há um público, leitores, que querem ouvir o que você tem a dizer. Você é citado, convidado a falar. Você tem seguidores e discípulos: eles compram seus livros, viajam para ouvir suas palestras, comparecem às sua conferências, procuram sua clínica, e escrevem sobre psicologia aquetípica — como esta entrevista.*

J.H. Bem, há uma outra fantasia além da do comentador que foi feita, de qualquer maneira, com relação a Jung e Freud, como eu encaro meu trabalho com respeito às escolas tradicionais. Mas, com relação aos seguidores, como você os chama, a fantasia é mais no sentido de eu me sentir um membro de um corpo, de uma comunidade... uma afinidade com as pessoas que trabalham com idéias semelhantes ou que ao mesmo estejam tentando fazer uma re-visão de coisas: pode ser terapia, filosofia, religião. Pode ser a crítica ou os clássicos e a mitologia. Essas pessoas não são seguidores, não são "meus alunos" — muitas vezes estão bem adiante de mim. Alguns até são mais velhos que eu. E eu duvido que a psicologia seja seu principal foco de interesse. São amigos... não há como chamá-los de outra maneira. Amigos. Nós somos todos meio que apaixonados uns pelos outros. Há uma emoção, uma intensidade, mesmo que estejamos espalhados por toda parte. É uma demonstração ativa daquilo que Alfred Adler chamou *Gemeinschaftsgefühl*, companheirismo.

L.P. *Mas este companheirismo não existe com junguianos?*

J.H. Ah, muitos são analistas junguianos, formalmente treinados e bastante ativos. Mas muitos outros não são. A coisa toda é bastante flexível, são todos muito independentes, e nós não somos colaboradores diretos — nós, indiretamente, nos estimulamos uns aos outros. Às vezes nos encontramos numa conferência, ou damos cursos de verão juntos ou nos encontramos num evento especial como uma palestra em Florença. É mais como uma comunidade — *Gemeinschaft* —, não há uma organização oficial. A base de nossa conexão está nas idéias, não na organização... uma conexão erótica através das idéias. Esta base erótica também cuida de toda a discussão sobre precedência, propriedade e mérito de uma determinada idéia. As idéias são comunitárias... ninguém as possui, então emprestamos e roubamos idéias uns dos outros todo o tempo... sem "medo de influência"... as pessoas usam o que escrevo sem citar-me diretamente. É pra isso que as idéias servem — para serem usadas, quem disse que elas são "minhas"?

O mesmo acontece comigo: eu aproveito uma série de coisas dos papos com estes amigos, com minha mulher, e as coloco em "meus" livros. Minha mulher foi sempre muito importante nisso tudo. Até agora nunca discutimos ou brigamos por isso. Todos parecem ser muito generosos — ou melhor, todos reconhecem o sentido de comunidade —, pelo menos esta é a minha fantasia a respeito disto. Ficamos sempre contentes em nos ver. Jogamos beisebol, dançamos, conversamos, gritamos e ouvimos. Ouvimos uns aos outros. É uma coisa maravilhosa, e eu fico mais orgulhoso deste modo de viver uma escola de idéias do que das idéias em si. Cada um de nós ganha uma comunidade imaginária na qual todos os outros são figuras. Isto liga seus pensamentos a uma audiência imaginária e alimenta suas idéias quando você está só. Você a imagina e pode sentir o interesse que vem dela. Veja, se estivéssemos organizados como uma escola de verdade, ou um movimento, tudo isso se tornaria literal e o eros desapareceria, e, em seu lugar, teríamos uma instituição. Antes eu queria uma comunidade — todos nós na mesma universidade —, mas os membros de uma comunidade não precisam viver todos num mesmo lugar... Isto pode ser um erro para o trabalho intelectual. Muito tempo é desperdiçado na organização das coisas. Deve-se manter a comunidade semi-imaginal... como as comunidades epistolares: Petrarca, Ficino, e provavelmente também os românticos.

L.P. *Você diz que sua comunidade demonstra a* Gemeinschaftsgefühl *de Adler, e você discutiu esta noção de comunidade no seu artigo para a* Enciclopedia Italiana *e em sua palestra dada em Eranos, em 1977. O que você descreve demonstra que você coloca o mito de Eros e Psique num lugar central. Para você a psicologia é um fenômeno erótico. Embora você não escreva diretamente sobre eros exceto em alguns ensaios, há paixão, emoção e uma atitude erótica com relação à psique em todo o seu trabalho. Porém, em sua comunidade parece que o eros é de um tipo especial: ele requer separação e mobilidade, ele requer idéias e não uma organização formal. Parece-me o eros do arquétipo do "puer": desprendido e inspirador.*

J.H. O fato de vivermos em lugares diferentes e trabalharmos em diferentes áreas evita os problemas com o poder que ocorrem numa comunidade quando esta se torna uma escola. Não estamos competindo uns com os outros. Não somos todos psicólogos... nosso foco não é restrito — é múltiplo, digamos, uma comunidade politeísta. A parte *senex* aparece em nossa lealdade, nossa seriedade e nossa assiduidade. Todos trabalham muito. Mas isto não aparece como uma necessidade de se formar uma organização unificada ou até mesmo um clube. Contudo, a coisa mais importante não é a presença real de cada um... é a presença imaginal: eros *puer*, você disse. Acho que quando desaparecermos, ainda assim permaneceremos como figuras presentes para aqueles que ficarem.

L.P. *Eu gostaria de ter uma idéia mais clara sobre sua relação com a escola junguiana. Você disse ser tanto junguiano quanto independente. Será que você poderia deixar claro onde suas idéias são junguianas e onde não são?*

J.H. Alguma coisa a este respeito já aparece no que está escrito. Por exemplo, eu não enfatizo, sequer uso, alguns dos termos de Jung, tais como: *self*, compensação, opostos, tipos, energia psíquica. Você não vai encontrar nada sobre mandalas e totalidade, eu não me refiro muito ao pensamento oriental, sincronicidade, e a imagem divina judaico-cristã. Meus livros favoritos não são *Aion* e *Resposta a Jó*. Quando uso o termo "ego", eu o cerco de ironia: o chamado ego, porque a meu ver a tarefa da psicologia é enxergar através dele e enxergá-lo sob diferentes perspectivas. Com certeza eu não situo este constructo, ego, no centro da consciência. Além disso, Jung sempre esteve fascinado pela psicose... esquizofrenia... e ele observava as pessoas e os conteúdos psíquicos em termos de psicose latente. Jung também tinha o lado cientifico — física, o experimento de associação, parapsicologia. Chegou até a realizar algumas estatísticas astrológicas. Ora, você sabe o que há nos *Collected Works*.

L.P. *A sua divergência então é com relação aos conceitos básicos e à ênfase?*

J.H. É mais uma mudança na consciência, ou mesmo um tipo de consciência. Penso que hoje em dia somos simplesmente menos literais.

L.P. *A crítica mais comum feita ao trabalho e à escola junguiana centra-se na falta de casos* publicados*, aquilo que você poderia chamar de evidência empírica, e na falta de uma teoria específica dos diferentes tipos de neuroses. Jung também é criticado por negligenciar a linguagem e a semântica, as artes — e filosofia, por exemplo, seu contemporâneo Heidegger.*

J.H. As pessoas esperam demais! De um único homem! Por que devemos culpá-lo por aquilo que ele não fez? Se ele omitiu algo, como Heidegger, ele provavelmente tinha bons motivos. Não era da sua conta. Se ele não formulou nenhuma teroria especial de neurose como os freudianos, isto mostra que ele questiona o sentido de todo esse modo de pensar. Teria sido, para ele, uma perda de tempo.

L.P. *A sua ligação com a escola junguiana parece compartilhar das mesmas omissões. Ambos deixam de fora mais ou menos as mesmas coisas. Então, o que o faz um junguiano no sentido positivo?*

J.H. A atitude psicológica dele. Ele realmente começa na alma — *esse in anima*. E a abrangência, a liberdade de sua mente. A riqueza. Sua *chutzpah* — de levar tudo em consideração, todo o problema cultural no qual o homem moderno se insere. Seu contínuo compromisso com o cristianismo. Ele realmente lutou com a maldição do cristianismo. Seu sentido de eventos externos, coletivos que se constelariam num só — como cristianismo, raízes raciais, geografia, ancestrais. Sua atitude com relação aos *daimones* e poderes, imaginação ativa, sua conversa com os pequenos seres, sua sutileza com relação aos mitos e como a psique e a terapia são míticas. Ele abriu a psique como um campo de imagens... E a psicoterapia para ele é alquímica, arquetípica — não pessoal nem redutiva. Eu penso em terapia, em psique, alquimicamente, e isso vem diretamente de Jung... Você sabe que toda a última parte da vida de Jung foi dedicada à alquimia, mas seus seguidores — com raras exceções — nem esbarram nela. Eles ainda estão trabalhando com tipos, com figuras parentais, com a psicologia do ego. Eu penso muito em termos de sombra, *anima* e *animus*...

Dito isto, devo fazer uma outra ressalva. Por exemplo, Jung desenvolveu o velho sábio da natureza, e leu as coisas e os sonhos profeticamente. Eu não, de jeito nenhum. Tenho uma atitude mais estética e urbana, portanto uso reflexões culturais. Ele não apreciava a civilização moderna, realmente não gostava do homem neurótico moderno "não-natural" e preferia refletir em termos dos povos tribais e camponeses. Mas talvez a maior diferença seja a minha tendência em usar "imaginação" em vez de "inconsciente"... Não que não haja inconsciência em nós todo o tempo... Mas não vou usar a palavra como um substantivo abstrato para encobrir as implicações culturais que estão na imaginação. Jung toma o inconsciente como um campo da natureza. Ainda mostra traços do *id* freudiano, das ilhas pré-históricas de Darwin ou da África. Além disso, a palavra "inconsciente" está repleta de subjetividade e tornou-se um psicologismo. "Imaginação" estabelece uma conexão imediata com uma tradição e com atividade estética. Com linguagem. Refere-se diretamente a imagens, as quais o próprio Jung diz serem o principal conteúdo do inconsciente.

L.P. *"Inconsciente" também significa o depósito de conflitos reprimidos e os hábitos e desejos da criança em nós.*

J.H. Certamente. Mas se fizermos uma re-visão da idéia de inconsciente como imaginação, então olharemos, imaginaremos a criança e também os conflitos de um modo diferente. Meus hábitos e desejos infantis não são apenas coisas que devem "crescer" e "adaptar-se à realidade", não são simplesmente potenciais de crescimento ou criatividade, e não são apenas os espaços que necessito para regredir, modos de me proteger quando me sinto pequeno e por baixo. Estes hábitos também pertencem a uma criança arquetípica, e esta criança é crucial para minha sobrevivência como um homem de fantasia, para a sobrevivência da minha capacidade imaginativa e isto tudo está ligado à minha fraqueza, minha dependência, ou o que a psicologia chama de minha infantilidade. Então veja, todas estas idéias com as quais estamos acostumados, como o inconsciente e a infância reprimida, necessitam ser re-vistas.

L.P. *A escola junguiana deve ter uma grande dificuldade em lidar com você, na medida em que você é tão claramente junguiano em sua postura, no seu espírito, em seu grande envolvimento com a obra de Jung; e, ainda assim, você não é conceitualmente junguiano, um junguiano ao "pé da letra". Você não lida com Jung literalmente — e isto pode colocá-lo à margem da escola junguiana, já que as escolas requerem literalismo e crença.*

J.H. Não é assim que eu trabalho com idéias. Eu não "acredito" em Jung, ou em suas idéias. Suas idéias são valiosas porque são muito boas de se trabalhar com e contra elas. Boas idéias, como as de Jung, permitem um jogo mais amplo de pensamento.

L.P. *Você sabe que Jung teria dito no final de sua vida que ele respondia por tudo que havia escrito. Você diria que acreditou em suas idéias, em seu próprio trabalho?*

J.H. Que diferença faria um pronunciamento deste tipo? Um cachorro acredita no seu osso? Sim, claro, enquanto ele o estiver roendo. Mas, pergunte a ele: "Cachorro, você acredita no seu osso?". Ele vai rosnar. Um gato simplesmente se afasta de você — e do osso também. Os gatos não dão a mínima para crença.

L.P. *Você teria que acreditar na sua própria "escola" para formar sua própria escola.*

J.H. Formar uma escola cria imediatamente uma nova ortodoxia. Certamente, não precisamos de mais ortodoxias — se muito, precisamos de mais heterodoxias. Nem mesmo isto: doxias são opiniões, é isto o que a palavra significa. Crenças são simplesmente opiniões muito fortes. Então, nada de crenças, de escolas, nem de ortodoxias, ou heterodoxias. Vamos apenas ficar com os ossos.

L.P. *Há também um aspecto material nas escolas. O fato da seita psicanalítica garantir clientes. Portanto, é também uma estrutura econômica.*

J.H. Ah, é mais do que uma estrutura econômica; possui toda a corrupção de uma estrutura econômica. Na medida em que uma escola se perpetua através dos requisitos de específicos rituais de treinamento, então torna-se uma necessidade para os analistas mais "adiantados" continuar com este treinamento, treinando outros, a cinqüenta ou até mesmo noventa por cento de sua prática não é mais a prática terapêutica, é a prática de treinamento... Ser um analista didata é ser um *apparatchik*. O candidato está comprando um ótimo investimento para seu futuro, como uma apólice de seguro, então ele não se opõe. E o analista didata está vendendo uma apólice de seguro, e indulgências: passaportes para o *self*.

L.P. *É auto-reprodutor...*

J.H. Sim, auto-reprodutor a preços tabelados. Então, quando você cria um instituto de treinamento, você também cria esta forma de corrupção. Não *pretende* ser corrupto. A corrupção acontece a partir da necessidade institucional da escola. Os analistas têm que viver, e se acontece de seus pacientes serem alunos, eles irão viver de seus alunos. Precisamos de mais análise, mais psicologia das instituições e da economia. A psicologia tomou estas coisas como impessoais e objetivas, sem perceber que elas também têm uma imaginação inconsciente. Há uma psicologia profunda que afeta cada pessoa numa instituição. Eu sou muito cauteloso com a questão do treinamento por causa desta imaginação inconsciente da própria instituição. Isto é muito poderoso. Uma universidade não é simplesmente um lugar, e uma escola não é apenas um prédio. É um sistema coletivo com sua própria inconsciência sistemática que torna cada pessoa na escola inconsciente de uma maneira coletiva e, normalmente, inconsciente da própria instituição. Você nunca reparou como as pessoas numa igreja, num hospital, num escritório, estão sempre analisando a situação, tentando se tornar conscientes de onde estão? É isto o que eu chamo corrupção nos institutos de treinamento: ser pego numa terrível inconsciência, enquanto pretende-se estar desenvolvendo a consciência, guiando a alma. Não é que eu seja limpo, honesto ou santo. Eu fui didata. Estive em instituições. É que simplesmente estou alerta. Eu não sei como manter o eros vivo numa instituição.

L.P. *Você estava falando anteriormente sobre o papel da tradição na escola junguiana. Tradição também pode ser vivenciada como um fator de inibição muito forte, um fardo, principalmente com relação à escola junguiana.*
J.H. Uma coisa curiosa é que nunca houve uma única verdadeira disputa a respeito de doutrina, uma disputa teórica, entre os junguianos. Eles brigam muito sobre regras e personalidades, mas uma coisa estranha é que eles não tomam as idéias tão seriamente.

L.P. *Por que você acha que os junguianos têm este tipo de acordo ou compromisso de não brigar sobre idéias, ou será que isto é algo inerente ao próprio estilo de pensamento junguiano?*
J.H. Parece inerente, porque o próprio Jung nunca preocupou-se em fazer uma revisão crítica de suas próprias idéias. Claro, ele "rompeu com Freud", como dizem, e "fundou sua própria escola", mas quando ele revê suas idéias, é para se opor às idéias de Freud, não às suas próprias. Ele simplesmente re-escreve um capítulo ou um livro deixando de fora certos parágrafos, introduzindo novos pensamentos; ele dá uma nova aparência, como repintar um quadro, mas ele não acha que seus argumentos devam ser aberta, literal e explicitamente corrigidos. Freud sim. Freud diz: "Antes eu pensava que a libido se originasse toda no id, mas de lá pra cá descobri que há um instinto egóico, e tal... Tive que rever minha teoria de libido..." Ele está constantemente fazendo revisões teóricas. Parece-me que Jung pensa mais como uma pessoa de imaginação. Imaginação não se dis-

cute e não se corrige, simplesmente toca uma nova melodia. Uma peça de música, uma mazurca, não critica nem refuta uma sonata. Agora, Freud pensou que escrevia um tipo de psicologia científica, então ele encontrou contradições no que escreveu e estas contradições tiveram que ser, de uma maneira ou de outra, acomodadas para o avanço da teoria, como você faria se estivesse ligando com física, fisiologia ou algo assim. Jung e os junguianos permitem que os diferentes modos de sua imaginação se desenvolvam sem encarar isto como contradição. Isto evidentemente responde sua questão.

L.P. *E se encararmos isto de uma maneira menos generosa?*

J.H. De um outro ponto de vista, parece que os junguianos não se interessam por idéias. Muitos junguianos têm a sensação de ter todas as idéias de que precisam; Jung deu-lhes as idéias, tudo o que eles precisam é aplicá-las e trabalhar com elas. Estão satisfeitos. Ah, agora você está me pegando... posso sentir meu estômago revirar: "os junguianos" são um complexo monstruoso para mim; eu sou um deles, então não posso suportá-los — com exceção de alguns bons amigos pessoais. Às vezes penso que é porque nem todos eles pensam como eu penso, então fico enfurecido porque sou convencido. Outras vezes penso que a maioria deles é gente de segunda linha com mente de terceira categoria. Ainda outras vezes — e veja que interessante, não é?, como uma entrevista pode trazer isto tudo à tona, a entrevista como uma hora terapêutica — eu sinto a terrível *versagen*, *cop-out*, *mauvaise foi*, o fracasso de carregar e aprofundar o que Jung lhes deu. Eles apenas vivem das idéias de Jung (ou Freud, tanto faz), sem acrescentar nem mesmo uma vírgula por si mesmos. Isto é uma traição gigantesca, uma desonestidade. Você deve pagar por aquilo que ganha de uma escola levando suas idéias adiante. Mas tudo com o que se preocupam é com as qualificações de treinamento — mantendo os outros afastados de sua "tribo". E é tudo calcado num pseudomisticismo da individuação e da totalidade.

L.P. *O que seria "levar as idéias adiante por si mesmos"?*

J.H. Nem todo mundo é um escritor. Não seria escrever. Também não penso que seria pesquisar, se bem que isto pelo menos seria alguma coisa. Certamente também não seria a prática clínica. Primeiro, seria questionar, duvidar de tudo aquilo de que estão certos e no que confiam tanto, permitir-se ser desafiado, arriscar-se em público. Terapia é uma proteção: e não somente para o paciente. O analista, como diz Thomas Szasz, é o único profissional que não pode ser checado. O advogado tem sempre um advogado da oposição e um juiz. Um cirurgião opera sob os olhos de colegas e enfermeiras.

Até um banqueiro tem "controles". Mas a única pessoa, além do analista, que sabe o que acontece na análise, diz Szasz, é o paciente que, desde o princípio, não é qualificado porque o paciente é "apenas o paciente", incompetente por definição.

L.P. *Você fica muito bravo com isto tudo. E não só com os junguianos, mas com a própria psicoterapia. Por que então você a pratica?*

J.H. Eu sou maravilhado pela psique. Adoro trabalhá-la. Faço coisas o dia inteiro — escrevo, edito, pago contas, cozinho, corro atrás da vida, tiro minha sesta, tomo meu chá e aí então mais tarde, ao cair da noite, começa a prática clínica. Que prazer sentar na cadeira e receber a imaginação, imaginar com ela e tudo aquilo de desmontar, descobrir, fantasiar, expor, pressionar. Também é cansativo, claro, quando há outras coisas na mente. Mas isto é raro. Em geral eu não sou um ouvinte muito bom. Eu vou a uma festa ou a um encontro e escuto diversas coisas, mas quando eu conto pra minha mulher normalmente só lembro das coisas que *eu* disse. Mas em análise, surpreendentemente, estou todo o tempo concentrado, eu ouço, eu lembro. Resgato sonhos e imagens que o paciente teve anos atrás. É uma alegria natural para mim.

L.P. *Então você faz porque gosta de fazer?*

J.H. Esta certamente é uma resposta.

L.P. *Você não quer ajudar as pessoas?*

J.H. Claro, mas isso é irrelevante. Não posso ajudar as pessoas diretamente. Só a psique pode, então tento ajudar a psique, ou servi-la; *therapeia*. E trabalhar com as idéias psicológicas é parte desta *therapeia*.

L.P. *As idéias que a psicoterapia produziu sobre psicoterapia — estou pensando nos escritores ingleses como Winnicott e Fairbairn e o grupo de Tavistock e a teoria das relações objetais, ou escritores americanos como Searles ou Kohut — não entram em seus escritos. Por que não?*

J.H. Elas bloqueiam minha imaginação... Até mesmo Winnicott, que escreve sobre jogo e imaginação. Esses trabalhos são muito conceituais, são escritos num estilo explicativo, científico, são freudianos — não em conteúdo, mas freudianos no estilo. Em termos de estilo, sou um junguiano. Sabemos, desde Alfred Adler, que explicações psicodinâmicas são ficções, mas estas outras escolas que você mencionou tomam estas ficções como explicações psicodinâmicas. E assim, em seus escritos, não há amplitude cultural, do imaginário. Kohut, por exemplo — aqueles livros imensos sobre narcisismo, mas onde está Narciso, o belo rapaz, o lago, e Eco esvoaçando em sua volta, e o afogamento? Falta a beleza. Eu admiro a sutileza de suas observações, os movimentos que eles fazem em terapia, mas eu simplesmente não posso ler sua linguagem psicodinâmica.

L.P. *Esta pode ser sua principal diferença com relação a todas as escolas e portanto sua originalidade: você não aceita a psicodinâmica.*

J.H. Não estou certo de que seja tão original assim. Físicos, teólogos, mestres zen — todos dizem que o mapa não é o território. Psicólogos parecem não ter aprendido isto. Todas estas explicações da vida humana para mim são ficções, fantasias. Eu gosto de lidar com elas neste nível, apenas como ficções, fantasias arquetípicas. Podem ter um valor terapêutico, como qualquer história pode ter. Podem ajudar o terapeuta a atingir um segundo nível de estruturação, um plano de referência enquanto ele está no meio da confusão. Mas a psicodinâmica — e não me importa se são as teorias de *role-playing*, ou desenvolvimento infantil, ou os próprios deuses — nos mantém em explicações. Não podemos explicar a psique. Somos a psique. A alma quer respostas imaginativas, que a mobilizem, que a deliciem, que a aprofundem... Respostas explicativas simplesmente nos levam de volta à ciência e ao positivismo — pior, a uma ilusão, um tipo de *maya* ou *avidya*, uma ignorância que nos faz acreditar que sabemos. Você pode notar que estas explicações, todas elas, nos excitam e depois nos frustram. Kohut é apenas a última de uma série de ilusões às quais a mente se prende. E sempre aquela esperança de redenção. Deixe o plano de referência pra lá. Em vez de tentar explicar o comportamento humano, vamos tentar enxergar através da fantasia da explicação. As referências, os sistemas não servem nem como apoio para os terapeutas. São modos de livrar-nos das imagens e figuras que poderiam nos dizer algo realmente interessante.

L.P. *E as suas próprias referências, aquelas que seus alunos tomam de seus escritos e aplicam como psicologia arquetípica?*

J.H. Terrível... Tudo começa com a idéia de ''uma escola''. Se pelo menos a escola pudesse voltar à *skole*, aquilo que ela primeiro significava, ''lazer'', um tipo de entretenimento, talvez. Se ao menos os alunos pudessem *entreter* idéias. É isto, é suficiente, porque a mente se move entretendo idéias, mais do que usando-as, expondo-as, fora da mente, em aplicações. Há alguns anos eu ficava tão incomodado por tanta gente estar usando a psicologia arquetípica... ufa! — o próprio termo, e o ''fazer alma'' e ''o imaginal'', referir-se a deuses —

que comecei um pequeno livro intitulado "Porque Não Leio Hillman". Eu juntei todo o tipo de objeções que as pessoas tinham àquilo que eu estava fazendo. Eu anotei todas os truques do meu pensamento, todos os buracos, todos os disfarces — tudo aquilo que eu não podia suportar em meu próprio trabalho.

L.P. *Onde está tudo isto agora?*

J.H. Bem... quero crer que está nos trabalhos mais recentes, ou seja, incorporado àquilo que eu tento fazer no momento em que o faço, em vez de ter de escrever um tratado separado, como o *Retratações* de Santo Agostinho.

L.P. *A sua ênfase está sempre nas idéias, quer corrigindo suas próprias, quer desafiando outros por não tê-las. Deixe-me sugerir uma outra defesa de seus colegas junguianos, os quais você diz não estarem desenvolvendo o campo. Talvez eles o façam com o sentimento, em seu trabalho com as pessoas, enquanto que você espera que os avanços aconteçam através das idéias, do pensamento.*

J.H. Este negócio de opor sentimento e pensamento não é bom para nenhum dos dois. Nós dois estamos agora sentindo e pensando ao mesmo tempo. Por que separá-los? Em inglês algumas das melhores palavras para sentimento, a linguagem mais sensível é a linguagem do pensamento: ser "ponderado", ser "atencioso", "considerar". "Estimar", também. Então não venha me dizer que aqueles junguianos estão desenvolvendo o campo através do sentimento porque não estão pensando. Mas sejamos generosos mais uma vez: talvez a coisa toda tenha a ver com o próprio modo da psicoterapia. Nem mesmo os freudianos produziram um trabalho comparável ao de Freud. O melhor, o mais interessante escritor freudiano não é realmente freudiano: Norman O. Brown, que é um classicista e jamais clinicou sequer um dia em sua vida. Eu me pergunto se algum dia ele já fez análise.

L.P. *Então, será uma coisa inerente à psicoterapia o fato de ela inibir avanços teóricos, o pensamento filosófico, e o próprio desenvolvimento do campo? Você parece estar justificando sua própria raiva. Para poder pensar você deve deixar de praticar análise junguiana, deixar de ser psicoterapeuta, na medida em que você está mostrando, a partir do exemplo de Norman O. Brown, que a melhor reflexão é realizada por não-terapeutas.*

J.H. Freud e Jung foram, ao mesmo tempo, terapeutas *e* pensadores. Assim como Laing, a seu modo, ou Thomas Szasz, e também Lacan. Mas há alguma coisa que estamos pescando aqui. É verdade para a medicina: há muito poucas idéias interessantes vindas dos médicos que estão na prática médica. Provavelmente isto também seja verdade com relação à teologia: as idéias interessantes não vêm dos padres, mas sim de teólogos ou estudiosos das religiões como Eliade e ou David Miller.

L.P. *Uma oposição entre teoria e prática?*

J.H. Não vamos fazer mais uma oposição — é tão errado quanto pensamento *versus* sentimento. Talvez tenha algo a ver com escrever, com o ato de formular pensamentos e sentimentos em palavras no papel. Esta é uma prática em si, e quantas práticas você pode praticar? Apesar de que às vezes eu penso que se você escreve, você será melhor na prática clínica, porque você estará mais alerta, acurado, curioso, ou sei lá o quê.

L.P. *Mas muitos de seus colegas junguianos escrevem e ainda assim você questiona o pensamento deles.*

J.H. Não *todo* o seu pensamento, nem o pensamento de *todos*. Deus! O que eu quero dizer é que o discipulado impede o pensamento. Para ser leal a Jung, tornam-se indiferenciados. Eles sentem que sua tarefa é uma missão. Divulgar. Ensinar. Quando você tem que ensinar algo, você se torna didático e tem que saber simplificar a coisa: você ensina aquilo que já está acabado ou, digamos, quando você ensina alguma coisa, ela se torna já acabada. De qualquer maneira, eles estão divulgando a teoria, mostrando que Jung está certo. Eu não estou preocupado em mostrar que Jung está certo. Ele *está certo* — e está errado também... mas isto não importa. Há outras coisas a serem feitas, como aprofundar as implicações, continuar, levantar questões, olhar para aquilo que ele disse pelo lado e baixo, numa nova luz, uma luz estranha, tirar mais coisas do que foi dito.

L.P. *Um dos temas recorrentes em sua crítica à psicologia — especialmente em* O Mito da Análise *e, mais tarde, em* Re-Visioning Psychology *— é o seu ataque ao nominalismo psicológico, aquilo que você chamou de negação nominalista. Sua posição não é nova: seu argumento é que a linguagem da chamada psicologia da anormalidade não é somente inadequada mas também muito pobre. O que você quer dizer com "muito pobre"?*

J.H. Por nominalismo eu me remeto à idéia de que os termos psiquiátricos não se referem a nada real: são fantasias, ficções úteis. Ou, como dizem alguns, ficções *inúteis*. Só porque os termos são simplesmente convenções, apenas *nomina*, não precisamos jogá-los fora. Isto é ser literal na direção contrária — os antipsiquiatras são tão literais quanto os psiquiatras. Um lado afirma que estes rótulos são reais e que as pessoas têm ou são estes termos, como esquizofrênico ou paranóico; e o outro diz que não há realidade alguma nestes termos e que, portanto, as pessoas não são doentes.

L.P. *De que maneira sua posição difere da escola da antipsiquiatria identificada principalmente com Laing e Cooper e com movimentos deles derivados?*

J.H. Se pudéssemos aclarar o nominalismo, dar-lhe um suporte verdadeiro — não aos termos mas ao próprio nominalismo —, então não precisaríamos ser pró-psiquiatria ou antipsiquiatria. Então poderíamos discutir abertamente sobre psiquiatria de um ponto de vista político ou social, ao invés de disfarçar a questão política numa questão pseudolingüisticamente filosófica. O problema é o nominalismo. O que são estes termos: psicótico, psicose, depressivo, depressão, paranóia? Que tipo de realidade existe nestas palavras? São meramente descritivas? Então qual é a relação entre a descrição e a pessoa à qual esta descrição está sendo aplicada? Suponha que possamos desistir da idéia de que os termos devem referir-se a alguma coisa, suponha que aceitemos o nominalismo, completamente, então estaríamos engajados em retórica, não em ciência. Então os termos teriam significados conotativos e valores metafóricos. Então um paciente chamado de paranóico atua num certo estilo retórico — como um gênero em literatura, ou um tipo na comédia de costumes ou na Bíblia — e este estilo oferece acuradas observações psiquiátricas, tais como defendido, suspeito, fechado, isolado em sistemas especiais de pensamento e sentimento sobre outras pessoas ou sobre seu próprio corpo, sistema de referências, e daí por diante. O mesmo padrão ou algo parecido com ele ou algum aspecto dele poderia ter sido chamado em algum momento de saturnino. Então os termos nominalistas teriam retaguarda em padrões arquetípicos.

L.P. *Então não há doença real?*

J.H. *Esta é uma pergunta capciosa: se eu disser que sim, sou um realista, um psiquiatra. Se eu disser que não, sou um nominalista, um membro da escola da antipsiquiatria. O que faço não nega nem confirma a doença — distingue o problema da linguagem do problema da doença, ou imagina o primeiro plano da doença em contraste com o pano de fundo da linguagem, da retórica. A doença "real" está provavelmente menos no estilo — paranóica, depressiva — e mais na fixação, no literalismo com que paciente e terapeuta adotam o estilo. Diagnosticar e tratar a doença como um estilo de retórica significa que o doutor entra com o mesmo tipo de linguagem que o paciente. Não quero dizer com isto que doutor e paciente ficam conta-*

minados um pelo outro, um tipo de *folie à deux*; quero dizer que eles estão constelados pelo mesmo padrão arquetípico. Simpatia. Se há um Deus na doença, como disse Jung, o Deus já está na linguagem do médico quando ele formula a doença num diagnóstico.

L.P. *Não há aqui o perigo de simplesmente substituir os termos diagnósticos por termos míticos ou deuses?*

J.H. Fui contra isso muitas vezes. A questão não é encontrar novos termos para substituir os velhos. Tudo bem com os velhos termos. Trata-se de enxergá-los diferentemente, trocando tanto nominalismo quanto realismo por retórica e metáfora. Veja, a linguagem mítica simplesmente não pode ser tomada literalmente. Todos sabemos que estes deuses não existem, e que não são reais. Sabemos que Vênus e Saturno são imagens, metáforas, fantasias. Mas esquecemos que isto também é verdade com relação à histeria, esquizofrenia e ego também. Termos míticos não podem ser literalizados da mesma forma, porque o sentido do fantástico está construído neles — e além disso, ao mesmo tempo, eles têm um valor cultural, o poder da tradição e a universalidade dos deuses. Recentemente aprendi em Eranos, com o professor Ueda, que no pensamento zen são benquistos os conceitos que carregam em si um potencial autocorretivo. Um bom termo permite que se enxergue através dele. Num bom termo deve estar implícito que ele não é literal. Assim fazem mitos e deuses. Estou tentando levar toda a base da linguagem psiquiátrica para dentro do campo da imaginação, onde, de qualquer maneira, estão os distúrbios e as doenças. Aí deve estar a linguagem também. Quero trazer de volta um linguagem mais rica e mais antiga para a psicologia da anormalidade. Quero Vênus, Afrodite, as deusas das superfícies sensuais, dos detalhes, da intimidade, retornando às descrições clínicas. Como o paciente se move, se veste, respira, gesticula; que característica fisionômica há em seu rosto, que raça étnica, que animal, quais qualidades planetárias, que olhos estão ali em frente aos seus olhos? Se você entra num bar "barra pesada", ou tem que descrever alguém do seu pelotão — como você os encararia e que palavras encontraria para descrever sua imediata apresentação sensorial? Nossa linguagem psicológica visual se refere a estados subjetivos: como eu sinto; e não o que está na minha frente. *Interessante, incrível, chato, curioso, feio, divertido* — são palavras que dizem respeito a mim e meus sentimentos, não sobre você, aí. Não são descrições. Eu lhe pergunto: "Como foi vir de trem da Itália? ". Você pode dizer: "Foi horrível, cansativo, chato" — mas isto não me diz nada a respeito da viagem de trem. Fala-me sobre seu estado subjetivo. Em vez disso, você poderia dizer lotado, barulhento, fedido, banheiros sujos, atrasado, parando em cada estação. Ou você poderia me dar uma imagem particular que condensasse, metaforizasse toda a viagem.

L.P. *Você tem certeza de que este tipo de linguagem dos estados subjetivos não é particularmente americana? Em italiano nós adoramos palavras vívidas e divertidas para descrever qualidade.*

J.H. Pode ser particularmente americano — pelo menos a América acadêmica, a América terapêutica. Certamente temos hoje um culto do sentimento. A maioria das escolas de psicoterapia hoje enfatizam o sentimento introspectivo: espera-se que você esteja constantemente focado em seus próprios sentimentos e relatando-os com palavras tais como ansiedade, agressão. Palavras sem imagens. Na verdade, é um sentimento completamente conceitualizado e não é sentimento coisa nenhuma. Woody Allen faz paródias maravilhosas a esse respeito. Você não vê como isto arruína nossa percepção daquilo que realmente está no mundo à nossa volta, sua face verdadeira?... Se vamos voltar a encarar as coisas como faces, o mundo como vivo, uma apresentação de Afrodite às narinas e aos olhos, então teremos que recuperar a linguagem das qualidades. Será por isso que Flaubert disse a um jovem escritor para sair e observar uma árvore por horas e horas? Pare de escrever sobre você mesmo. Resgate as qualidades da árvore em sua linguagem. A linguagem psicológica é a pior: agressão, hostilidade, dependência — que palavras feias e vazias! Elas são tão cheias, grandes e importantes, que se esvaziam. Se fôssemos treinados como escritores, em vez de... para este não sei bem o quê, que nós psicólogos somos treinados... aprenderíamos a não usar palavras tão superficiais, mas saberíamos ser precisos e cuidadosos ao apresentar uma imagem sensual. Nossa linguagem em psicologia é determinada pela pobreza — uma linguagem da qual Afrodite foi retirada completamente. Essas poucas palavras, tal como "agressão", são altamente carregadas de emoção. Conferências sobre "agressão"... psicodinâmica da agressão. Como se ela fosse um dos antigos vícios ou personificações medievais. Não são sequer palavras: são ideologias. Como patriarcal, feminino ou dependente.

L.P. *Será que você poderia isolar um desses termos para mim? Como é que eles podem ser ao mesmo tempo repletos ou carregados de importância e ainda assim vazios?*

J.H. Bem, vamos tentar fazer isto com depressão — uma velha conhecida. O paciente diz "eu me sinto deprimido". Eu não sei o que isto significa. É vazio. Sem imagem, sem conteúdo sensorial; é uma carga. Na realidade, a palavra é uma formação de sintoma, um compromisso com a depressão que ajuda a reprimi-la: basta admiti-la de uma maneira vaga e abstrata. Então, na prática quero mais precisão: o que você sente? triste, vazio, seco, queimando? você se sente fraco? tem vontade de chorar? e onde você se sente deprimido? nos seus olhos? você quer chorar? você chora? nas suas pernas? estão pesadas? não podem levantar, não podem se mover? no seu peito? está ansioso, e como você sente isto? onde? quando? é como estar amarrado, ou sendo envenenado? e suas vísceras, suas fantasias sexuais? de que cor é seu humor? qual a temperatura dele, o clima? Veja o que quero dizer: estamos tentando chegar à linguagem de Vênus — todo o *sabor, corpo, imagem* do estado de alma em palavras. Tudo isto desapareceu, e em seu lugar o grande vazio do jargão insípido da palavra *depressão*. Este é um terrível empobrecimento da experiência real.

L.P. *O empobrecimento das palavras é sempre um perigo para as emoções. Sem as palavras adequadas, as emoções se tornam mais grosseiras. A linguagem ajuda a diferenciar a emoção — este sempre foi o ponto de vista humanista.*

J.H. A emoção parece querer isso. A própria emoção inventa movimentos incríveis, insultos e maldições complicadíssimos; pense nas imagens e nos nomes que aparecem na paixão sexual. A diferenciação, o matizar de emoções, tudo isso é trabalho da cultura. A poesia moderna que veio de Williams, Pound, o imagismo, o próprio Eliot, insistiram em fragmentar grandes emoções em imagens precisas. Este movimento apareceu ao mesmo tempo que a psicanálise, um pouco antes da Primeira Grande Guerra, e a psicanálise é um tipo de imagismo — um modo de fazer com que as imagens tornem as emoções mais precisas. A psicanálise é um movimento poético.

L.P. *É muito difícil compreender o uso que você faz do termo "psicanálise", o sentido que você dá a ele.*

J.H. Nunca me refiro somente a Freud ou à escola freudiana. Por psicanálise entendo todas as formas de psicologia profunda. E existem muitas formas de psicologia profunda. Todos esses movimentos que tomam a alma mais profundamente, ou possibilitam consciência da sombra, ou enriquecem a imaginação, podem ser chamados de psicanálise. Quando você começa a fazer o trabalho é como se estivesse preservando, restaurando uma memória perdida. Você volta. Tenta recuperar imagens do passado; você anima, recupera o fôlego das imagens. Mas isto é somente metade do trabalho. E a outra metade do trabalho — se pensarmos em termos de "fama" e morte e naquilo que realmente importa — é a destruição das imagens, a queima delas — como Kirschner, o pintor, que queria queimar seus quadros, ou Kafka, que queria destruir seus escritos, antes de morrer. Esquecer. Um longo processo de esquecimento. Esquecer as lamúrias, esquecer sentimentalismos. Esquecer imagens que não são fecundas, que já não geram mais nada. Imagens às quais a mente volta, para talvez, depois de um longo processo de análise, perceber que são irrelevantes. Grandes partes da vida de uma pessoa são irrelevantes. Não se sonha com elas. Elas se foram. Você passa quatro anos num determinado lugar, dos oito aos doze, e nunca, nenhuma vez, quando você já tem sessenta anos de idade, nunca sonhou com aquele lugar. Você teve uma professora durante anos, ou um instrutor durante toda a sua adolescência. E você nunca sonha com o tal instrutor. Alguns colegas de classe insignificantes aparecem toda hora. Algum prédio. Algum lugar. Alguma mulher — e não *a* mulher. A psique faz uma seleção destrutiva radical das imagens e queima muitos dos quadros antes da morte.

L.P. *Isto não é repressão?*

J.H. Só se você olhar para isso de cima. Estou tentando chegar a uma outra perspectiva com relação a isto. Estou tentando suspender a repressão da própria idéia de repressão, enxergá-la da perspectiva da psique, porque precisamos fazer a pergunta: quem reprime, quem esquece? A psique. Ela simplesmente retira alguns quadros do inventário, remove-os inteiramente, deixa que a correnteza do rio leve as coisas, leve até o mar, lavando tudo, sumindo com tudo.

L.P. *Se você justifica a repressão, você sabota a base da psicanálise. A idéia de inconsciente está construída em cima disto.*

J.H. Ah, claro... mas vamos por um instante deixar de lado a noção comum de repressão que tem que ser suspensa porque uma mente psicanalítica curiosa e indagadora precisa sentir tudo, olhar para tudo. Isto não significa simplesmente livrar-se dos quadros para os quais você não quer mais olhar. Eu não estou falando de um ego deliberadamente defensivo. Em vez disso, pense na repressão como algo necessário à economia psíquica. A psique é muito econômica. O hinduísmo diz que você lida apenas com as coisas que pertencem ao seu carma nesta vida e algumas coisas são reprimidas para serem tratadas numa outra vida. A psique funciona de acordo com *dharma*, *ananké*, necessidade; ela lhe dá apenas um certo *pensum* de trabalho. Assim, à medida que você envelhece, a psique começa a queimar imagens. Mas o ego quer tornar tudo consciente. Quando Freud diz "Onde era o Id, que se faça o Ego", é também uma afirmação extraordinariamente voraz. Ele quer arrancar até a última pedra da mina, mas e como fica a mina? Os gregos, os povos antigos estão sempre devolvendo as coisas. Talvez reprimir e esquecer sejam formas de sacrifício — não a *minha* devolução, mas a psique deixando-a fora do alcance da minha voracidade. ''Que se faça o Ego'' é semelhante a ''Que se faça a Luz'', como se fosse uma grande afirmação de Deus-Nosso-Pai; como Prometeu, também, deixando tudo à mão, ''abrir cada sonho'', como disse Freud. Então escavamos a psique. Nossa noção de tornar alguma coisa consciente é exploradora. Queimamos nossas riquezas psíquicas da mesma maneira que queimamos nosso gás natural, como se houvesse um suprimento interminável daquilo que chamamos inconsciente criativo. Quem disse que o inconsciente, as profundezas da psique, é um inesgotável reservatório criativo? Talvez as feridas psíquicas resultem desta visão exploradora — como se tudo devesse aparecer e ser usado. Nenhuma repressão: abram as comportas! Ao invés disso poderíamos guardar as imagens como um tesouro. De quantas imagens uma pessoa precisa? Quantas idéias, quantas lembranças? O inconsciente já foi chamado de *thesaurus*, um tesouro, e isto implica uma atitude completamente diferente com relação a um sonho. Um sonho pode ser suficiente por um longo período de tempo se ele vem do tesouro. Mas se vem da escavação, da mina, então caímos no ter que lembrar de tudo, superar a naturalidade da repressão. Em vez disso, poderíamos deixar que as próprias figuras decidissem o que deve ser lembrado, qual delas é importante e quer saltar ''fora'' do id. Talvez elas saibam melhor o que é relevante para a personalidade consciente, em vez da personalidade consciente ''suspender a repressão'' das figuras. As figuras dos sonhos já me dão trabalho suficiente. Eu não tenho que cavar mais, eu não tenho que desenterrá-las como se fossem múmias embrulhadas — o analista como arqueólogo. Se as figuras adentram meus sonhos, então elas estão pedindo para serem recebidas, pedindo que se converse com elas, ou o que quer que possa acontecer entre nós.

4 TERAPIA, SONHOS E O IMAGINAL

L.P. *Falando de terapia, então...*

J.H. É tanta coisa diferente, não é?... É uma prática de religião, uma prática de magia, uma prática de educação, de lavagem cerebral política, uma prática de mudança de consciência, e até uma prática de terror; há uma incrível variedade de coisas acontecendo em terapia; é uma forma de amor, há uma ligação, uma cumplicidade — tudo isto acontece em terapia. Algumas pessoas têm procurado compreender por que ela apareceu num determinado momento de nosso contexto histórico; outras preocupam-se em saber quando ela terminará. Levantei muitas destas questões em *O Mito da Análise*. Para mim, terapia é basicamente evocar a imaginação: é treinar, trabalhar, lutar com a imaginação. Se é para falar em cura, teria que falar em cura da imaginação, ou cura da relação com a imaginação. Se eu quiser dizer que terapia tem a ver com elevar, aprofundar ou intensificar os níveis de consciência, eu ainda colocaria a terapia em conexão com imaginação como o desenvolvimento de um sentido psicológico da imaginação''.

L.P. *E o que é um ''sentido psicológico?*

J.H. O fato de levantarmos estas questões mostra que estamos por fora. Provavelmente a questão mais difícil com que tive que lidar é: ''Como você sabe que tal coisa é psicológica?''. Você tem um orientando ou está numa banca examinadora ou escolhe um orientador para sua tese de doutorado, e seus colegas dizem ''tal coisa não é psicológica'', ou ''sei lá o que é muito psicológico''. Esta é a coisa mais difícil de se definir. A qualidade do psicológico. Acho que esta qualidade é como o talento nas artes. O que se tenta fazer em terapia é tornar a outra pessoa, a *psique* da outra pessoa mais psicológica.

L.P. *Vamos tentar ser mais precisos.*

J.H. Psicológico significa mais complicado? Mais sensível? Ou mais metafórico? Escutar dois níveis ao mesmo tempo: irônico e metafórico... isso é mais psicológico? Será mais psicológico enxergar através? Será mais cuidadoso, mais reflexivo, ou psicológico significa mais embasado, mais certeza instintiva? Será mais como Jane Austen, uma sensibilidade às nuanças do que acontece entre as pessoas, quer estas nuanças estejam em suas faces, em suas vozes ou ainda no clima, na pressão atmosférica da sala, será isto psicológico? Difícil dizer, não é?

L.P. *É como no cinema: há filmes que são psicológicos e filmes que não são. Pense num Visconti comparado a um Bertolucci: eles fizeram filmes sobre o mesmo assunto — decadência, famílias burguesas, melodrama — e ainda assim há alguma razão pela qual você pode dizer que os filmes de Bertolucci são piores. Serão mesmo piores? Não, é que neles falta aquela qualidade do psicológico que Visconti possui.*

J.H. Terapia para mim tem a ver com o desenvolvimento daquela *qualidade* do psicológico. Uso o termo ''imaginação'' porque ele é parte disso, e isso não significa apenas ter uma infinidade de fantasias. Significa imagens que ressoam com profundidade, que não impedem a psique de continuar imaginando. Bertolucci encerra, aprisiona as coisas nas imagens dele. Elas te deixam no mundo *conhecido*; são mensagens. Mas Visconti tem um aspecto enigmático, mais mítico, digamos.

L.P. *Como você, em terapia, estabelece a conexão do histórico pessoal do paciente com o* background *imaginal ou a reflexão mítica, arquetípica?*

J.H. É um modo de ouvir e reagir. Você não estabelece conexões; elas já estão lá. Hermes faz as conexões, e se você insistir em fazêlas, você estará empurrando Hermes para fora. ''A conexão secreta é a melhor'', disse Heráclito. O que isto significa? Poderia significar não ver a conexão mas ouvi-la, cheirá-la, manejá-la. Você deve escutar o que está acontecendo com um ouvido que *não* está sintonizado com o mesmo comprimento de onda da história do paciente. Há uma dissonância, um desconforto. Não é uma compreensão de apoio e um simpático estar sintonizado. É mais um curioso escutar as coisas de modo diferente.

L.P. *Soa novamente muito literário, como Pinter.*

J.H. Ou até mesmo os dramaturgos mais realistas. Ibsen e Tchekov, por exemplo. Mesmo as pessoas falando as frases mais comuns você já pode ouvir o *Background* imaginal: é tudo muito mais profundo, trágico, cômico, do que aquilo que parece ser apenas realismo social.

L.P. *Então não há nenhum movimento no sentido de mostrar quais arquétipos estão atuando? Você não aponta o* senex, o puer*, a criança, Perséfone ou Hera no comportamento ou na história de uma pessoa?*

J.H. Ouço a retórica e observo o comportamento, claro. Mas usar um mito ou uma figura mítica como um rótulo não ajuda nada. Terapia não é uma demonstração dos deuses. Ela deve ser epifânica: eles têm que aparecer e nos surpreender. É claro, ajuda saber de antemão um pouco sobre seus estilos — de que maneira eles tendem a aparecer.

L.P. *Sobre retórica. Você usa "retórica" de uma maneira peculiar, você fala dos mitos aparecendo em retórica, em estilos de discurso; cada um destes estilos apropria-se do que está realmente acontecendo na psique. E você diz que não está procurando uma definição específica de mito: mas um mito é sempre algo que está definido, e de um certo modo é um padrão fixo...*

J.H. Sim, sim. Há um padrão para ele. Acredito em algumas coisas: que o que quer que aconteça é proposital; há uma regra, você sabe. Acredito que qualquer coisa que aconteça é inteligível, não "entendível", inteligível. Há uma diferença. Entender requer uma hermenêutica: você traz uma série de conceitos para se referir ao que está à sua frente, enquanto que "inteligível", de maneira como penso, significa simplesmente apresentável, as coisas da maneira como elas se apresentam. São fenômenos e trazem uma luz em si, elas brilham, podem ser vistas. E quando nós as entendemos, escurecemos aquela luz, porque fazemos suposições sobre elas em vez de deixar que elas falem para a imaginação como são realmente. É muito importante, e ao mesmo tempo muito difícil, falar disso porque eu ainda não encontrei o meu jeito de lidar com essas coisas. Há uma série de idéias com as quais estou agora tentando trabalhar, que têm a ver com o vício do entender, da hermenêutica. Estou tentanto enxergar como a hermenêutica interfere na apresentação, ou seja, como a hermenêutica cria uma inteligibilidade às custas da inteligibilidade apresentada pelos fenômenos e assim nos iludimos com nosso entendimento. Acho que estou tentando me tornar um inocente realista, como eles dizem em filosofia, ou um fenomenalista — mas com um detalhe: quero falar sobre os eventos da maneira como eles aparecem para a *imaginação*, como imagens. Talvez os sonhos possam nos ajudar aqui; talvez eu possa mostrar o que entendo por sonho. De noite, quando estou sonhando, estou na imagem, estou imaginando — ou o imaginar está ocorrendo e estou mergulhado dentro da vida do sonho que é em si inteligível, faz sentido, é clara e incrivelmente proposital. E quase no momento em que acordo, mesmo num lento despertar, começa meu entender. Estou entendendo, transformando o sonho num entendimento dele; mesmo que eu não queira, naquele momento o sonho se desvanece. Torna-se obscuro também e perde sua inteligibilidade. Por que isto, por quê? O sonho está se escondendo de meu entendimento. É quase como um poeta interno que se esconde do crítico interno, porque ele não quer ser entendido e não quer que descubram o que ele *significa*.

L.P. *A imaginação resiste à hermenêutica. Será esta uma nova teoria de resistência? Ou será a velha noção romântica da imaginação e dos dois mundos, o mundo da noite e o mundo do dia?*

J.H. Não sei. Poderia ser a idéia arcaica das duas almas e que a alma do sonho uma vez que assuma vida própria — e eu tenho sonhado e pensado sobre meus sonhos constantemente por mais de trinta anos — não gosta de se misturar com a alma diurna, que também vem se tornando mais forte e mais brilhante. Veja, eu não acredito que este seja um problema meu ou de gente mais velha que, supostamente, sonha menos. Eu acho que tem a ver com hermenêutica. Se abordamos um fenômeno com o intuito de compreendê-lo, não interessa que sistema de hermenêutica você use, alguma coisa acontece no sentido de torná-lo ininteligível para salvá-lo. Se encaramos todos os eventos como inteligíveis em si, que eles já falam de uma maneira inerentemente compreensível, pode-se observar, responder, dançar, ou o que quer que seja, com o evento, o que é diferente de uma compreensão do evento.

L.P. *Então qual é a sua atitude quando lhe apresentam um sonho em terapia?*

J.H. São muitas. Às vezes eu morro de rir. Sonhos são tão divertidos — as coisas que eles inventam! Os detalhes que eles se dão ao trabalho de incluir. Muitas vezes eu me sinto absorvido, quase doente. É demais — quer dizer, a tarefa hermenêutica é demais. Às vezes eu simplesmente não vejo coisa alguma, não sinto nada, exceto meu próprio ser nocauteado e desamparado, e levará pelo menos quarenta minutos de um trabalho paciente, cuidadoso e persistente — e eu disse *trabalho* — para trazer este sonho à vida, libertá-lo, entrar em contato com ele. Outras vezes adentro o sonho tão rapidamente que me torno insensível ao sonhador, como se ele ou ela não importasse, mas o sonho me incendeia e fico louco para falar sobre ele, ou melhor, falar com ele. Eu falo mais *ao sonho* do que ao paciente.

Veja, isto vem da perspectiva que se tem sobre o que é um ser humano. Estas imagens nos fazem perceber que o paciente, eu, você, somos apenas relativamente reais. São as imagens que realmente importam, e elas têm tão pouco espaço no nosso mundo, que o meu trabalho é deixá-las falar e falar com elas. Essa é uma idéia de Jung que disse: "De uma certa maneira essas figuras são tão reais quanto nós". Ou Corbin, que disse: "A tarefa não é a sua individuação, mas a individuação do anjo". Então não há nada a se fazer, mas ser discreto, porque você não é o único autor de seus próprios sonhos, e a autoridade vem deles; num certo sentido você fala para as imagens. Se você toma a realidade psíquica como realmente real — não somente como um punhado de complexos ou como o efeito da sociedade, ou ainda como o resultado do desenvolvimento —, mas simplesmente tão real quanto os tijolos, as pedras e as árvores, então você está limitado por esta realidade. Aí você se torna discreto, cuidadoso.

L.P. *Um freudiano diria que dar tanta realidade às imagens é uma maneira de se livrar do princípio de realidade. Mais ainda: ao enfatizar a imagem em vez da pessoa, você faz do terapeuta, de você mesmo, uma imagem irreal.*

J.H. Isto é exatamente o que quero dizer sobre ser discreto. Você, enquanto pessoa, tem que sair da frente de maneira que as imagens possam aparecer. A teoria da transferência supervalorizou o analista, e em qualquer terapia você sabe que você é uma "imagem projetada". E não é apenas o fato de você ser uma imagem projetada; é que o analista absorveu a imaginação do paciente, e até substituiu-a, de maneira que seus pontos de vista, seus pensamentos tendem a dominar o que está acontecendo. O analista tem que sair do caminho. É sempre este o grande problema em todas as coisas: se meter no caminho das imagens; e isto é verdade, não importa o que você faça. Mesmo nesta entrevista, temos que sair de seu caminho para que ela possa acontecer por si, apenas com uma mãozinha nossa aqui e ali.

É como a análise: deixe que *ela* apareça, sem tanta personalização do analista ou do paciente. Eles são os meios pelos quais a análise acontece, e é por isto que as pessoas estão naquela sala, pela análise, não por elas mesmas; como esta nossa conversa agora, é pela entrevista, não por nós. Se fosse só por nós, não saberíamos o que dizer, sobre o que falar. Na verdade, nós não temos nada sobre o que conversar: você não me conhece e eu não a conheço, ainda assim, veja a entrevista — está transcorrendo muito bem. A entrevista parece saber o que quer de nós. Repare, o analista está na mesma posição. O analista realmente não sabe tanto, não sabe que rumo o destino do paciente irá tomar, não sabe fundamentalmente por que esses sintomas estão ocorrendo: claro, ele sempre tem indicações sobre eles, mas não sabe tanto quanto sabe a psique.

L.P. *Esta é uma afirmação bem radical!*

J.H. A psique *não* é inconsciente. *Nós* somos, nós pacientes, nós analistas. A psique está constantemente fazendo afirmações inteligíveis. Está fazendo sonhos e sintomas, fantasias e humores. É extraordinariamente intencional, proposital. Mas o sistema de terapia projetou "o inconsciente" na psique do paciente, o que, por causa dos opostos, significa que o analista deva ser consciente. Tanto paciente como analista tendem a acreditar neste sistema. Mas o fato é que a consciência flutua; um fluido psíquico, como Mesmer poderia ter chamado, envolvendo toda a sessão analítica. Não pertence a nenhuma das partes. Às vezes é o paciente que tem o *insight*, noutras o analista é consciente apenas por ser reticente, num outro momento ainda a consciência está realmente na imagem.

Por exemplo, aparece uma cobra preta num sonho, uma enorme cobra preta, e você pode passar uma hora inteira com esta cobra preta falando sobre a mãe devoradora, sobre ansiedade, sexualidade reprimida, a mente natural, todos estes movimentos interpretativos que se faz, e o que é esquecido, o que é de importância vital, é o que a cobra está fazendo, esta enorme cobra preta que vem rastejando para dentro de sua vida... E no momento em que você definiu e interpretou a cobra, você a perdeu, você a paralisou; então a pessoa vai embora com um conceito sobre minha sexualidade reprimida, minhas paixões negras e geladas, minha mãe ou sei lá o quê; você perdeu a cobra. A tarefa da análise é manter a cobra ali, a cobra preta; e há várias maneiras de se ficar com a cobra... Veja, a cobra preta não é mais necessária no momento em que é interpretada, e você não precisa mais de seus sonhos porque eles foram interpretados.

Mas acho que você precisa deles sempre, precisa daquela imagem exata que teve durante a noite. Por exemplo, um policial perseguindo você na rua... Você precisa desta imagem, porque ela o mantém numa possibilidade imaginativa... Se você diz "Ah, meu complexo de culpa está solto novamente e me persegue pelas ruas", é um sentimento diferente, porque você tomou o policial desconhecido como parte de seu sistema egóico, parte daquilo que você conhece, sua culpa. Você absorveu o desconhecido no conhecido (fez o inconsciente consciente) e nada, absolutamente nada aconteceu, nada. Você está realmente salvo do policial e pode voltar a dormir. Sua interpretação protege seu sono. Eu quero deixar que a psique o ameace até os infernos, mantendo o policial lá, perseguindo-o pelas ruas, até agora, enquanto falamos. O policial é mais importante do que aquilo que falamos sobre ele: quero dizer que *a imagem é sempre mais abrangente, mais complexa* (é um complexo, não é?) *que o conceito*. Vamos fazer disto uma regra. É por isto que "fixar-se à imagem" é uma outra regra na psicologia arquetípica. Então, quem é o policial? A culpa? Ou é o sentido da lei, o sentido da ordem, o sentido da cidade, a *pólis*? Terá ele alguma coisa a ver com uma estrutura inerente da consciência que pede algo a você, ou que relembre alguma coisa, chamando-o para ele? De outra maneira, ele não o estaria perseguindo. Você precisa manter o policial lá para poder aprender o que ele quer e o que faz com que você continue correndo, correndo na rua, pelas ruas.

As imagens são o que a psique é. As pessoas dizem "eu não sei o que é a alma", "perdi minha alma" ou algo do gênero. Para mim, o lugar para onde temos que nos voltar quando nos sentimos desta maneira é diretamente às imagens que mostram onde você está com sua alma nos seus sonhos. "Não sei onde diabos estou, estou todo confuso, acabei de perder meu emprego... tudo está acontecendo." Para onde olhar quando você se sente assim?... O lugar não é apenas seus sentimentos, nem suas interpretações, nem necessariamente pedir ajuda a uma terceira pessoa, mas perguntar a si mesmo o que era você na imagem? Onde está sua imaginação? Isto imediatamente o *situa* em algum lugar, dentro de sua própria psique. Enquanto que a introspecção não ajuda em nada — perseguir sua própria sombra, questionar por que fiz isto, por que fiz aquilo, por que eles fizeram isto ou aquilo. Um tormento instantâneo: os hindus o chamam de *vritta*, fazendo com que a mente se volte para dentro de si como um formigueiro. Mas quando você tem a imagem de um formigueiro, você sabe onde está: no meio de um formigueiro, formigas se movendo em cinqüenta direções diferentes ao mesmo tempo, mas elas estão *fazendo* alguma coisa. Isto parece desesperador para mim só porque eu não acho que a imagem devesse ser um formigueiro. Mas um formigueiro tem uma estrutura interna, é uma organização. Então o presente de uma imagem é que ela fornece um lugar para você enxergar sua alma, precisamente o que ela está fazendo.

L.P. *Mas é possível ter uma visão diferente da imagem, não uma interpretação?*

J.H. Claro, se em vez da linguagem conceitual — veja o formigueiro é a sua confusão (e então você pensa, "Ah, eu sempre fico confuso; quando alguém me abandona eu fico confuso; quando sou rejeitado não sei onde estou; caminho em mil direções diferentes" — e você começa com subjetivismo, aquela importância subjetiva sobre si mesmo). Em vez desse tipo de linguagem, você pode falar com a confusão na linguagem da imagem, que é um formigueiro. As formigas estão fervilhando: algumas estão subindo, outras estão descendo, algumas estão carregando ovos para algum lugar, outras cuidando de sei lá o que, carregando companheiras mortas... há muita coisa acontecendo, vamos ver o que estão fazendo as formigas. E aí não estou mais pensando em confusão, estou *observando o fenômeno*, e vendo fenomenologicamente o que está se passando. Eu não estou mais preso em minha própria subjetividade. Estou fascinado com aquilo que acontece, e esta atenção é tranqüilizante. Posso olhar para esta imagem cientificamente — observar tal qual um naturalista. O fenomenologista da psique também é um naturalista da psique, que observa como ela produz aquilo que ela produz. De repente, posso ver as formigas devorando-se umas às outras. Não adianta dizer que o que está acontecendo é uma cena destrutiva: devo indagar também sobre a intencionalidade. Vamos observar: talvez a psique esteja cuidando do problema por si mesma. Nós não sabemos de antemão; temos que nos fixar à imagem, ficar na imaginação. "Uh, elas estão nos meus pés, comendo meus pés. Não posso suportar. Estão subindo pelas minhas pernas. Estou enlouquecendo". Agora a imagem está vividamente aparecendo. Ainda assim, fique com ela, qual é sua reação? Posso tentar me livrar delas: posso ficar correndo em círculos, ou pegar um pires com mel e atraí-las para um outro lugar, posso cantar uma música de formigas para elas. Posso fazer alguma coisa em relação àquilo que realmente está acontecendo. Mas o que não faço, e não farei, é interpretar as formigas. Você reparou naquele momento — "Elas estão subindo pelas minhas pernas. Eu estou enlouquecendo" — a mudança da imagem para a interpretação — *isto* te enlouquece.

O movimento hermenêutico criou a loucura. Quem diz que você está ficando louco? O que você realmente sente são as formigas subindo pelas suas pernas. Daí há outras questões que devem ser colocadas nesta cena. Quero dizer, você deve se situar nela, alargar um pouco o terreno, não muito, não demais, mas um pouco. Você pisou nas formigas, tentou atravessar o caminho delas, pisou sem querer num formigueiro? Cuidado! Um certo movimento instintivo. Um sentido animal do viver. Esta é a relação ativa com a imagem que queremos ver acontecendo em terapia.

L.P. *Mas a linguagem verbal, sob seu ponto de vista, parece ter pouca importância, quase que um papel negativo. A linguagem verbal sempre* *foi uma das raízes metafóricas da psicanálise. Foi assim para Freud, que equacionou o sistema de imagens em sonhos com o sistema da linguagem, e colocou num mesmo nível o uso da linguagem verbal e as respectivas imagens num sonho. E Jung usou muito a linguagem verbal sem nunca questioná-la: toda a idéia da terapia psicanalítica é a idéia da cura pela fala — duas pessoas numa sala, conversando.*

J.H. Claro, eu penso conceitualmente... Somos pessoas modernas e civilizadas e precisamos de nossos conceitos. Certamente, não quero com isto jogar fora toda a linguagem conceitual, mas, genericamente falando, é na linguagem conceitual que estamos presos, onde estamos no ego, onde as coisas estão mortas, onde retornamos ao que está feito e acabado e onde as imagens não podem nos alcançar. Uma outra maneira de falar com uma imagem é brincar com a linguagem que circunda a imagem: sobre formigas, baratas, ficar como uma barata tonta — só pra começar a brincar com as palavras, de forma que assim você poderá quebrá-las, reformá-las, retirando a metáfora que existe nelas, ou ajeitando-as num trocadilho... muito importante, o modo verbal de se trabalhar com a imagem, a maneira poética de se trabalhar com a imagem, que libera os significados que estavam aprisionados nos seus fonemas, escondidos na etimologia. A palavra no sonho não se restringe a uma interpretação conceitual porque no sonho a palavra não é um conceito. É uma imagem que vem da imaginação; o significado do dicionário, a denotação da palavra, é só uma parte. Mas isto já se sabe.

Isto já está no *Traumdeutung*, mas nem tudo. Outros freudianos desde então trabalharam com isso. Junguianos não: eles não são sofisticados na linguagem, quer isto seja bom ou ruim. O que quero dizer é que eles podem ser sofisticados com relação ao pensamento simbólico, mas o uso que fazem da linguagem é literal, irrefletido, de forma que caem na armadilha da qual pensam ter escapado. Tem muito mais a ver com os significados fixos das palavras nos sonhos, e até mesmo com toda a linguagem. Novamente a hermenêutica não alcança o discurso politeísta, multifacetado do sonho. A hermenêutica é monoteísta. Eu acho que o que Lacan, esses caras de Yale e esses tais franceses vêm tentando fazer com seu desestruturalismo é tirar a hermenêutica de sua base monoteísta e introduzi-la num papo com a imagem que é tão "louco", tão politeísta, quanto a própria imagem.

De qualquer maneira, há uma série de pequenas coisas que você pode fazer para quebrar o sentido literal das interpretações de seus sonhos, aqueles significados fixos inerentes à nossa linguagem comum. Esse literalismo, esse senso comum racional secular diurno deve ser cada vez mais superado quando você realiza um trabalho psicológico. Por exemplo: a maioria das pessoas em análise escrevem seus sonhos e contam seus sonhos em sentenças. Se você retirar a pontuação do sonho, de forma que você possa olhar para ele do mesmo jeito que você olharia um antigo texto babilônico ou hebreu, onde você realmente não sabe se aquilo é um *ayn* ou um *alef*, você não vai saber o que é, você realmente não saberá o que fazer *alef*, você não vai saber o que é, você realmente não saberá o que fazer e terá pelo menos dez possibilidades diferentes com relação àquele texto. Freud usava a mesma metáfora para o sonho: um texto antigo.

L.P. *Mas Freud tinha toda uma teoria sobre o conteúdo de um sonho e as diferentes camadas de significado de um sonho. E o mesmo com Jung, apesar de que de um jeito diferente.*

J.H. Estamos falando em *animar as imagens*, não do conteúdo de sonhos. Este é o trabalho crucial agora. Não é uma questão de conteúdos simbólicos, nem de reconhecer que há imagens e que elas são importantes. Desde 1900, desde Freud, temos este grande *Traumdeutung*, onde ele diz: "Por Deus, olhem para os sonhos!". Os sonhos — todas estas imagens nos seus sonhos são significativas, tremendamente significativas. E aí Jung disse: "Todas estas imagens nos psicóticos são tremendamente significativas. As fantasias, os sonhos, as imagens estão sempre acontecendo no inconsciente coletivo. São o *background* da arte, da loucura, das idéias, do pensamento infantil, do ritual... Estão em toda parte. As imagens, a imaginação, é fundamental".

Porém, o que eles fizeram a partir daí foi um movimento que nós não queremos mais fazer. Este movimento, que ambos fizeram, foi traduzir as imagens dentro de significados simbólicos cristalizados. Isto quer dizer que eles pegaram tudo o que viram e não deixaram lá onde estava, mas transformaram em "isto *significa* aquilo". Não quero entrar nos detalhes de seus sistemas de tradução. Colocando de outra maneira — traziam material à tona e aí, através da tradução, mandavam-no de volta. Uma vez que você traduziu o sonho numa situação edipiana, numa fantasia de onipotência, na inveja do pênis, ou traduziu a grande cobra preta na mãe, na Grande Mãe, você não precisa mais da imagem e só permite à imagem dizer *uma* coisa, uma palavra: Grande Mãe. Então ela desaparece. Você realmente não quer mais aquela cobra preta. Você quer trabalhar no seu complexo materno, mudar sua personalidade e daí por diante. Isto continua mantendo a alma inanimada. Quer dizer, não-viva. As imagens não estão caminhando em suas próprias pernas. Foram transformadas em significado. Como alguém disse sobre Jung, todo o seu mito foi o mito do significado. Agora vamos deixar de lado o significado, e a busca do significado e do sentido da vida.

L.P. *Então, não é o significado da vida como em Jung, nem a interpretação da vida como em Freud, digamos, mas a imaginação da vida.*

J.H. Isso , muito bem. A razão pela qual tanto me antagonizo com terapia é que em vários aspectos ela é muito antiimaginativa. Os sonhos são extraordinários, a vida das pessoas é extraordinária, inacreditável; coisas fantásticas acontecendo todo o tempo... elas vêm para terapia com estas imagens, estes absurdos, este surrealismo, e fica tudo traduzido naquilo que é mais morto, mais estúpido, mais sério, menos imaginativo... uma chatice, uma imensa chatice. Jesus: A hermenêutica é como uma fila numa lanchonete de universidade, comida ruim e *self-service*.

Não. Em vez de hermenêutica temos que deixar que o aspecto *puer* daquilo que acontece na vida de cada um possa participar mais.

L.P. *... então a imaginação da vida requer uma abordagem pueril, e será que a terapia que você faz é uma terapia pueril? Por pueril quero dizer aquilo que você esboçou em seu livro* Puer Papers *— o aurquétipo do espírito jovem, a eterna juventude, viçoso e gerador. Esta abordagem significaria uma terapia que fosse alada, inspirada, fantástica, irresponsável e provavelmente também desvinculada...*

J.H. Espere um pouco. Agora mesmo o *puer* falava, atacando a maioria das análises com não imaginativas, como *senex*, fazendo aquelas brincadeiras. Claro, mas isto não é tudo sobre análise. A análise não pertence a nenhum Deus. Mas não me importo de dizer que para mim a terapia requer um sentimento mais próximo do *puer*, um tipo de infusão do arquétipo do *puer*. Estou bastante familiarizado com este estilo e suas sombras.

L.P. *Quais são elas?*

J.H. Principalmente inflação. Inflar a mim e ao paciente e enxergar principalmente as coisa positivas e encorajadoras, voar e inflamarse, evocar a *anima* aérea e esquecer a terra, não ligar para complicações do tipo transferência, passar por cima dos pais para chegar nos ancestrais, na cultura...

L.P. *Isto em alguns casos pode ser útil, mas como esta abordagem pueril com suas sombras funciona com uma pessoa que é eminentemente do tipo pueril?*

J.H. Humm... *folie à deux*. Nós dois juntos queimando nossas asas. Mas isto não é o que acontece na maioria dos casos. O que acontece é ao contrário, uma ironia analítica que me permite enxergar através dos jogos do *puer*. E não se esqueça que onde há *puer* há *senex* e *anima*, então o padrão se complica, e as coisas simplesmente não voam e inflamam. Há tristeza e sensibilidade. Ah, muita angústia — e pronto, somos mortais novamente. Os arquétipos parecem se autocorrigir, se permitirmos sua extensão.

L.P. *Soa como se você só trabalhasse com rapazes em terapia, mas eu sei que estas ''asas'' são bastante relevantes para a análise de mulheres. Também as mulheres podem ser pegas entre o velho pai da tradição e o jovem espírito revolucionário.*

J.H. Como as várias moças liderando diferentes revoluções. Mas em terapia a atitude pueril não é somente revolução. Ela mostra uma saída para os medos, armadilhas e idéias fixas — estas opiniões cheias de princípios que assolam a consciência de algumas mulheres, a que chamamos *animus*. O *puer* está interessado no espírito — o espírito de qualquer um, de forma que ele não obriga as mulheres a serem as Grandes Portadoras de Yin, todo um catálogo da terra. O que quero dizer com atitude *puer* em terapia não está de maneira alguma restrito aos rapazes, e com certeza também não é nenhum tipo de método. Em terapia acontece tudo que é possível, e você precisa de todos os tipos de ferramenta. Repare no instrumental que um dentista tem, gavetas e mais gavetas de pequenos instrumentos e esguichinhos, e tudo isto só para seu dente. Imagine o que é necessário para a psique!

L.P. *Você diz que fenômenos inconscientes como sonhos e imagens, genericamente falando, são propositais, inteligíveis e espontâneos. É um conceito de Jung, a idéia de* telos, *um objetivo ou propósito final. Todo o evento psíquico, quer neurótico ou psicótico, tem um* telos; *em outras palavras, é uma criação.*

J.H. A noção junguiana de *telos* é crucial. A maioria das teorias psicológicas encaram o que acontece como uma conseqüência social, parental, ou biológica. Mas se você supõe que um evento é autogerador, como fez Jung, então você diz: ''Esta é uma criação psicológica e deve ser entendida em seus próprios termos''. Isto significa que temos que usar um critério estético para eventos psicológicos porque eles são produtos criativos. Agora, isto levanta uma série de questões sobre psicoterapia. Portanto, a análise dos pais, a análise das condições sociais, da educação e a análise da história estão todas lá, porque elas fazem parte de qualquer coisa que aconteça — um evento contém esses aspectos nele; a framboesa aqui em cima desta messa, na nossa frente, possui condições históricas, biológicas e econômicas em si. O condicionamento está na psique simultaneamente com o criativo, com o espontâneo. Você não deveria separar o criativo do condicionado, porque o novo está sempre atado ao velho. O erro é quando você olha apenas o novo ou apenas o velho, quando você reduz o novo ao velho ou nega o velho no novo.

L.P. *Você está deixando implícito aqui uma noção de criatividade inerente a todo evento psíquico? Há um aspecto positivo em tudo que a psique produz?*

J.H. Sejamos cuidadosos neste ponto. O fato de um evento psíquico ser um evento criativo não significa "criativo, ai que lindo!" ou "criativo é romântico" e todo esse papo; não apenas positivo, porque criativo também significa destrutivo; e isto vem de Jung também, que diz: "Criativo significa tanto destrutivo quanto construtivo", então esta palavra "criativo" não possui apenas uma valoração feliz e positiva.

L.P. *Freud disse que um sonho é uma pequena psicose, então um sonho é um produto autônomo da psique com um propósito; é inteligível, uma criação. Isto significa que ele é uma pequena criação, necessária e não superficial, não trivial. É necessariamente criado naquela alma e para aquela alma.*

J.H. Isto tem uma implicação ainda mais profunda. Se cada sonho é criativo, então toda pessoa é criativa. Quero dizer que criatividade não significa que todos possam pintar ou escrever como um gênio, mas que criatividade é um instinto humano básico, como comer e brigar, como disse Jung.

L.P. *Você escreveu sobre isto em* O Mito da Análise*: "Por que o homem comum não pode modificar seu conceito sobre o gênio do século XIX, heroicamente romântico, tão carregado de ambição e inveja, e acabar com esta fantasia da personalidade extraordinária? Mesmo sem o talento artístico, mesmo sem sorte, pelo menos uma forma do criativo está continuamente aberta para cada um de nós: a criação psicológica. E criação psicológica é justamente a tarefa de gerar realidade psicológica na vida de cada um, reanimar a vida".*

J.H. A criação psicológica pode acontecer em qualquer lugar, mesmo aqui entre nós. Entre pessoas, em conversas, em família... Mesmo as emoções mais loucas — se ficarmos com elas, trabalharmos com elas, nos imaginarmos engajados na vida como artistas, se tomarmos como modelos artista em vez de professores sóbrios, doutores e administradores estéreis, então trabalharemos com a confusão diária de nossas vidas como o material para nossa criatividade psicológica. Isto é que é terapia da maneira como tento fazê-la: levar as pessoas a viver suas vidas mais sob o prisma de sua fantasia de artista, em contato com seus *daimones*, seus gênios — e viver como seus sonhos, uma pequena psicose, como você disse —, o que não quer absolutamente dizer que elas tenham que ser artistas, ou gênios, ou "ser criativas". A prova disto não está em produzir algo. Quero me distanciar cada vez mais do sentido romântico do criativo. Trata-se de ter gratidão com aquilo que nos é dado, porque é a partir disso que podemos contruir nossa vida ou, para dizer de outra maneira: você não precisa se tornar criativo, pois a psique já é, é justamente no meio de sua confusão que a criação está acontecendo. A fantasia do artista aceita a confusão, gosta dela, precisa dela. É a fantasia do administrador ou da faxineira que não consegue tolerar a confusão. Não precisamos ser artistas, mas podemos mudar o modelo, a fantasia na qual vivemos, de tal forma que não precisemos nos imaginar bobos, sóbrios, racionais e críticos, trocando-a por uma que convide o *puer* a participar, assim como todos os seus perigos. Não quero dizer que todos sejam ou devam se tornar *puer* — mas, sim, deixar que o puer entre — às vezes, só isto já é suficiente.

L.P. *Ao mesmo tempo que você convida o* puer, *você focaliza muitos aspectos sombrios como fraqueza, fracasso, depressão. Então parece que você faz terapia principalmente dentro do arquétipo* puer-senex.

J.H. Sim, o *senex* todo o tempo, também. Mas não a coisa do *senex* profissional. Eu me sinto muito mal com os aspectos oficiais e intitucionais da prática. As pessoas precisam ver, desde o princípio, que o terapeuta é uma pessoa comum, só outro ser humano. Se a terapia consiste em re-animar a vida comum, então ela deve ocorrer num *setting* comum onde devemos ser simplesmente aquilo que somos.

L.P. *Mas então por que você mantém o padrão* senex *de uma hora?*

J.H. Uma hora tem a ver com morte e seu ritual: você tem que ter aquela hora, aquele enquadramento, uma urna, uma situação que constele a morte: — esta hora estará terminada em cinco minutos — e você tem que ter um ritual porque a psique se move por rituais. Eu posso estar lá embaixo conversando com minha mulher e os dois pacientes que estamos antendendo, pode até ser que estes dois pacientes se conheçam, e coisa e tal; estamos todos aqui e está quase nas nossas horas: subimos a escada, minha esposa leva seu paciente para sua sala, eu levo o meu para a minha, e a conversa muda completamente: ao entrar na sala, você passou o batente da porta, está num outro lugar, adentrou o santuário, andou através do propileu, alguma coisa aconteceu. A conversa muda. O lugar é diferente. Não estou exagerando, é diferente; um *temenos* está estabelecido. Você tem que ter aquele enquadramento... Eu não acho que você possa fazer análise sentado num banco de praça: eu pensava assim, mas agora não tenho tanta certeza. Você pode ter uma boa conversa psicológica num banco de praça, mas o santuário da *tumba* está constelado pela sala de atendimento. Claro, a psique pode acontecer num café ou em qualquer lugar. Mas o processo ritual da análise é um processo através do tempo, o cozinhar da alma através do tempo, tem que ter uma forma própria e a sala do terapeuta pode ajudar a produzir esta forma.

L.P. *É estranho escutá-lo falar sobre terapia, estranho que você possa usar café e tumba como "locações" para ela. Este tipo de justaposição esquisita aparece em seu livro* The Dream and the Underworld, *que é muito obscuro e ao mesmo tempo muito solto, bem-humorado. Talvez você devesse ser incluído no gênero do humor negro.*

J.H. A forma como escrevi sobre psicanálise e o modo como o pratico realmente relaciona os eventos com morte — não com sucesso, nem com curas. Estas coisas acontecem: as pessoas conseguem melhores empregos, se casam, e eu fico encantado se conseguem isto, encantado se não conseguem. Encantado com qualquer coisa que aconteça para melhorar suas vidas. Mas este não é o ponto da psicanálise. Alma é o ponto. Não se trata de facilitar, lubrificar a adaptação, para que ela escorregue melhor. É mais uma questão de evocar o sentido de individualidade que vem com a morte, com o destino. Minha morte. É muito difícil ficar com isto. E com o que faz a morte com cada momento de minha vida. Mesmo esta entrevista deve ser conectada com morte; qual o sentido de ficar aqui sentado falando, a menos que se diga que alguma coisa que realmente tenha importância? O café *e* a tumba. A tumba deve tocar nossa fala o suficiente para fazê-la valer a pena. Não se trata apenas de produzir uma entrevista bem-sucedida, de forma que várias cópias do livro sejam lidas, e que as idéias sejam explicadas de uma maneira simples para que todo mundo possa entender ou fazer uma entrevista que nos satisfaça e que seja divertida de fazer. Não é isto. O aspecto vida não é o suficiente.

Alguma coisa deve ser mexida de modo que nos faça parar e pensar por um momento — que nos faça refletir e dizer: "Meu Deus! Alguma coisa está acontecendo aqui...". Não sei se seremos sempre capazes de fazer isso — quem sabe —, mas aquele momento tão importante acontece quando podemos relacionar aquilo que fazemos e dizemos com a morte.

L.P. *E mesmo assim isto não é trágico. Você não tem um estilo trágico nem uma visão trágica da terapia.*

J.H. Não é trágico, mas dá seriedade. O que precisamos é de uma base de seriedade que não requeira o trágico. O trágico se aplica às figuras maiores. Ele faz inchar pela inflação. Sentir a sua própria tragédia faz com que você sinta muito, terrivelmente importante. Temos que chegar numa seriedade que não envolva o "problema do bem e do mal" — a tragédia tende a trazer em si este problema maniqueísta. Então, a tragédia oferece três coisas — a) seriedade; b) importância, sentido; e c) necessidade. Necessidade como "não poderia ser de outro jeito, tinha que ser assim". Será que não podemos manter a necessidade, o grego *ananké*, sem a heróica inflação trágica? Para os gregos *ananké* envolvia tudo, mas nem tudo era trágico. Então, podemos encarar a terapia muito seriamente, e aquilo que acontece como muito importante e como necessidade, mas isto não significa que tenha que ser trágica — isto abre possibilidades para o cômico. O que é estranho sobre o destino é que ele tem muitas viradas cômicas, e até mesmo finais felizes. Há o café, também, lembra? com mesas para malucos, loucos e depressivos, também. Afinal, nosso destino, como disse Jung, aparece em nossas imagens — e nem todas são trágicas, mesmo quando requerem nossa seriedade.

L.P. *A relação terapêutica com o analista, portanto, tem um papel menos importante na sua terapia do que a relação terapêutica com o mundo das imagens, o imaginal ou a imaginação.*

J.H. Cuidado: não faça uma distinção tão precisa entre a relação com o analista e a relação com o mundo das imagens. Afinal, o analista, e também o paciente, são imagens num mundo de imagens, desempenhando fantasias. Eu simplesmente prefiro começar com a fantasia em vez de começar com a pessoa, só isso. E fantasias não são tão leves, tão fáceis.

L.P. *Deixe-me colocar aqui o que você escreveu sobre isto em* O Mito da Análise. *"Não vamos acreditar que a fantasia é um negócio fácil. Quando os pacientes de Freud deitaram-se e começaram a lembrar, eles acharam suas fantasias embaraçosas... Freud também as achou embaraçosas... narrador e ouvinte não se olhavam. A vergonha que temos de nossas fantasias dá testemunho de sua importância... Eu realmente resisto a contar meus devaneios, meus ódios mordazes, minhas ânsias e medos e seu imaginário incontrolável. Minhas fantasias são como feridas; elas revelam minha patologia... Fantasias são incompatíveis com meu ego... Não ficamos do mesmo modo envergonhados por nossa vontade ou nossa inteligência; na ver-*

dade, exibimos orgulhosamente seus feitos. Mas aquilo que germina na imaginação é um mundo interior... o aspecto imaginal ou inconsciente de tudo que pensamos e fazemos. Esta parte da alma que guardamos para nós mesmos é central na análise, na confissão, na oração, central entre amigos e amantes, central no trabalho de arte, central naquilo que queremos dizer por "falar a verdade" e central em nosso destino".

J.H. Sim, fantasias são muito preciosas. Elas precisam de apoio terapêutico. Terapia é um tipo de adoção — não do ego —, uma adoção das imagens, as quais, de todo modo, nos adotam, vindo a nós toda noite, ajudando-nos a ter uma boa noite de sono.

L.P. *Então, imaginação ativa é central em sua terapia?*

J.H. A imaginação ativa é central porque basicamente não sei que caminho tomar com o paciente. Isto não quer dizer que não venha fazendo isto há anos, ou que isto seja uma falta de habilidade ou treino, ou mesmo estupidez. Claro, tenho minha quota de estupidez — mas o que quero dizer é que há uma falta fundamental: saber o que quer a psique. A psique sabe mais o que quer de si mesma do que eu posso imaginar ou interpretar. Quero seguir sua inteligência. Então se uma imagem específica começa a aparecer — por exemplo, a porta se abre num sonho ou numa fantasia e uma garotinha entra com um maço de tulipas. Maribel entra com um vestidinho azul. Esta é uma aparição espontânea, uma epifania ou, simplesmente, uma fantasia. Eu poderia dizer: "Ah, esta é a sua infância, sua infantilidade, ou sua *anima* que ainda não cresceu...". Imagine alguém dizer a Dante que Beatriz era sua *anima* que não havia crescido ainda, que ele ainda era infantil. Ou dizer isto sobre Laura a Petrarca. Veja só... nós realmente dizemos estas coisas, hoje em dia. E se Petrarca ou Dante fossem fazer análise, imediatamente encontrariam algo errado no fato de se apaixonarem por uma garotinha num vestido vermelho na igreja. Teria sido algum tipo de complexo.

Então Maribel entra com suas tulipas. Nossas reações a ela devem ser vistas como parte da história da psicanálise. Esta história irá reduzi-la a algo errado, porque esta é a função da psicanálise: encontrar algo errado e saná-lo. Agora, eu não quero me livrar de Maribel sob hipótese alguma. Ela é exatamente o que é — um fenômeno. O trabalho é salvar o fenômeno.

Ela é um fenômeno, entra com um buquê de tulipas e começamos a trabalhar imaginativamente com isso. O que ela faz? O que ela diz? Se ela não faz ou não diz nada, então podemos começar a brincar com a imagem — não simplesmente associações tais como tulipas aparecem na primavera, tulipas são flores setentrionais, tulipas vêm da Holanda; associações num nível pessoal, as quais novamente reduzem a imagem das tulipas. Se você olhasse um quadro de Vermeer e visse algumas tulipas num jarro, ou em qualquer quadro holandês do século XVIII, ou numa natureza morta do século XVII, você não começaria a falar sobre tulipas como oriundas da Holanda, e que tulipas significam isto ou aquilo. Você iria olhar para a imagem, estudá-la, senti-la, apreciá-la; ou deixaria a imagem expressar-se na sua própria linguagem... Em inglês, por exemplo, podemos brincar com a linguagem das tulipas: *Tu-lips*; *two-lips**, e Marie Belle, Bella, o som das palavras, em inglês *bell*, sino, e Maria. Mirabelle. Mirabile.

Podemos inventar vários jogos imaginativos, explorações imaginativas da imagem, a imagem visual e a linguagem da imagem — a emoção da imagem também. Porque também ficamos envergonhados com a presença dessa garotinha: eu não sei o que fazer com ela; gostaria que ela não estivesse lá, pois ela me faz sentir irritado; ela não fala quando eu quero que fale e me conte por que está ali. Ela simplesmente passeia por ali e se pendura em mim fazendo com que me sinta sobrecarregado. Ou ainda pode existir um outro tipo de emoção — uma súbita explosão de sensibilidade e ternura: Oh, meu Deus, é isto que está por vir! Então há uma emoção nisto também. E finalmente o que se quer é deixar que a imagem fale mais e mais. Ou você reage através deste métodos emocionais e imaginativos dos quais estou falando, ou a voz de Maribel começará a falar por si, dizer algo, dizer por que veio, e o que ela quer.

Posso pensar em infinitos exemplos disso: um homem está lendo, ele é um velho de sessenta anos, não tem esposa, não tem família, nunca se casou; enquanto lê um texto psicológico uma voz adentra seu quarto dizendo: "Onde você esteve, pai?". Este é um evento tremendamente espantoso. "Onde você esteve, pai?". Ninguém antes o chamou de pai. Ele não tem filhos. Ele tentou responder a essa voz com toda uma série de interpretações psicológicas: ah, esta voz deve ser minha *anima* interna; esta voz deve ser o garotinho com quem sonhei três noites atrás... Ele começou a dar todo um conjunto de explicações psicológicas o qual nunca respondeu diretamente à voz. Ele nunca pensou seriamente: "Onde *estive*? O que quer esta criança? Ela evidentemente sentiu-se rejeitada; é alguma criança com quem eu nunca conversei; é minha própria criança!". E daí por diante. Ele nunca entrou numa conversa séria com a voz. Então tentou fazer com que a criança voltasse, e ela nunca mais voltou. A voz nunca

* *Two-lips*, em inglês: dois lábios. (N.T.)

mais voltou. Treinar as pessoas para responder adequadamente, genuinamente às ficções, figuras, sonhos ou epifanias é três quartos do trabalho.

L.P. *Você não acha que esse tipo de terapia pode ser chamada de xamanística? Você leva as pessoas a ver* daimons, *ter visões. Isto pode ser considerado bastante perigoso por muitas pessoas.*

J.H. Esse negócio de perigo. Ufa! Droga! Esta idéia do perigo começa na mente do analista. Antes de chegarmos naquilo que as *pessoas* pensam, os *analistas* possuem seu próprio conjunto daquilo que imaginam ser perigoso. *Eles* se preocupam, eles têm *seus* medos. Eles têm medo que o paciente vá cometer suicídio: medo número um. Ou, medo número dois, que o paciente vá seduzi-los ou que eles seduzam o paciente. Envolvimento sexual. Terceiro, violência. Medo da violência. O paciente será violento ou ficará violento na sessão ou vai atirar no analista. A isso tudo poderíamos chamar medo da regressão. Ah, sim, medo da psicose, claro. (E medo de que não paguem a conta, também, não vamos esquecer.) Então, qualquer coisa que pareça espontânea, como a aparição de Marie Belle com tulipas, evoca os medos, todos aqueles medos profundos do que é espontâneo ou eruptivo. O *invenio*: a vinda de alguma coisa. Agora, esta vinda — *invenio* — é também uma invenção em inglês. Quer dizer, é uma criação da psique. Quando a psique inventa alguma coisa como Maribel, é uma incursão, uma vinda. E se não pudermos aceitar estas coisas que vêm, então estaremos podando ou bloqueando o aspecto criativo, inventivo da psique. Não gosto da palavra "criativo" no caso. Aspecto inventivo. Mais simples.

L.P. *Mas ainda assim, há um tipo de invasão por parte das imagens, e há uma tentativa de despertar ou evocar o que não está lá.*

J.H. Mas ela *está* lá. Ela veio por si mesma.

L.P. *Ela é independente, como um fantasma ou uma figura de um transe...*

J.H. ... como o começo de um poema, também. Por que lançá-la diretamente na linguagem espiritualista, parapsicológica: transe, fantasma? Poesia, também, começa com uma presença, com a vinda de um imagem. Robert Duncan pode falar sobre isto bem claramente.

L.P. *Pacientes não são poetas.*

J.H. Mas talvez haja uma base poética para sua desordem; quero dizer, talvez o que lhes cause problemas seja o fato de suas presenças imaginativas estarem bloqueadas. E você sabe o que bloqueia estas figuras, essas imagens? O ego forte.

L.P. *A regra geral da terapia é que a imaginação ativa não deveria ser usada como uma técnica até que haja um ego forte que possa lidar com essas aparições independentes e esses complexos autônomos.*

J.H. Maribel não é uma técnica, e sim um complexo, uma complexidade, uma complicação — mas não é minha. O ego forte também é uma figura imaginal. É aquele que não perde o controle, não bloqueia aquilo que vem. É o mestre opressor da psique: uma figura idealizada com a qual devemos nos identificar sem ter consciência disto. Há anos os psicólogos vêm desenvolvendo estes egos fortes, e, é claro, as figuras só podem aparecer através das rachaduras, dos colapsos, das janelas quebradas, em outras palavras, através de sintomas. Na medida em que você estiver construindo um castelo, a psique só poderá entrar como um invasor. E em vez de ser uma invenção, torna-se uma invasão. Você tem medo de ser esmagado, carregado, raptado... então, abandona a fantasia do Coronel Ego Forte e simplesmente como um bom anfitrião recebe aquilo que vem, como alguém da Idade Média faria: Maribel num vestido azul com tulipas, meu Deus! É um anjo? Um demônio?! Você imediatamente se envolve com isto, e quer saber de onde veio, para que veio, que mensagem é esta. Quem é você, adorável criança? Por que você apareceu em minha vida? Na Idade Média, ou em outra cultura, você não começaria pensando que isto é uma psicose. Começaria envolvendo-se com a imagem. Simplesmente, inocentemente, fenomenologicamente. Não com um sistema interpretativo baseado no medo, que é o ego histórico e que precisa excluir a imagem.

Temos, então várias reações. Às vezes atacamos a imagem pela interpretação ou alegoria: são formas de exorcizá-la. Livramo-nos da imagem ou usamos a imagem para nossos próprios fins. Pedimos ajuda, informação, queremos que ela seja nosso guia. Mas se você lê uma peça grega, eles não falam com os deuses desse jeito moderno. E qualquer um que tenha experiência com visões ou literatura mística, ou simplesmente com o jeito com o qual as pessoas viveram durante mil anos na Europa, sabe que você não exorciza coisa alguma *até que saiba que coisa é esta.* A discriminação dessas figuras é algo muito importante. Mas você não pode discriminar a partir de um conjunto de princípios, você deve discriminar psicologicamente. Só porque é uma coisa cabeluda, peluda, vermelha ou rabuda, não significa necessariamente que seja uma coisa ruim: o sistema de símbolos realmente nos ajuda a discriminar, mas para começo de conversa você deve deixar que a coisa mostre sua própria face. A primeira face pode ser uma máscara; a segunda, também. Essas imagens mudam. E, além disso, a imagem funciona também como um recipiente: um recipiente para idéias, eventos, reflexões, memória.

Na Renascença, na Idade Média e na tradição clássica as pessoas desenvolveram uma *arte della memoria*, todo um conjunto de procedimentos para usar as imagens como recipientes da memória e do pensamento. O "Teatro Della Memoria" de Giulio Camillo estava organizado como um teatro onde as imagens dos deuses eram agrupadas em categorias de forma a ordenar os pensamentos, as memórias e as retóricas das pessoas. Eles eram portadores, receptáculos da psique. Ficino, Bruno, Campanella puderam encontrar-se com estas imagens através de um tipo de diálogo dramático, quer dizer, um tipo de imaginação ativa. Vico tinha quatro grandes *illustri* — homens eminentes que ele encarava como seus mestres: falava com eles, não somente lhes dedicava seus livros ou pensava sobre eles. E, hoje em dia, andamos por aí cercados por imagens que já fazem parte de nossa vida: através do cinema, da televisão, da música; elas estão sempre ali, e não venha me dizer que estas imagens não estão modificando nossas vidas, afetando nosso meio psicológico, comportando-se como fantasmas que adentram nossas casas!

L.P. *Então a terapia estaria acontecendo também durante um seriado de TV, ou no cinema...*

J.H. É claro! A terapia pode acontecer em mais lugares do que somente ali, na sala do consultório, entre duas pessoas: assim você pode falar de terapia no velho estilo ritual.

L.P. *É assim que você falava agora há pouco a respeito de terapia: a sala fechada necessária para constelar a morte.*

J.H. Necessária para constelar a morte. Mas não sejamos tão coerentes, não sejamos tão monoteístas. Eu quero dizer que uma terapia de um outro tipo acontece numa palestra, numa sala onde haja um grande número de pessoas. A psicoterapia é um serviço para a alma, tomar conta dela, e este cuidado pode acontecer em qualquer lugar. Assistir TV pode mobilizar uma imagem, proporcionar uma percepção, afetar a alma e constelar uma situação terapêutica dentro de você. Na verdade, estamos todos em terapia todo o tempo. Há sempre uma parte de você que é um paciente e outra parte que tenta trabalhar com a primeira. Não acontece somente quando você vai ver um profissional — se bem que aí a coisa deve acontecer melhor, porque, como eu disse, a morte está ali.

L.P. *Onde mais a terapia da alma acontece melhor?*

J.H. Tem acontecido de uma maneira extremamente forte nos movimentos feministas, em alguns movimentos ecológicos, em alguns movimentos de esquerda dos anos 60, e hoje no "movimento urbano". É impressionante a acuidade psicológica, a profundidade da alma, os *insights* perceptivos e as novas imagens que são liberadas através desses "fenômenos coletivos". Aqui novamente eu divergiria de Jung, pois ele provavelmente não valorizaria os movimentos coletivos como possuidores de qualquer valor para a alma. Há muito tempo, quando estava começando meus primeiros casos, sonhei que estava sentado numa poltrona na esquina da Atlantic Avenue, rua principal da cidade onde nasci, atendendo um cliente. Fiquei muito envergonhado com o sonho. Pensei em Jung na sua torre ou em sua sossegada biblioteca à beira do lago e em Freud em sua sala em Viena. Agora me delicio com este sonho e estou orgulhoso dele.

L.P. *Se a sua psique faz terapia na rua principal, será que você quer que as pessoas entrem em contato com a realidade?*

J.H. É tudo realidade. Por que chamar só uma fatia da vida de "realidade"? Aí está a beleza do meu sonho: claro que é só a rua principal, um lugar num jogo coletivo de "Banco Imobiliário", além disso é "Atlântica" — e isto é grande, é Atlantis, e isso é maior ainda e submerso, platônico, de forma que há diferentes tipos de "realidade". E além disso, não é vender sorvetes na rua principal, ou cortar o cabelo numa barbearia, é *fazer análise*, lá fora, o que não significa uma realidade simples, nem ingênua. O meu trabalho é principalmente colocar as pessoas em contato com a realidade *psíquica*, é nesta cadeira que estou sentado. E, de qualquer forma, não será a realidade psíquica que bagunça o que você está chamando de "realidade", nosso sentido de realidade? Esta "bagunça" é na verdade a psique tentando penetrar, tentando torcer, re-ver a realidade de forma que ela se torne menos pura e ingênua e mais psicológica.

L.P. *Gostaria que você voltasse a falar de feminismo como terapêutico. Gostaria que dissesse mais sobre isto.*

J.H. Feminismo e feminilidade é um tópico difícil que eu evito. Uma vez que você veja o mundo em termos de gênero, você bitola sua mente, prendendo-a num par de opostos, e perde a pessoa particular, como você na minha frente, que calhou de ser do gênero feminino. Você, as pessoas, são muito mais do que feminino ou masculino. Eu perco você, esta pessoa aí, se eu reduzi-la a uma essência supostamente feminina. Poderíamos usar todo o glossário de traços psicológicos que foi apresentado em 1935 por dois psicólogos de Harvard — tem mais ou menos dezenove mil traços que descrevem a personalidade. Apenas algumas destas palavras são relativas a gênero, relacionadas com características sexuais externas, características psicossexuais e características sócio-sexuais... Muito do que estou dizendo vem de um ensaio que minha mulher escreveu, "The Dogma of Gender" — um ensaio excelente. Ela realmente penetrou num campo novo. Onde estávamos?

L.P. *Palavras relativas a gênero.*

J.H. Sim, apenas algumas centenas destas milhares de palavras são relativas ao gênero. Além disso, há milhares de coisas sobre você que *nada têm a ver com gênero*. Se encaixá-la no seu gênero sexual, estarei sendo racista. É como rotulá-la de italiana, ou de ter uma certa idade ou de ser de uma certa classe. Terei perdido você numa categoria sociológica. Então não quero responder a nenhuma questão sobre o feminino, feminismo ou o que o valha. Vou falar de certas estruturas da consciência que foram chamadas de feminino e o que acontece quando são chamadas de feminino; podemos falar sobre histeria ou sobre Dioniso. Porque ele era considerado senhor ou deus das mulheres, e como isto funciona. Mas não quero falar do "feminino" no sentido literal. Estas estruturas de consciência a que chamamos feminino estão nos homens, nas mulheres e em nenhum deles. São estruturas de consciência. Padrões arquetípicos, que aparecem e re-aparecem. Isto apenas tangencia o problema social das mulheres serem oprimidas — não receberem o mesmo salário, por exemplo. Este é um problema social e econômico básico que deveria ser tratado, que deve ser tratado. Como certas leis da propriedade, leis que cuidam de heranças com relação às mulheres, ou a Igreja permitir que as mulheres se tornem sacerdotistas. Há uma variedade enorme de preconceitos sociais. Necessitam ser tratados. Sem dúvida.

Mas não vamos nos confundir entre lidar com estas coisas e definir algum tipo de consciência como fêmea ou feminina. Como diz minha mulher em seu ensaio ou as feministas falam que não há diferença entre os sexos e então posso subir num poste telefônico, disparar uma arma e dirigir caminhão como qualquer homem (elas já estão assumindo que dirigir um caminhão ou subir num poste é masculino; isto *já* está arranjado deste modo), ou elas tomam outra posição e dizem que o feminino é diferente. Ele pertence à lua, tem a ver com instinto, natureza, útero, menstruação, seios e modos de ser que o homem não entende. Identificam-se com um padrão arquetípico particular, uma constelação lunar, e definem isto como o "feminino". Nas duas situações a individualidade da mulher caiu na armadilha de ser a não-feminina ou a toda-feminina; e estas duas idéias de feminino são *estereótipos*.

Curiosamente a psique tende a ignorar uma série de questões que o ego julga importante e com as quais se identifica. A psique realmente não sabe, no sonho, se você é pobre ou rico. Não sabe se você completou o ginásio ou a universidade. E não sabe se você é um homem ou uma mulher. Ela não sabe — quando digo que ela não sabe, isto quer dizer que o material que ela apresenta num sonho ignora qualquer destas coisas. Se me entregam um sonho escrito não posso dizer se foi sonhado por um homem ou uma mulher. Não posso dizer se o sonho foi sonhado por alguém com vinte, sessenta ou oitenta anos. Não sei se o sonhador é uma pessoa da cidade ou do campo, porque uma pessoa da cidade pode ter sonhos extraordinários sobre rios e paisagens. E uma pessoa do campo pode estar no meio da cidade, porque cidade é uma imagem eterna e campo também, e não apenas um lugar sociológico e geográfico. Você pode estar em qualquer lugar no seu sonho. Posso estar numa paisagem grega, ou numa floresta da Escandinávia e mesmo assim posso nunca ter estado na Grécia ou na Escandinávia. Portanto, a psique tende a ignorar as categorias que a psicologia social organiza. Como casado/não-casado, mãe/não-mãe. Em sonhos, homens dão de mamar e mulheres têm pênis. Por que não?

Você pode sempre tomar um sonho e reduzi-lo a categorias sociológicas; mas o sonho como fenômeno parece não ligar para isto. Tanto quanto parece não ligar muito para vida e morte. Você pode ter sonhos com morte enquanto é jovem e está no meio da vida — uma série inteira de sonhos que deixam bem claro que você está morrendo de câncer ou que vai morrer numa determinada data. Tive sonhos desse tipo: eu deveria morrer num dia determinado e isto era demasiadamente real. Por outro lado, trabalhei com pessoas que morreram em análise e os sonhos nunca deixaram claro quando iriam morrer ou mesmo se iriam morrer. Talvez eu estivesse muito fechado para ver... De qualquer maneira, a idéia de que os sonhos têm uma origem sexual implicaria em que os sonhos dos homens devessem ser diferentes dos das mulheres porque seus órgãos sexuais são diferentes e seus cromossomos também, e assim por diante. Um sonho: estou sentado na minha casa na beira da cama e Maribel entra com seu vestidinho azul e com um maço de tulipas, e eu a abraço. Fim do sonho. De quem é este sonho? Um sonho de homem ou um sonho de mulher? Se é de mulher, Maribel ainda é a criança trazendo-me a chance de encontrá-la novamente. E o mesmo é verdade com o sonho de um homem. Você não pode dizer imediatamente que o homem tenha uma sexualidade infantil. Mas quem não tem, meu Deus?! O que impediria a mulher de também ter uma sexualidade infantil com Maribel? Nada a ver — a menos que você já venha com preconceitos. Portanto, a origem sexual não é apenas teoricamente questionável, mas leva também a um pensamento categorizado em gênero. Isto lhe dá dois problemas ao mesmo tempo! E o impede de simplesmente estar com aquela garotinha que acaba de entrar no quarto do sonho porque você começa por categorizá-la em algum lugar. A psique ignora tudo isso.

5 UM ENVOLVIMENTO CONTÍNUO COM O CRISTIANISMO

L.P. *Por mais estranho que possa parecer para um psicólogo junguiano, você tem evitado ao máximo a discussão dos mitos cristãos. Os únicos que você discutiu são a traição de Jesus e o Cristo sofredor patologizado. Por quê?*

J.H. Falar sobre cristianismo numa cultura cristã é sempre um negócio arriscado... Sou cuidadoso com o cristianismo em parte porque tenho um grande respeito pela religião de meus companheiros; mas, por outro lado, tenho uma hostilidade tão arraigada que me contenho. Você sabe, Freud também evitava o problema cristão. Não aparece em seus escritos. Ele critou outros mitos, mas nunca resolveu a questão cristã a não ser ter dito que toda religião é ilusão, uma neurose sublimada. Ele pôs de lado o conteúdo do cristianismo... muito esperto, muito discreto... e ainda assim todo o campo que ele abriu, o reprimido, dificilmente pode ser discutido sem que se encare a cultura cristã e as atitudes coletivas do cristianismo que geraram esta repressão. Olhe para a Igreja e a repressão da sexualidade. Imagine uma cultura cuja principal imagem de Deus não tem genitais, cuja Mãe é sexualmente imaculada, e cujo Pai não dormiu com a Mãe. Isto é uma imagem coletiva, uma *représentation collective* que rege a cultura e deixa uma herança psicológica: os psicólogos têm que lidar com isto. Freud tentou lidar com isto, porém não diretamente, não culturalmente, não nos termos do cristianismo. Jung tentou lidar com isto diretamente; passou toda sua vida lutando com o cristianismo. Trabalhou com a repressão ampliando o cristianismo para baixo em direção a Mércúrio, terra, matéria, sombra.

L.P. *Como você lida com isto?*

J.H. Tento evitar a visão cristã me colocando mais para além dela, junto aos gregos, ao politeísmo. Tentei mais uma vez retomar a grande batalha entre pagãos e cristãos. Esta batalha não é de forma alguma um assunto morto: acontece todos os dias dentro de nossa psique ocidental. Aquilo que agora chamamos de inconsciente são os velhos deuses retornando, investindo contra, escalando as paredes do ego.

L.P. *Você quer encarar a crise na cultura e no indivíduo como uma crise das estruturas cristãs ou uma irrupção de estruturas culturais mais antigas na consciência ocidental moderna.*

J.H. Não quero que as estruturas cristãs simplesmente se quebrem. Isto seria apenas anarquia ou puro anticristianismo. Não, quero libertar a base mítica da psique da interpretação cristã dos mitos. Nossa consciência moderna tornou-se cristã principalmente porque, como disseram os teólogos cristãos, seu método de interpretação tomou cada pensamento como "um prisioneiro de Cristo", ou seja, deu a cada mito, cada fantasia, cada imagem, um significado cristão. Então, a grande tarefa é libertar o material psicológico daqueles significados cristãos. Uma das maneiras de fazê-lo talvez seja mostrar que estas imagens podem carregar significados *além* da abordagem cristã, além do dogma que a princípio já diz o que elas significam. Tentei fazer isto com a imagem do Cristo patologizado — sofrer pode significar outras coisas além de ressurreição. Mas no cristianismo o sofrimento está como que pregado à ressurreição — primeiro prego: é bom para você; segundo prego: traz isolamento e é heróico; e terceiro: sempre te leva a um dia melhor — a Páscoa. Bem, mas não leva — nós todos sabemos disto! O sofrimento também tem outros modelos, tais como aprofundar no sentido de Saturno, dissolver e libertar no sentido de Dioniso, enfurecer e brigar; pode aparecer como uma profecia; pode aparecer como amor; ou como os tipos de sofrimento que podemos observar nas mulheres dos dramas gregos. Precisamos de vários modelos, além do cristão, para localizar nossas experiências psicológicas.

L.P. *Isto seria o que você chama de "retorno à Grécia".*

J.H. O retorno à Grécia significa livrar-se da sobrecarga cristã. Por exemplo, estive examinando algumas estruturas mitológicas como o Mundo das Trevas para mostrar que eles podem ser imaginados de uma maneira totalmente diferente do ponto de vista cristão. Este ponto de vista transforma o Mundo das Trevas no Inferno e Pan no diabo, Hécate numa bruxa, e os *daimones*, ou personificações protetoras que guiaram até mesmo Sócrates, em demônios. Não estou em posição de lidar com cristianismo num enfoque teológico, ou seja, examinar a cristologia, examinar a história da Igreja, as doutrinas, e assim por diante. Não conheço teologia o suficiente. Tudo que posso fazer é olhar para alguns dos seus efeitos aqui e ali e enxergar todas estas doutrinas, todas estas idéias, estas fantasias extraordinárias como atos da imaginação, como eventos psicológicos. Foi isto que Jung fez, embora ele ainda estivesse tentando "salvar o cristianismo", como de fato estão os heréticos. Ele continuava um cristão. Eu não trago esta carga apologética.

L.P. *Jung validou o cristianismo ao contrastar alguns temas, tais como a Trindade, a Missa, com um contexto mitológico mais amplo. Conectou a cruz com o motivo universal da mandala, a estrutura quaternária de todo.*

J.H. Não me refiro a este método de evidências antropológicas e culturais para o cristianismo. Isto é religião comparada. Ele é bom para validar idéias cristãs como estruturas arquetípicas. Estou me referindo mais àquilo que David Miller faz em teologia. Você leu o seu livro *Christs?* Note o plural! Ele diz: "*O.K.*, tome os textos cristãos fundamentais que estão escritos na língua grega e você verá neles e através deles os mitos pagãos funcionando bem ali nas palavras, então você pode aprofundar o fundamentalismo cristão no seu 'contexto' pagão e politeísta". Ele mostra que o cristianismo está inundado de significados esquecidos. Está cheio de alma, diz ele. Mostra o palhaço em Cristo, o bêbado em Cristo e não apenas o mito do herói. Isto abre uma nova saída — mas, ainda assim é teologia, apologia, ainda comprometida com a salvação do cristianismo, e eu quero algo mais psicológico. Estou mais preocupado com a verdadeira sombra do cristianismo agindo em nossas mentes, em nossas repressões, bem no centro da própria psicologia. A herança cristã está constantemente operando, como uma vacina, como uma toxina, invisivelmente dentro de nossos sentimentos, reações e idéias impedindo-nos de enxergarmos a nós mesmos e ao nosso mundo. Um auto-engano. Veja, por que foi necessário para Jung — ou Nietzsche ou Kierkegaard — passar toda uma vida trabalhando com o cristianismo, ou para Freud inventar novos mitos como as hordas primais e aquela criança gorducha e polimorfa da sexualidade e as três Pessoas Invisíveis da psique: Ego, Id, Superego? Eles estavam tentando encontrar saídas para a sobrecarga cristã. Vai nos tomar pelo menos dez horas de papo só para começar a falar desta grande questão que é o efeito de dois mil anos de cristianismo nos casos individuais que encontramos em psicologia. Nem você nem eu podemos fazer nada, somos cristãos.

L.P. *Nós não somos cristãos praticantes...*

J.H. Sim, somos, porque somos cristãos comportamentais, nós nos comportamos como cristãos — sofremos de um modo cristão, julgamos de um modo cristão, nos encaramos de uma maneira cristã. Temos que enxergar isto, ou permanecemos inconscientes, e isto significa que nossa inconsciência é fundamentalmente o cristianismo. A psicoterapia não pode modificar nada, ninguém em lugar algum até que ela encare esta inconsciência cristã, e foi por isto que Freud teve que atacar a religião e Jung teve que tentar modificar o cristianismo. Até Lacan disse que se a religião triunfar, e ele acredita que triunfará, será o fim da psicanálise.

L.P. *Então seu trabalho precisa brigar com a religião?*

J.H. Não, de jeito nenhum. Meu trabalho briga com a inconsciência, com a cegueira que todo mito cria a respeito de si mesmo. Você nunca pode ver o mito real no qual está inserido, a não ser obscuramente, como através de um vidro fosco. Vejo o meu trabalho como um longo e contínuo comprometimento com o cristianismo, um conflito constante com os modos estabelecidos do pensamento ocidental e, portanto, com o pensamento cristão, um contínuo comprometimento até o fim, quer seja no suicídio, na emoção, em Pan ou Dioniso, na tentativa de re-avaliar aquilo que em alquimia se chama "matéria-prima", ou nas síndromes individuais que têm sido julgadas e condenadas. Meu trabalho tenta salvar os fenômenos desta organização mental que torna nossa cultura doente: crença, unidade, verdade, identidade, integração — todas estas palavras altamente valorizadas que trazem uma psicologia monoteísta por trás de si.

L.P. *Fale mais de monoteísmo.*

J.H. A estrutura monoteísta cria um problema atrás do outro para os pacientes. Tome como exemplo suas próprias histórias. Nossa tradição monoteísta literaliza a história em fatos. A história não era uma fantasia familiar nem para os gregos nem para a maioria das culturas politeístas. Mas para os cristãos tudo vem com uma data. Cavar, provar a existência histórica de Jesus, guardar documentos e relíquias como tesouros... e cravá-los com uma data. Esta obsessão com os fatos históricos torna a estória pessoal de cada um uma história de fatos literais. Comportamo-nos como cristãos quando acreditamos que os fatos nos determinam: sou louco porque isto ou aquilo aconteceu no passado — minha mãe não me segurou no colo, meu pai exibiu-se para mim. Cavouque os fatos históricos. Mas eu poderia ser louco porque minha alma está "por aí", viajando, ou porque é um ritual de iniciação, porque um *daimon* veio a mim exigindo outras coisas, porque há uma virada na estória que não faz sentido agora, pois estou na página 75, mas ao chegar na página 245, quando tiver sessenta anos, entenderei do que se trata a loucura. Chamamos estas explicações de "superstições loucas" — somente os fatos da história podem ser determinantes. Este é o pensamento histórico cristão, e acreditamos nestas estórias chamando-as de fatos. Isto tem a ver diretamente com a maneira literal com que a maioria das psicologias lida com as histórias de caso.

L.P. *Eu li seu ensaio "On the Fiction of Case History" (1975) que está hoje em seu livro* Healing Fiction *(1982). Lá você diz que Freud não era rigorosamente histórico porque ele sabia que as memórias da história de cada um de seus pacientes eram fatos "inventados". Freud não era histórico porque era psicológico. Suas histórias de caso devem ser lidas como um novo estilo, um novo gênero de literatura que conta uma história no "jeito de história-de-caso".*

J.H. Bem, Freud era judeu e acho que quando fez a descoberta a respeito de seus pacientes inventarem os "fatos" em suas memórias ele usou uma metáfora bíblica, ele estava se aproximando da abordagem judaica dos fatos da história.

L.P. *O que significa isto, ela é diferente da cristã? Eu pensei que os judeus "inventaram" a história e que o cristianismo tomou seu historicismo do judaísmo.*

J.H. Até estas palavras me incomodam: judaísmo e cristianismo. Por que todas as outras religiões terminam com *ismos* — budismo, taoísmo — menos a cristã — ela é especial, não é um ismo*...

L.P. *E sobre a maneira como o judaísmo aborda a história?*

J.H. ... até as religiões grega e romana tornaram-se "paganismo". Os gregos não tinham a palavra "religião". O cristianismo simplesmente não sabia o que fazer com esta herança grega — então eles a batizaram "pagã".

L.P. *E a maneira como o judaísmo aborda a história?*

J.H. Freud deu uma virada judaica com as suas histórias de caso: ele as desliteralizou. A abordagem judaica é a própria *estória* e as variações na estória. História é uma série de imagens, contos, geo-

* Esta observação só faz sentido no original pois em inglês a palavra mais usada para cristianismo é *christianity*. (N.T.)

grafias, figuras, lições. Não tanto os *fatos*. Psicologicamente, o que importa é a história de Cristo, não o Cristo histórico — o redentor está na imaginação, no imaginal, sempre por aparecer, mas nunca um fenômeno. Na verdade, você poderia dizer que o redentor é a própria imaginação. Como disse Blake, "Jesus, a Imaginação", mas ele era um cabalista. Será um costume judaico querer provar o Abraão histórico, o Noé histórico, o Davi histórico? Certamente é um costume cristão cavar evidências do Cristo histórico. Algumas das mentes mais acuradas, mais sutis — Renan, Schweitzer —, estiveram envolvidas com esse negócio ridículo de provar ou desmentir sua religião com "fatos" históricos. Não acho que o judaísmo pensa em termos de evidência científica para demonstrar a singularidade de sua fé.

L.P. *Existem as evidências literais, a Bíblia, os textos...*

J.H. Mas a estória não está literalizada num credo, num dogma que deva ser acreditado.

L.P. *Deve apenas ser recontada...*

J.H. Deve ser recontada, esta é a idéia da *midrash*, que ela deve ser recontada e que ela deve ser retorcida — como o que dissemos sobre Bach, que ele não deixou nada como encontrou, ele teve que dar sua própria virada nas formas que encontrou —, a meu ver assim é o pensamento judaico.

L.P. *O pensamento judaico sempre parece "torcido" aos cristãos. Freud, por exemplo.*

J.H. Mas você não está deliberadamente torcendo as coisas só para ser perverso. É que para dar uma nova virada na estória você deve estar em contato com sua própria patologia, pois é daí que vem a virada. Ser fiel à estória não quer necessariamente dizer não torcê-la. Significa jamais esquecer de contar a estória. Mas nem sempre da mesma maneira, com o mesmo significado: isto é puro fundamentalismo, ficar sempre exatamente com a mesma versão, palavra por palavra, sem mudar nada. Os gregos e os judeus têm uma semelhança: os gregos dizem que a única forma de irreverência é negligenciar ou esquecer os deuses, e me parece que a preocupação judaica com a negligência ou o esquecimento de Deus aparece não apenas nas regras ortodoxas, mas aparece principalmente em não esquecer de contar a estória. Como em Pessach: "Por que esta noite é diferente de todas as outras noites?". Toda a estória deve ser recontada, com todos os detalhes, todas as imagens, até mesmo o amargo sabor das ervas, e os horrores patológicos, com as pequenas modificações dependendo de quem as conta.

L.P. *Acho que sua noção de monoteísmo cristão é na verdade fundamentalismo cristão. É uma coisa estranha para nós na Itália, onde temos uma longa tradição de cristianismo quase que desprendido... onde a crença não é o ponto. Nem o texto, as afirmações literais, os fatos históricos. Para nós um "bom cristão" não precisa ler o "bom livro", como vocês o chamam na América. Além disso, há uma longa tradição cristã de ler a Bíblia como tendo quatro níveis de verdade, não apenas um, o do sentido literal fundamentalista.*

J.H. Prefiro pensar que o estilo alegórico, brincar com palavras e torcer significados, começa com um judeu, com Fílon de Alexandria, que era grego também. Mas você está certa, realmente equiparar cristianismo com fundamentalismo moral. Acho que você tem que encarar este nível do cristianismo, porque é aí que está sua força real, sua força conquistadora. Não é o amor cristão que conquistou o mundo, nem suas interpretações sofisticadas, sua teologia sofisticada. O cristianismo é um sucesso porque mobiliza a vontade, e a vontade necessita de fundamentalismo ou ela não sabe o que fazer.

Fundamentalismo serve ao mito do herói. Ele fornece princípios fundamentais — palavras, verdades, direções. Constrói um ego forte. É a psicologia americana. Sem Hermes, sem Dioniso, sem Afrodite. Fundamentalmente monoteísta porque só comporta um significado, uma leitura do texto — como, por exemplo, o significado do sofrimento de Cristo. Outro destes desastres monoteístas da psicologia é a fantasia da unidade. Bem, você pode argumentar que o cristianismo não é realmente monoteísta, que é trinitário ou até mesmo pluralista, as três pessoas, Maria e todos os santos — verdade —, mas ainda assim a idéia básica é uma única Igreja Católica, uma única religião verdadeira, o Cristo histórico e cósmico, o único Filho de Deus; assim, qualquer coisa que não se encaixe dentro desta unidade é ruptura, cisão, esquizofrenia, um complexo histérico ou autônomo, ou sei lá o quê, e você perde a noção de que é um feixe com vários níveis, pessoas, ruídos, impulsos, tendências, personalidades, possibilidades e que nenhum dia é igual a outro, nenhuma voz é igual à outra, e que somos uma estrutura solta composta de vários seres — Jung os chamou de complexos.

Mas na medida em que se vive dentro do mito da unidade somos forçados a obrigar a psique a obedecer ao princípio da unidade e ao unificador, o ego, criando este monstruoso ego ocidental, o qual deve então ser subjugado por todos os tipos de virtudes cristãs: tolerância, autocontrole, paciência, humildade, caridade, obediência, pobreza... toda esta enorme estrutura ascética para lidar com o Monstro que foi criado pelo seu próprio dogma! Os gregos também tinham o problema do ego monstruoso: sua cultura tinha o problema da *hu-*

bris, que pertence à natureza humana. Eles não precisavam deste tipo de ascetismo sistemático que se encontra na cultura cristã. Então, a repressão que Freud colocou na base de nossa relação com o inconsciente nada mais é do que o mito cristão funcionando em cada um de nós, separando-nos de nossa imaginação politeísta inata e renomeando-a: o inconsciente.

L.P. *Este monstruoso ego ocidental que deve ser subjugado aparece na psicologia junguiana onde ele deve ser relativizado com o* self *no processo de individuação. Jung escreve sobre o* self *como uma imagem de Deus e o compara a Cristo. Sua resistência em discutir o* self *em sua obra não é um exemplo mais amplo de sua resistência ao cristianismo?*

J.H. A idéia do *self* talvez tenha ocorrido a Jung a partir de sua própria experiência, a partir de seus estudos sobre religiões orientais — Atman, Brahman —, a partir de seus pacientes, dos místicos alemães, ou de alquimia — não interessa como ele chegou à idéia. O que interessa é que ela ficou amalgamada com a cristologia e com a unidade monoteísta porque estamos numa cultura cristã. Então, quando os junguianos usam o termo "*self*", eles não podem evitar de cair na antiga estrutura *senex* monoteísta da unidade e da centralidade. A idéia do *self* não nos libera, na verdade nos enclausura mais ainda. É um círculo vicioso de querer sair do ego e penetrar no *self* via aquilo que os junguianos chamam de "o eixo ego-*self*". Mas, o que é este eixo? A Igreja Católica sabe: são os santos, é Maria, são os *daimones*, figuras e vozes, a *anima mundi*. Passei algum tempo examinando a *anima mundi*, que não é um eixo mas é um pleroma, uma plenitude de realidades psíquicas... cheia do inesperado... Na qual o ego e o *self* são heróis, arcontes, ficções ou complexos, com seus diferentes estilos de retórica persuasão. Infelizmente, a psicologia junguiana está presa em sua própria retórica. Ela realmente acredita nestas "coisas", estas hipóstases, ego e *self*, que, para começar, são conceitos abstratos e não imagens e figuras, de forma que eles estão falando de *teologia* e não de psicologia. A teologia junguiana tomou estes dois pontos de luz do campo das realidades psíquicas como as duas Grandes Estrelas e desenhou uma linha imaginária entre elas à qual chamou "o eixo" e tentou desviar a grande panóplia dos céus e infernos para fazê-la circular em torno deste único eixo. Isto não lhe soa familiar? Não a faz lembrar da teologia cristã e do *axis mundi* de Cristo, o mediador entre homem e Deus? A cultura cristã não consegue escapar de colocar até mesmo as visões mais inovadoras, como a de Jung, de volta ao mesmo molde antigo. É por isso que tento ficar com os pagãos, com os gregos, porque eles estão constantemente em combate com o *Weltanschauung* cristão. Isto nos mantém conscientes das armadilhas cristãs.

L.P. *Você luta tanto para manter o "novo" em oposição ao "velho". Talvez a teologia junguiana, como você a chama, seja o novo "dentro" do velho. Talvez seja um modo de revitalizar a cultura cristã e que o movimento junguiano a longo prazo será visto como um ramo do protestantismo, como você mesmo sugeriu.*

J.H. Isto já aconteceu. Jung já virou um "prisioneiro de Cristo". A psicologia junguiana agora é um *Heilsweg*, um caminho de salvação, e, se Lacan estiver certo, a psicologia junguiana, por ser hoje uma religião, deixou de ser psicológica. Não, eu não penso que a tentativa de Jung de revitalizar o cristianismo seja certa, não é certa nem para o próprio cristianismo. Pensando em termos de religião, me parece melhor ler *Jó* em vez de *Resposta a Jó*, de Jung, ou ir à missa em vez de ler o que Jung tem a dizer a respeito.

L.P. *O valor de Jung é que ele encarou o cristianismo novamente como um "mito". Ele desvendou sua importância psicológica — exatamente o que você está tentando fazer com os mitos gregos.*

J.H. Não é a mesma coisa de jeito nenhum! É uma questão de *quais* mitos você está trazendo. Os mitos gregos trazem a consciência grega, todo aquele projeto do conhece-te a ti mesmo. Eles trazem psicologia. Trazem uma consciência sutil das complicações da vida causadas por todos os deuses e deusas. E trazem dimensões com as quais o cristianismo não quer realmente lidar, como Afrodite, Hades, Marte ... Cristianismo significa simplicidade, confiança, infantilidade. Não complique demais. Você pode até ser ignorante, desde que acredite. Nem sequer leia muito a Bíblia, dizem os católicos. Não interprete muito, dizem os protestantes. Lutero disse que as interpretações alegóricas eram "prostitutas", você pode usá-las da maneira que quiser. E o próprio bispo de Milão, Ambrósio, doutor da Igreja, mestre de Agostinho, santo, disse que nascemos para acreditar, não para questionar.

O cristianismo não requer consciência alguma. Tenho medo disso. No fundo, tenho medo da inconsciência cristã, porque, diferentemente do budismo, por exemplo, ou até mesmo do judaísmo, o cristianismo vive os mitos deliberadamente, insistindo que eles não são mitos e isso tem pavorosas conseqüências paranóicas. Podemos observar isto no eixo ego-*self*: é uma ficção mítica, porém apresentado como um fato empírico. Como se fosse conhecido objetiva e cientificamente ele atribui significado àquilo que é inerentemente desconhecido e inesperado — "o inconsciente". Então este sistema justifica sua visão de significado ao afirmar que o *self* é o arquétipo do significado. Um argumento circular — claro, a retórica do *self* precisa falar em círculos porque assim é sua autodescrição: um círculo; assim, também, ela incorpora o inesperado em sua circularidade, chamando-o de sincronicidade. Nada pode escapar; isto é assustador, porque é um procedimento paranóico e, como você sabe, a paranóia é uma desordem do significado, de acordo com os manuais.

L.P. *Isto implica que a realidade psíquica não se encaixa em nenhum padrão de significado. Ainda assim sei que você não está dizendo que tudo é sem sentido. Parece que você está dizendo que diferentemente da psicologia de Jung, a sua não se fia somente à idéia do* self *para o significado. Para você, o significado parece viver nos fenômenos, em vez de estar em qualquer tipo de subjetividade.*

J.H. Estou tentando dizer que a realidade psíquica é inesperada. Inventiva, imprevisível — como nossos sonhos — e que o significado dado pela idéia do *self* não é mais inesperado. As pessoas já sabem o que esperar do *self*: já é um conceito. Como diz Adolf Guggenbühl, já ficou muito ''batido'': mandalas quaternárias, sincronicidades, experiências transpessoais. Experiências de *self*, e a idéia do *self*, podem muito bem ser defesas, novas patologias paranóicas. Eu suspeito muito quando as pessoas falam de suas experiências religiosas nesta retórica do *self*. É muito convencional, muito ''batido''.

L.P. *Então quando você escreve que Homero deveria estar em todo quarto de hotel em vez da Bíblia, você quer dizer que a Bíblia já é bastante conhecida. Pode ser que tenha sido assim na sua época, mas...*

J.H. Ainda é na cultura básica americana fundamentalista. Além disso, não são os gregos literais *versus* a Bíblia literal num quarto de hotel literal. Não é que eu seja contra o cristianismo ou contra o *self*. É que para lidar com realidades psíquicas na sua vida você não pode simplesmente colocar o vinho novo de volta nas garrafas velhas. As coisas que Freud e Jung descobriram são tão preciosas que perdê-las novamente na grande pança do dragão cristão de dois mil anos parece-me terrível. Acho que essa é a emoção que Lacan deve sentir quando conclui que a religião vai vencer e vai colocar um fim de psicanálise.

L.P. *Essa sua imagem aí vem do mito do herói.*

J.H. Quando você sobe no palco cristão, você começa a recitar nesta mesma retórica. Estamos agora no conto de fadas cristão, tentanto salvar a alma do jugo do velho rei. Eu não quero fazer parte deste conto. Torna a alma muito preciosa, o analista um ego heróico e faz com que a tradição seja apenas negativa. Fica tudo mal arranjado. É por isso que eu não uso esta linguagem no meu trabalho.

L.P. *O que mais "você não usa"? Quer dizer, o que mais você pode falar a respeito do efeito do cristianismo num caso individual?*

J.H. Um outro preconceito cristão com que devemos nos deparar constantemente em psicologia é a noção do mal. Novamente, no mundo grego não havia nenhum princípio específico para o mal, não existia nenhum diabo; o mal não estava assim separado do bem. No pensamento socrático havia ignorância, feiúra, e tal, mas cada um dos deuses tinha seu próprio modo de ser destrutivo. Dioniso poderia ser o libertador e também ser o destruidor e, mais ainda, os dois aspectos poderiam estar presentes *ao mesmo tempo*. Será que você poderia imaginar por um momento o Cristo Salvador sendo também o Cristo Destruidor? Ambos. Que o Deus do Amor possa também ser um assassino? Ambos. Como Dioniso, Apolo ou Afrodite. Isto é insuportável para nós. A mente cristã não pode admitir, não pode permitir uma possibilidade destrutiva simultânea ao amor, à bondade e à salvação. O cristianismo tem que usar mecanismos de defesa e negar, dividir e projetar os aspectos destrutivos no inimigo — os pagãos, os judeus, os católicos, os reformistas e os terroristas... Então tenta recuperar a parte negada convertendo-a, amando o inimigo ou oferecendo a outra face. O cristianismo está enredado em seu próprio mecanismo de defesa. Ele criou um dogma da separação, o qual glorifica como "O Problema do Mal". Mas a mente grega foi suficientemente sutil para enxergar que as coisas não são separadas. Está tudo misturado. Não há bem e mal, ou melhor, há bem-*e*-mal, porque há sombra em tudo e ela não é um princípio à parte. Porém o cristianismo prefere a mente infantil, é uma religião do arquétipo da criança, portanto enfatiza o ser simples, o que significa originariamente ser singular e não sutil. O cristianismo quer uma visão "monocular" — foi Paulo ou Jesus mesmo quem disse isso? Isto desloca o lado destrutivo e o enquadra como uma idéia independente chamada "mal". Então o indivíduo começa a ver partes de si mesmo como mal e as separa daquelas partes chamadas bem. Repressão. A sombra, e daí por diante.

O paciente está constantemente perguntando a si mesmo o que está errado, do que ele deveria sentir-se culpado, tentando corrigir-se — livrar-se do mal — em vez de simplesmente prestar atenção ao que realmente está acontecendo detalhadamente, como você faria com qualquer fenômeno na natureza. Uma imensa onda aproximando-se da sua prancha de surfe: ela não é nem boa nem má. Você simplesmente olha para ela, sente-a, embarca nela ou a deixa passar. Digamos que você cruze com uma raposa na floresta: você fica bem quietinho e a observa. Começa a ficar curioso, interessado, maravilhado, divertindo-se — mas a noção do mal faz com que você se afaste do que está acontecendo. Você diz, será isto um bom ou um mau agouro, será este um sonho bom ou um sonho ruim, o que eu fiz foi certo ou errado? Então você deixa de estar atento à imagem, àquilo que realmente acontece, e você está dentro de sua mente fazendo um exame subjetivo dos motivos. Você está de volta ao ego e abandonou totalmente a raposa. A culpa sempre reforça o ego, é o mecanismo de defesa mais nítido que o ego tem. Sob a aparência de estar se punindo e se humilhando, você está de volta ao velho ego da cultura cristã olhando para a psique através de lentes moralistas.

L.P. *Em seus escritos sobre suicídio, masturbação, masoquismo, o lado da sombra do qual falávamos anteriormente, você ressaltou a abordagem fenomenológica em vez da abordagem moralista. Agora você parece estar dizendo que a atitude cristã não permite uma abordagem fenomenológica.*

J.H. Exatamente! Ela não deixa que você simplesmente olhe para as coisas. Ainda estamos na Idade Média, quando os trabalhadores que entalhavam as imagens nas catedrais recebiam ordens sobre o que podiam e o que não podiam entalhar. O cristianismo já determinou o que significam todas as imagens em sua linguagem do bem e do mal. A psicologia não pode olhar para as coisas através das lentes do mal: você não pode ver o que está acontecendo no suicídio, na masturbação ou no masoquismo...

L.P. *Você não estaria se esquecendo da profundidade da sombra para a qual a idéia cristã do mal aponta?*

J.H. É bem este o argumento cristão! "Ah, meu filho, você não tem idéia dos ardis do Diabo. Ele sempre faz você pensar que ele não está presente — temos que procurar por ele todo o tempo." Besteira. Os gregos e muitas outras culturas politeístas tiveram e têm intensa percepção da profundidade, da astúcia dos deuses, das sementes de destruição espalhadas em tudo — sem assumir uma posição moralista. Não é ao Demônio que eu faço objeção — de fato, o Demônio é a última personificação mítica que restou no cristianismo —, eles se livraram dos santos que não eram históricos, mas ninguém está tentando cavar o Demônio histórico — não é o Demônio que é o problema, são as lentes moralistas que você põe na frente de seus olhos com a pretensão de poder ver mais acuradamente desta forma. Não podemos realmente enxergar a psique com estes óculos espirituais.

L.P. *Esta, também, é uma de suas maiores brigas com o cristianismo; quero dizer, este desvio em direção ao espírito distorce ou esvazia a alma.*

J.H. Soa muito dogmático dizer que o cristianismo é contra a alma, e eu já escrevi sobre isto de maneiras tão diferentes que não apenas soa dogmático mas já está se tornando tedioso. Ainda assim, o pensamento cristão tem sido principalmente uma expressão do espírito, não uma expressão do corpo e nem uma expressão da alma, chegando até a opor o espírito à alma; desta forma, no Novo Testamento temos muito pouca coisa sobre sonhos, muito pouca coisa sobre os fenômenos da alma e muito sobre os fenômenos do espírito: glossolalia, conversões, missões, curas, milagres, pregações. A palavra "*pneuma*" excede em número a palavra "psique". A alma como um campo intermediário entre corpo e espírito foi espremida para fora e com ela foi-se toda a riqueza daquilo que o cristianismo chamou de paganismo. Hoje em dia não podemos distinguir alma do espírito: ambos se tornaram brancas e nebulosas noções imateriais opostas ao corpo e à matéria tangível. Estamos tão imersos na perspectiva materialista que o próprio cristianismo inaugurou, que alma e espírito simplesmente parecem iguais, a mesma coisa. Uma psicologia que parte do cristianismo torna-se espiritualizada, uma psicologia do espírito, uma teologia espiritual. A alma entra unicamente via sintomas, via fenômenos marginais como a imaginação dos artistas, a alquimia, os "primitivos", ou, é claro, disfarçada em psicopatologia. É isto que Jung quis dizer quando afirmou que os deuses tornaram-se doenças: o único caminho de volta a eles num mundo cristão é via o proscrito.

L.P. *Então o modelo médico de lidar com a psicopatologia, tratando-a para curar o paciente, seria, sob seu ponto de vista, um exemplo mais amplo da supressão cristã dos deuses nas doenças.*

J.H. Sim.

L.P. *Quais seriam alguns outros efeitos do cristianismo num caso individual?*

J.H. Bem, pense no problema da *crença*. Os gregos não tinham que acreditar em seus deuses. Eles não diziam: "Eu acredito em...". Isto veio com o cristianismo. Eles não tinham uma teologia — tinham mitos. E nós devemos ler nossa vida psíquica não teologicamente mais miticamente. Eles nem sequer tinham uma palavra para religião. Quando alguma coisa aparece — uma voz, uma imagem, um sonho — você responde a ela. Se a Maribel aparece, como estávamos falando agora há pouco, um pagão responde a ela. Mas o cristão tem que perguntar, será que isto vem de Deus ou do Demônio? Isto é real ou fui eu que criei? Eu acredito nesta figura, e se acredito, quais são as bases da minha crença? E assim por diante. Isto perturba a relação natural com os fenômeno. O próprio ato de acreditar, a declaração "eu acredito" é um subjetivismo. Ele aliena você do que está lá. Aliena você da imaginação, da sua realidade animal. Como se pudéssemos tornar algo real ou verdadeiro apenas por acreditar. Se sua fé for suficientemente fervorosa... Isto situa a realidade num ego que deseja — pois quem faz esta crença, quem afirma a realidade da voz ou de Deus ou de Maribel? "Eu" afirmo! É uma maneira vergonhosa de encarar as coisas. É fundamentalmente anti-religiosa porque é insensível à realidade daquilo que está lá.

L.P. *Se a idéia cristã da crença nos aliena de nossas reações ou fere o animal, por que é que você muitas vezes, enquanto conversávamos, usou frases tais como "é parte de minha fé" quando fazia afirmações mais sérias? Não seria esta uma afirmação de fé, você não estaria mostrando que crença, quer você goste ou não da palavra, é inevitável?*

J.H. Se eu pensar a respeito disto provavelmente fé irá significar para mim um modo irrefletido de encarar as coisas. Algo assim como estilo. Algo também como uma profunda paixão, uma propulsão arquetípica que vem de princípios. Agora, estes princípios... eu não os vejo como "artigos de fé" — ou seja, estruturas formuladas de crença, doutrinas.

L.P. *Por que não são então apenas opiniões?*

J.H. Talvez sejam, mas a emoção propulsora delas parece ser, digamos... tribal, ancestral, animal. Recentemente tenho escrito sobre a "fé animal" — uma idéia originariamente de George Santayana —, que é aquela fé no mundo: que está lá, que o chão não vai lhe faltar no próximo passo que der, que você sabe exatamente que caminho tomar e como proceder. É a fé que suas mãos e seus pés têm.

L.P. *E seu coração? É aí que a fé cristã está "situada". Isto implica um amor em conexão com o objeto da fé.*

J.H. Precisamos ter um "objeto" de fé — será que isso não é crença novamente? A fé animal, ou aquilo do que estou querendo falar, é claro, tem amor em si, e ódio também; começa nos pés e nas mãos. O coração seria o lugar certo para a fé se ainda estivéssemos numa cultura clássica na qual o coração era o lugar do sentir, de uma alma viva, como um animal, ou um imaginar. Mas agora, novamente por causa dos cristãos, especialmente Agostinho, o coração tornou-se o lugar da confissão pessoal, do auto-exame e da consciência... subjetivismo... Mas as mãos e os pés ainda não estão contaminados: o gato pula na árvore e começa a subir. A árvore não é um objeto de fé ao qual o gato dá consentimento. É uma árvore num campo ecológico que pertence à escalada do gato. O gato tem uma fé *animal* na árvore, e a ama, se ama, e ama pular e escalar — nenhum auto-exame, nenhuma introspecção sobre crença. Ou então ele ficaria em casa, ou iria ver um padre...

L.P. ... *ou um analista.*

J.H. ... aquele gato vive sua crença naquilo que a psicologia chama de comportamento de alerta. Ele tende a rodear um objeto suspeito. Ele cheira, mantém suas orelhas em pé, de prontidão. É supersticioso. Então, o tipo de crença que quero explorar e que o cristianismo abomina é a superstição. É aí que os *daimones* — que Jung chamou de gente miúda — estão bem vivos. Sentimos seu poder em todos os pequenos comportamentos de alerta, pequenas superstições, pequenos rituais, pequenas e secretas compulsões neuróticas. As superstições mantêm o mundo vivo para nós — espelhos quebrados e gatos pretos atraem azar. Mas não quero falar apenas destas superstições coletivas: quero falar também das suas próprias superstições, sobre sua cama, sobre a noite, sobre sua dieta... onde quer que haja qualquer coisa um pouco misteriosa, logo ali um pouco além das fronteiras da consciência. As superstições lhe fornecem relatos especiais. Elas são seus correspondentes estrangeiros do povo alienígena que vive do lado de lá das fronteiras. Os animais vivem supersticiosamente, ritualisticamente. Mas os animais também vivem instintivamente. O que significa isto? Não significa que os animais vivem num mundo vivo, recebendo mensagens? Isto é animismo, como dizem os antropólogos. Mas o que é animismo? É *esse in anima*. É viver no mundo via alma, e sentir a alma no mundo... sentir o mundo personificado, emocional, como que lhe dizendo alguma coisa. O cristianismo não pode tolerar a superstição porque ele "superou" o animismo, e codificou todas as suas superstições em uma crença verdadeira, a crença em um Cristo verdadeiro, e este passo reprime sua religiosidade em relação ao mundo, sua relação com poderes para além de você que humilham o ego. Para o cristianismo o mundo está morto, é pura matéria morta. Espelhos não têm poder algum. O cristianismo é extremamente materialista, e aos animais também não é permitido ter alma, porque se assim fosse, então também espelhos, a matéria teriam. Mas os gatos não são materialistas; eles são neoplatônicos. Eles vivem na *anima mundi*, num mundo cheio de figuras, agouros, marcas. Eles vivem em estado de alerta — como Sócrates, que ouvia seu *daimon* lhe dizendo as coisas que ele deveria evitar. Mas, se você pergunta: "Diga-me, doutor Hillman, o senhor realmente acredita que passar debaixo da escada traz azar?", ah, não, claro que eu não *acredito*. Não é um reconhecimento racional. Eu não *respondo* por isso no sentido cristão do ego protestante — compromisso, responsabilidade egóica. Mas, eu posso confiar em meu estado de alerta. Eu atuo de uma maneira supersticiosa — e não deixe que "crença" interfira. As superstições dependem do momento; elas permanecem ambíguas, e assim estão sempre em contato com nossos sentimentos e instintos.

O tipo de crença cristã nos separa de nossas reações: manda nelas. E aí, como estamos separados, temos que ser salvos, redimidos. Talvez o cristianismo esteja certo em não se preocupar com as almas dos animais. Animais não precisam de salvação — exceto, ecologicamente, dos próprios humanos, inclusive os humanos cristãos. O cristianismo trabalha duro para salvar a alma, mas isto parece impossível se ele deixar de lado a alma animal. Esta religião extraordinária, na qual todos estamos inseridos, não importa o quanto tentemos negá-la ou escapar dela, perdeu seus animais. Então está sempre tentando preencher aquela imagem de Deus sem genitais, sem animais, apesar de estar sempre tentando salvar a alma. O cristianismo não teria que moralizar tanto a alma e se preocupar tanto com o mal, com a crença, se não houvesse alguma coisa em sua fantasia arquetípica básica, inerente à própria religião, que fosse destrutiva para a alma. E é por isso que a psicanálise está envolvida com o cristianismo. Tem que estar. A psicanálise tem que se preocupar e ser supersticiosa em relação à sombra do cristianismo e seus efeitos na alma. O trabalho da psicologia é sempre com a sombra — "o horror, o horror" — e o cristianismo diz que a alma é salva ou será salva pela crença na fantasia cristã, mas o horror pode estar na própria fantasia.

6 SOBRE BIOGRAFIA

L.P. *Ouvindo você falar eu fico constantemente impressionada com o fato de você ser tão americano. Você usa palavras alemãs, francesas, e até italianas, refere-se à história e a escritores europeus, mas mesmo assim sua mente, sua energia, a forma como vê a Europa ainda me parecem muito americanas.*

J.H. Vim para a Europa logo depois da guerra, em 1946, e fui educado aqui — em Paris, na Irlanda, na Suíça... Minha primeira mulher era européia, meus quatro filhos são bastante europeus... Hoje em dia sou um cidadão suíço, mas ainda assim a alma cultural se é que se pode chamá-la assim, é americana. Minha alma animal é americana.

L.P. *Há uma tradição de americanos "europeus" — Cooper, Twain, Henry James, Eliot, Pound, Gertrude Stein...*

J.H. Escritores. Mas psicólogos fazem o contrário: começam na Europa e vão para a América. Simplesmente não há nenhum psicólogo americano nativo. Pense nisto: todos os movimentos da psicologia têm suas raízes numa figura européia, até mesmo os laboratórios, até mesmo escolas menores — Erikson, Horney, Fromm, Perls, Marcuse.

L.P. *William James?*

J.H. Muito importante. Mas ele não é uma exceção. Ele passou vários anos na Alemanha e teve um tipo de loucura européia, como Freud, como Jung, e era um tipo de homem neurótico, filosófico, europeu, apesar de seu pragmatismo americano. A América simplesmente não é um lugar psicológico. Você tem que estar imerso na Europa para ser psicológico.

L.P. *Então, mesmo que sua alma cultural e sua alma animal sejam americanas, seu desenvolvimento intelectual é europeu.*

J.H. A idéia de um desenvolvimento intelectual é na verdade a idéia de um crítico, de um livro escolar, ou uma idéia biográfica, não é exatamente a forma como a mente... a mente não trabalha necessariamente por etapas; ela preenche lacunas, tornamo-nos conscientes por causa da lacuna, e é a lacuna que tem fome e começa a devorar alguma coisa, passionalmente comer alguma coisa, como eu comi a Renascença. A psicopatologia era outra destas fomes. Estava tentando enxergar mais coisas. Ou aquela questão da inferioridade feminina, Dioniso; fiquei nisto durante muito tempo. O que eu não li sobre Dioniso... colecionei todos os livros escritos nos séculos XVIII e XIX, livros italianos, livros franceses... Então veio a questão da histeria. Era uma fome que vinha de uma parte desconhecida de minha própria psique, da minha lacuna, então o *opus* no qual você trabalha é parte do *operare* em você mesmo, mas não é um desenvolvimento como, por exemplo, ir a um museu e estudar o desenvolvimento, de um pintor: em 1904 ele fazia isto, em 1906 fazia aquilo, em 1908 começou a... este é um tipo de reportagem depois do fato: não funciona deste modo. Você tem uma vergonhosa ignorância, um enorme apetite e você se envolve com isso: mais tarde você vem falar de "desenvolvimento intelectual".

L.P. *De qualquer maneira, existem padrões que obedecem fases, se você não quiser chamar de desenvolvimento...*

J.H. Sim, como existem padrões em Picasso, onde você vê o mesmo artista e o mesmo modelo, você vê uma determinada cabeça de bode, ou alguns touros repetindo-se em toda sua obra — ali estaria este tipo de padrão. Mas me parece que estou muito próximo para poder enxergar esses padrões tão detalhados. Embora existam temas gerais, o padrão mitológico é certamente um; o padrão filosófico é outro; o clínico é outro ainda — o constante retorno às síndromes básicas, de um tipo ou de outro, e a tentativa de manter as conexões entre as figuras mitológicas e estas síndromes. Mas não consigo realmente enxergar os padrões. Talvez eu não queira procurá-los.

L.P. *Isto parece com sua resistência à própria entrevista, como se você não quisesse realmente — não se expor — mas ao contrário, não quisesse se conhecer.*

J.H. Isto é bem verdade — se por conhecer-se você quer dizer falar de você mesmo, fazer um relato de si. Não acredito nem por um momento em biografia explanatória, em psicobiografia. Gosto da antiga idéia grega de biografia: simplesmente queria dizer as coisas com as quais o indivíduo esteve envolvido: "Eu estive em Termópilas" ou "Trabalhei com Praxíteles durante um ano". O que você fez, onde esteve, com quem esteve. Tive um abriga enorme com alguns amigos aqui em Zurique quando parti para América há alguns anos. Meia dúzia de amigo, com quem me encontrava praticamente todo mês, que disseram: "Por que você está indo para Dallas?". Então eles começaram a me dizer por que, e eu fiquei enfurecido. Não acredito na pergunta "por quê?". E não acredito que haja respostas para a pergunta "por quê?". Quando eu estiver morto vocês podem descobrir por que eu me mudei para Dallas. Vocês poderão ler de trás para diante, a partir do que aconteceu depois em minha vida o motivo por que eu me mudei para lá, ou poderão ler casualmente o que aconteceu antes em Zurique que fez com que eu me mudasse. Mas todo esse papo sobre causas são ficções. Psicobiografia. No entanto, eles disseram algo interessante, e acho eles têm razão. Eles disseram que minha crença favorita é a crença na espontaneidade não-causal, e não em respostas aos porquês! São bons psicólogos estes amigos, e junguianos também!

L.P. *Como foi seu primeiro encontro com a psicologia junguiana?*

J.H. A primeira pessoa de quem ouvi o nome de Jung foi um amigo americano que tinha tido uma crise nervosa. Ele era três ou quatro anos mais velho que eu, tínhamos estado na Europa juntos em 1946-1947, fomos juntos para Praga, Paris. Ele estava fazendo análise junguiana em Londres e estava pintando, fazendo pinturas psicológicas; um sujeito bastante perturbado, morreu cedo, com uns trinta anos, e tanto ele quanto sua mãe estavam fazendo análise em Londres. Eu não tinha a menor idéia de que era análise, ele não falava muito a respeito, mas pareceu-me imediatamente que análise tinha a ver com a cura de pessoas muito doentes, porque este amigo era uma pessoa doente. Daí encontrei um outro sujeito em Dublin, um americano, e ele me deu um ou dois livros de Jung para ler. Nesta época eu tinha mais ou mesno vinte e dois anos, estava estudando psicologia, filosofia e literatura, e li *Tipos Psicológicos* e *O Homem à Procura de Sua Alma*. Não aconteceu nada de muito especial, não me converti, nem fiquei muito entusiasmado. Ler o *Traumdeutung* de Freud, quando eu tinha vinte anos, foi uma revelação. Jung não foi uma revelação; mas ele realmente me tocou de uma maneira que eu não percebi na época. Este amigo em Dublin estava anotando seus sonhos, fazendo sua própria psicanálise, e isto me impressionou muito: escrever seus sonhos! Esta era uma grande idéia! Então, quando peguei tuberculose no ano seguinte e fiquei num sanatório, comecei a escrever meus sonhos também, e li um pouco mais de Jung. O que me tocou de fato foi sua idéia de individuação — a idéia de que havia um processo acontecendo no qual poderíamos confiar. Tornou-se como uma crença mística em meu próprio destino: uma maneira muito *puer* de entender Jung, é claro! Lá estava eu com tuberculose — antes da estreptomicina ou da penicilina, com pessoas da minha idade morrendo em volta de mim — e acreditando em meu próprio destino!

L.P. *Você sente que houve sinais ou momentos em sua vida antes de você ter encontrado estes amigos que mencionaram Jung a você, antes de ter vindo para a Europa, que já o prepararam ou indicaram que chegaria a Jung ou à psicologia profunda?*

J.H. Muitos sinais, claro, e alguns deles apareceram em minha análise. Mas outros não. A análise acompanha os sonhos, e os sonhos não estão muito interessados em biografia. Eles ignoram todo o tipo de gente e lugares que possam ter composto a maior parte de sua vida. Se você começar com um sonho, digamos algum sonho de infância, como na biografia de Jung, você começa uma história de vida completamente diferente do que se você começar com aquilo que a psiquiatria chama de anamnese. Então existem sinais que eu nunca sonhei, jamais analisei, que de um ponto de vista biográfico parecem ser básicos...

L.P. *"Ponto de vista biográfico"?*

J.H. ... estou falando do meu entendimento consciente de mim mesmo como uma continuidade histórica, como o que você perguntou sobre "desenvolvimento intelectual". Meu tempo na Marinha, 1944-1946, quando eu trabalhei em hospitais — o trabalho que eles me deram era com os cegos, os aleijados e os surdos. Trabalhei quase que todo o tempo com os cegos. Tinha então dezenove anos. Todos estes cegos que voltavam das batalhas no Pacífico eram colocados neste hospital. Haviam perdido os olhos, estourado o rosto, coisas desse tipo. Fiquei extremamente identificado com esta gente e com o horror do sistema de reabilitação americano. Nós os levávamos a festas, a bailes, a encontros... bem, a reintegração na vida americana era no nível mais superficial que se pode imaginar. Eles acabavam virando bêbados. Uma coisa muito baixa. Claro, também os ensinávamos a andar, comer, ler, vestir-se, fazer coisas; mas basicamente aquela coisa pavorosa que agora vemos num filme como *Apocalypse Now*, eu vi quando tinha dezenove anos e fiquei horrorizado... Mas era mais do que isto. Havia amargura e sentimentalismo. Na época eu escrevia poemas de guerra. Tinha uma ódio mortal das autoridades, dos oficiais, dos médicos e do sistema social. Mas era mais do que isto também. O que estava faltando era algo mais profundo. Tudo estava organizado em torno da adaptação, mas nada significava coisa alguma, e ninguém nos oferecia treinamento, ferramentas com as quais trabalhar. Então eu me mudei da caserna direto para o hospital e vivi com os pacientes, o que não era permitido, mas alguma coisa em mim queria ir mais fundo naquilo e o único modo de fazê-lo era chegar mais perto. Eu acredito que isto seja americano também, e provavelmente nos diga muito sobre as terapias americanas, californianas: aquela proximidade pessoal como uma tentativa de ir mais fundo numa cultura onde não existem idéias profundas, nenhuma estrutura de profundidade. De qualquer maneira, eu já estava envolvido com psicoterapia aos dezenove anos, apesar de nunca ter escutado a palavra.

L.P. *Você não poderia dizer também que a sua consciência social nasceu no hospital, e se assim for, isto levanta uma questão interessante sobre a relação entre consciência social, até mesmo culpa, e psicoterapia. Talvez um dos motivos fundamentais de se fazer psicoterapia seja a urgência de se fazer algo com relação aos problemas coletivos, sociais — não apenas ajudar ou curar indivíduos.*

J.H. Talvez quando você é mais jovem encare o universo dos problemas coletivos e sociais deste modo. Eu não estava consciente disto. Pensei que a forma de se lidar com estes problemas fosse através da política e do jornalismo. Foi isto que estudei primeiro e aí estava minha ambição. Quando cheguei na Europa, em junho de 1946, arranjei imediatamente um emprego na rádio americana como radiojornalista. Escrevei sobre as negociações de paz em Paris, sobre Molotov, sobre a Palestina, sobre a ocupação na Alemanha. Na verdade, eu escrevia as notícias que eram transmitidas todas as manhãs às sete horas ou durante a tarde a cada três horas. Eu era uma criança: imagine a inocência, nenhum conhecimento de história, nenhum conhecimento de literatura, bem, nada de coisa nenhuma, tão incrivelmente americano e bem ali no meio da Alemanha bombardeada, em Frankfurt. Como no hospital naval, novamente era um lugar ode havia um sofrimento intenso e aquela terrível diferença entre os americanos e as condições da Alemanha. Toda aquela gente arruinada e uma sociedade que ignora este fato ou o trata de uma maneira pirada. Acho que da mesma maneira que Gunther Grass a veria. Sempre pensei que fosse ser banido de minha mesa de trabalho porque estava percebendo que outros jornalistas que iam na mesma coletiva para a imprensa voltavam e escreviam suas histórias, que eu leria nos boletins das agências de notícias, como a AP ou a UP, e eles escolhiam frases soltas transformando-as numa nova crise, uma nova guerra, entre Rússia e Estados Unidos, e faziam isto tudo enquanto havia uma conferência de paz acontecendo em Paris... Eu havia estado naquela mesma coletiva, escutando as mesmas palavras, e não tinha visto, de jeito nenhum, a perspecitva que eles tinham da guerra. Por isso sempre achei que alguma coisa fosse me acontecer, mas não. Ninguém ligou. Eu podia escrever o que quisesse.

L.P. *Nesta época você estava escrevendo suas próprias coisas também?*

J.H. Só mais tarde, quando me mudei para Paris. Fui para lá estudar, e lá havia uma extraordinária atividade intelectual por volta de 1947, 1948. E aí acho que realmente acordei... O que eu quero exatamente dizer é que estava ávido por vida intelectual. Não pela universidade, mas por ser intelectual. Está aí uma coisa que um americano não sabe. Se você quer ser um intelectual, você é um acadêmico; e em Paris eu vi que você pode ser intelectual sem ser acadêmico. Lembro-me de uma amiga dizendo: "Se você quer escrever, para que está estudando literatura comparada? Escreva!". A mesma coisa aconteceu mais tarde em Dublin, quando pude viver minha fantasia literária. Tínhamos uma revista de literatura, *Envoy*, e eu conhecia todo o tipo de escritores, Brendan Behan, Patrick Kavanagh, Myles na Gopaleen... J. P. Donleavy, que ainda é amigo meu. Mas enfim, todo o lado jornalístico dissolveu-se naquilo que estava por trás dele — escrever, simplesmente escrever. Mas sendo eu um jovem americano, o único direito de escrever, a única justificativa para a consciência social que você mencionou, era o jornalismo. Na verdade, eu não podia pensar no próprio ato de escrever, até que cheguei em Dublin. Ou talvez tenha sido por isto mesmo que fui para Dublin. A psique escolhe suas geografias.

L.P. *Quando você foi para Zurique?*

J.H. Depois de Dublin, vivi na Índia por mais de um ano, quando fui ficando cada vez mais neurótico, e comecei a estudar meus sonhos. Minha energia estava sempre escapando daquilo que pensei estar lá para fazer: escrever um romance: a energia estava indo para dentro de mim mesmo... Lembro de ter subido muito alto, uns catorze mil pés no Himalaya, e antes de partir estive conversando com um guru, Gopi Krishna; daí, uma dia em sua casa, naquele calor, Jesus, que calor tremendo, sentado naquelas cadeiras grudentas, cheio de moscas ao redor, ele disse: "Suba no alto das montanhas, é muito bom ir pro alto das montanhas, porque é ali que os homens se encontram com Deus". E lá fomos nós montanha acima em nossos burricos, tão alto que não se podia nem respirar, sabe... e ali eu tive um pesadelo. Era um sonho muito simples, mas na verdade era um pesadelo assustador. Este foi o começo da descida, descer daquela montanha, e descer, e descer, e descer até chegar em Zurique. Foi uma viagem de mais de seis meses até chegar em Zurique e no Jung Institute. Isto foi em fevereiro de 1953. Eu havia lido muito mais de Jung na Índia, mas ainda não podia encarar o fato de que precisava de análise. Fui a uma palestra só para ver como é que era. E me lembro de sair, no final, dizendo: "Bem, sei que este não é meu lugar!". Daí, claro, fiquei lá durante muitos anos e me tornei o diretor de estudos, completamente envolvido naquele Instituto por quase vinte anos!

L.P. *Você não chegou lá com a intenção de ser um analista. Na verdade, você chegou como um paciente.*

J.H. Sim. E sempre suspeitei muito das pessoas que vão para o "treinamento". Para mim, o treinamento foi com minha própria confusão. Não pretendia ser um analista de jeito nenhum.

L.P. *Por que?*

J.H. Não pensei que fosse capaz... eu não queria aquela sensação de estar amarrado numa salinha recebendo pessoas o dia todo. Acho que tinha medo do envolvimento, simplesmente medo da coisa toda, medo das pessoas, da psique, medo de mim, de não saber, medo de que eu mesmo não estivesse preparado para a coisa, eu mesmo muito doente. Então entre março e novembro de 1955 tive sonhos e sensações, coisas aconteceram e eu comecei a tentar. Desde o princípio fazer análise significava não ser profissional. Lembro de colegas, que estavam começando na mesma época, vestindo terno e gravata, procurando salas, e lembro que comigo era justamente o contrário. Mesmo hoje, em Dallas, onde sou professor, algumas vezes atendo descalço. Não de propósito, quero dizer, não estou tentando fazer um tipo. Nunca me barbeei só porque ia atender um paciente. Eu simplesmente vou em frente, seguindo o meu dia... Há algo em mim que é muito antiprofissional. E isto já estava ali desde o começo: lembro do sonho de uma paciente daquela época, no qual ela vinha a um quarto de empregada para fazer sua análise (ela era uma garota alemã rica e pretensiosa) e o prédio onde eu atendia as pessoas era como um alojamento de empregados, um lugar sujo, pobre... Estas histórias parecem muito pessoais. Gostaria de poder deixar a psique falar mais. A diferença entre ego e psique não é apenas teórica; também está na maneira com que você conta uma história. Está em tirar a subjetividade do caminho, de forma que a história, a imagem tome nota. Será este o erro da entrevista: a primeira pessoa do singular? O erro da biografia? De alguma forma as imagens são aprisionadas pelo personalismo... Ou talvez eu seja muito preso, de maneira que as imagens não podem se libertar das memórias o suficiente para tornarem-se realmente imagens. Realmente admiro as pessoas que têm o dom de contar histórias sobre si mesmas de um jeito que os relatos são totalmente imagéticos e não tão confessionais. Minha senhoria em Dublin costumava apanhar e se debater entre seu marido e seu amante por toda a noite — os três berrando e se atirando pratos e panelas, enquanto nós ficávamos nos nossos quartos escutando aquela coisa toda, inclusive com detalhes sexuais — e na manhã seguinte ela vinha me contar tudo: "Ah, James...", como se a história não tivesse nada a ver com ela. Talvez eu fosse seu analista. Incrível. É a arte de se trabalhar uma biografia, e eu não tenho esta arte. Além disso, como já dissemos antes, sou um "cristão comportamental": tenho vergonha de revelar minha vida sexual, portanto não tenho aquele jeito de produzir imagens fortes a partir da minha vida.

Mas há algo mais: acredito muito no anonimato de seu trabalho. De qualquer modo, o trabalho é anônimo. Quem escreve o livro? De onde vem tudo aquilo? Começar fazendo-se de autor parece mortalmente pretensioso. Toda vez que um editor me pediu para mandar dados biográficos e uma foto eu recusei. Meu retrato nunca apareceu en nenhuma capa de livro . E eu sempre disse: "Minha foto não vai vender nada! Além disso, se as pessoas precisam ver um retrato, estamos no negócio errado". Ningúem jamais comprou Milton para ver Milton, pra olhar seu retrato.

L.P. *Isto é muito judaico!*

J.H. Ahahah!

L.P. *É muito "judaico" pensar que o importante é o livro, e não a fotografia, que escrever é uma atividade em si, uma atividade sagrada para o livro, o preto no branco, papel e letras, mas não para a pessoa que é o escritor.*

J.H. Hum... o anonimato do Livro. Escrito por Deus, o Autor — mas não no sentido literal, fundamentalista. "Deus" aqui significa simplesmente que não foi escrito por um ego identificável. O que faz o livro importante, oficial, é o fato de ele não ter autor.

L.P. *Há culturas que não dão nenhuma atenção à identidade do escritor, ou prestam menos atenção a isto porque o escritor é um escritor dentro de uma tradição. Então não é o escritor quem diz, mas uma série de livros, uma tradição, que está falando através do escri-*

ba. E existem outras culturas que enfatizam bastante a identidade, a autoridade e personalidade do escritor individual e deslocam a ênfase do livro em si para o conjunto de valores que está literalmente personificado pelo símbolo biográfico, a persona do escritor...

J.H. Se você pode criar uma *persona* do escritor, se você pode criar uma figura como Oscar Wilde ou William Faulkner, da forma como ele criou um personagem de si mesmo, ou se você pode criar uma figura do "escritor" nos moldes nos quais J. P. Donleavy fez de si mesmo — então você pode contar suas histórias e estas serão ao mesmo tempo fatos literários; não são biográficos, são fábulas. Mas, uma vez que não posso fazer isto, parece-me que o único caminho é o caminho do anonimato. É como a diferença entre ser irlandês ou judeu. Esta coisa irlandesa-judaica tem ocupado minha psique desde que era garoto... É um padrão muito americano; o irlandês atraído pelos judeus, os judeus atraídos pelo irlandês: Norman Mailer tem personagens irlandeses em seus livros, Joyce coloca judeus em seus livros: esta simbiose peculiar dos irlandeses e dos judeus...

L.P. *Joyce diz que o que há de comum entre os irlandeses e os judeus é que ambos falam línguas mortas...*

J.H. Bem, eles possuem outra coisa em comum — não conseguem penetrar o mundo britânico! Há um certo modo protestante, correto, burguês, no qual nem os judeus nem os irlandeses conseguem se encaixar, e na América existe aquela antiga conexão simbiótica com os comediantes, gente de teatro; diversão, de novo. Quebra o literalismo protestante.

Agora, existe uma outra maneira de se contar sua própria história, a qual você também provavelmente chamaria de judaica, que é como uma lição, uma parábola: "Ah, certa vez fiz isto e aquilo". E isto pode ser contado num contexto servindo para demonstrar alguma coisa. Só isto. Não é biografia. É simplesmente uma parábola, parte de um ensinamento, e freqüentemente eu posso usar partes de minha vida deste modo: posso fazer isto quando estou atendendo, ou ensinando, mas é específico a um determinado momento, estar trabalhando com alguém sobre alguma coisa específica. Precisa ser apropriado, encaixar exatamente naquilo com que você está trabalhando e pelo bem daquela outra coisa, de forma que já não é mais biografia. Este é o outro uso da biografia, que é o uso parabólico, rabínico.

L.P. *Ainda quero entender melhor como foi que você se tornou um analista.*

J.H. Você poderia dizer que foi um fenômeno típico da coletividade judaico-burguesa do início dos anos 50: a resposta sociológica. Voce poderia dizer que eu tinha habilidades psicológicas desde a adolescência e que já tinha começado a ser um terapeuta quando trabalhava no hospital naval. Você poderia dizer que foi uma transferência mal resolvida com meu analista. Você poderia dizer que os meus sintomas foram um começo xamanístico, uma iniciação à realidade psíquica — a resposta espiritual. Quantas respostas mais deveríamos procurar?

L.P. *O próprio Jung teve alguma coisa a ver com isto?*

J.H. Seus escritos se tornaram cada vez mais importantes. Eu me enquadrei completamente. Mas não era Jung diretamente. De fato, e é engraçado dizer isto, nunca sequer tentei encontrar-me com Jung, mesmo quando tive oportunidade. Eu o vi em palestras e festas nos anos 50, algumas vezes estive com ele resolvendo assuntos do Instituto, e durante quatro anos tive oportunidade de me encontrar com ele e nunca o fiz.

L.P. *Por que?*

J.H. Um sentimento especial de autoproteção. Eu era tímido, envergonhado, tipo de um isolamento esquizóide, apesar de eu parecer tão arrogante e seguro. Não quero fazer nenhum estardalhaço desta timidez mas ela sempre esteve ali e ainda aparece quando estou com pessoas superiores. Sou tímido até com relação a mim mesmo. Quero dizer, tenho problemas com esta autobiografia porque torna cada detalhe de minha vida muito importante. Esta é reação de um complexo, e é também resistência em ser oprimido pela importância, pela "pessoa superior". Autoproteção, como eu disse.

L.P. *E Jung era opressivo?*

J.H. Sim, extraordinariamente, ele era um homem enorme, fisicamente, com pés imensos, e era superpoderoso; suponho que minhas pequenas idéias estavam nascendo, e não queria me sentir oprimido, não queria me queimar por estar muito perto do sol.

L.P. *Jung queimou muita gente?*

J.H. Não sei se ele queimou muita gente, mas ele com certeza rearranjou os complexos de muita gente para que se voltassem em sua direção — mudando a metáfora: é como se ele fosse um enorme ímã para o qual seu complexo se dirigiria... a agulha apontaria naquela direção, e você poderia perder sua conexão com o norte, por causa da força que havia nele. Para muitos de meus amigos junguianos, Jung aparece morto ou morrendo em seus sonhos à medida que o tempo passa, como se Jung devesse "morrer" para que meus amigos possam se tornar aquilo que realmente são. A identificação do homem e suas idéias com a imagem de *self* que faziam de si deveria ser quebrada.

L.P. *Você se lembra da primeira vez que o encontrou?*

J.H. A primeira vez que o vi eu apenas o vi; ele veio ao Clube de Psicologia para ouvir uma palestra e... eu fiquei tremendamente impressionado com sua estatura... todo mundo cochichando que ele estava presente. Tipo "o chefe da tribo" ou "o Homem Santo chegou". Veja, Jung era cercado por uma aura ou um certo culto, pelo menos no final de sua vida, quando o conheci. Este é um fenômeno espiritual, a transformação da psique em espírito, e é um pouco o que aconteceu com a psicologia junguiana, deixando de ser psicologia para tornar-se um ensinamento espiritual, um caminho, uma sabedoria, uma doutrina — que pertence a uma determinada época na história, também. Não podemos mais fazer isto. Não podemos nos dar tanta importância nem deixar que nos atribuam tanta importância. Há muita desilusão hoje em dia, muita ironia. Meu Deus, quando a gente vê as fotos do Grande Homem, digamos nas conferências de Eranos, ou nos congressos psicanalíticos, há uma tamanha mística! Talvez a entrevista, os programas de TV e os debates tenham suas vantagens, afinal de contas. Talvez eles tenham ajudado a pôr um fim a esta baboseira espiritual sobre Grandeza.

L.P. *Mas, de qualquer modo, Jung foi um grande homem, independente de como se defina "grandeza".*

J.H. Ah, sim, foi! Essa grandeza estava lá quando você olhava para ele, ou ao menos assim parecia. Sabe, é muito difícil falar destas coisas. Você se lembra do *Mágico de Oz*? Grandeza tem muito a ver com expectativas, também. Assim, mesmo quando você presencia algo, acaba duvidando do seu próprio testemunho. Lembro do funeral de sua esposa em 1955. Ele se dirigiu para o altar da igreja por uma porta lateral com mais ou menos dezenove membros de sua família, filhos, netos, uma enorme procissão — o patriarca e seus seguidores, sua grande fertilidade, o homem idoso e sua tribo. Aquela era uma figura impressionante, patriarcal e dominadora. Mas tenho outras lembranças pessoais dele. Um dia estávamos no seu jardim e um pequeno avião passou fazendo muito barulho, ele observou: "Peidos do céu". Ele estava provavelmente dando uma "indireta", ou seja, estava trazendo a conversa pro chão, colocando nossos pés na terra. Você percebe como as estórias sobre Jung ficam parecidas com estórias zen? Quando o vi em março, ante de sua morte em junho, ele tinha um livro de um mestre chinês, um livro zen, sobre a mesa onde conversamos.

L.P. *O que mais você se lembra de Jung?*

J.H. Gosto de lembrar, por exemplo, de como ele ficou enfurecido com Albert Schweitzer. Alguém deve tê-lo deixado fora de si ao fazer uma pergunta sobre Schweitzer em uma de nossas pequenas discussões em sua casa, Jung simplesmente não podia parar...

L.P. *Mas o que é que havia com Schweitzer?*

J.H. Jung não podia tolerar a piedade e a fuga de Schweitzer da situação européia, retirando-se para uma colônia branca nas selvas onde era mais fácil fazer "um bom trabalho". Mas este não é o ponto. Gosto de lembrar deste pequeno incidente porque mostra que Jung tinha suas irritações, suas raivas e que elas se dirigiam a uma figura de *senex* rival. Quero dizer, é instrutivo ver como um velho sábio odeia outro velho sábio, e que o ódio e a exposição deste ódio é o que distingue Jung de Schweitzer. É muito bom ver isto quando você é um estudante ainda tentando esconder sua sombra. Deve ter sido neste mesmo encontro que alguém perguntou a Jung sobre a sombra, e ele disse: "Ela está bem aí, na sua cara". Mas, vamos deixar de lado estas estórias do Mestre, porque na verdade eu conhecia Jung muito, muito superficialmente, e este tipo de estória me coloca num complexo tipo estudante-discípulo-filho.

L.P. *Quando você estava na Índia, e antes em Dublin e em Paris, você escrevia. Você ainda estava escrevendo quando começou análise e a estudar em Zurique?*

J.H. Não, e isto, olhando agora, acho que era parte do problema. Só escrevi em conexão com a análise — sonhos, interpretações, diálogos com figuras imaginais. Não consegui escrever sobre mais nada. Você deve compreender que eu estava *completamente* em análise. Talvez isto seja americano também, uma devoção ingênua. Mas não me arrependo disto, de forma nenhuma. É assim que se aprende: mergulhando na disciplina. Você deve senti-la, seu coração deve estar ali. Quando seu coração está realmente ali, existe uma maneira de você se orientar dentro dela. Do contrário, você fica muito eclético, duvidando da coisa, sem uma paixão real. É eclético, seletivo, comparar, escolher e criticar — tudo ego. Porque, quem faz a seleção? O ego. Acho que a psicologia do ego resulta desta abordagem eclética do aprender, em vez da abordagem da paixão. Você tem que ser um seguidor, um devoto do coração para ser salvo da psicologia do ego. Você tem que inclusive sofrer a vergonha de sua paixão. Então toda a minha alma estava naquilo, embarquei totalmente na coisa junguiana, e aos poucos minha alma começou a abandoná-la e eu comecei a abandoná-la — ao menos como discípulo.

L.P. *Quando você começou a deixá-la?*

J.H. Isto aconteceu bem mais tarde. A princípio eu era bastante junguiano. O Instituto era tudo para mim, e cheguei mesmo a me matricular na Universidade de Zurique por causa do Instituto. Aqui temos uma imagem: assinei meu nome nos registros da Universidade de Zurique e caí num tremendo suadouro, no corpo todo, como se tivesse adentrado o meu destino e escrito meu nome no Grande Livro — que na verdade não passava do registro de matrículas de uma universidade.

L.P. *Por que você se matriculou?*

J.H. Já tinha feito um mestrado em Dublin, mas aquilo, aquilo era como a vida de Evelyn Waugh, "Brideshead Revisited", uma bela mistura de literatura, filosofia, sociedade, garotas inglesas, poetas irlandeses, fantasia, bebida, aquilo era uma outra coisa. Era lindo. Lindo. Mas Zurique, a Universidade de Zurique, era austera... e ancestral. Meu avô materno nasceu na Alemanha Oriental, e eu podia sentir toda aquela seriedade voltando. Meu corpo começou a suar da cabeça aos pés —- ahhhhhhgh. Isto foi em novembro de 1953, cursei seis anos da Universidade e do Instituto. Tinha pacientes na clínica e escrevi uma dissertação — que foi meu primeiro livro, *Emotion* —, fiz tudo muito corretamente. Saí da Universidade com uma *summa cum laude*, apesar de ser um americano e a coisa toda ter sido em alemão. Consegui; mas nunca abri minha boca naquela Universidade, permanecia calado em todos os cursos. Era uma iniciação... atravessando o Mundo das Trevas... era inacreditável... não aprendi coisa nenhuma. Honestamente, não sei o que aprendi. Em Dublin, que era pura farra, aprendi muito.

L.P. *Era erótico. Parece que tinha sua* anima *com você ali.*

J.H. Isto deve nos dizer alguma coisa a respeito de estudar... você jamais deve se deixar levar pelo *senex* acadêmico. Em Zurique, assisti a palestras de Buber, Heidegger e Ludwig Binswanger, escutei até mesmo Anna Freud — mas nada ficou. Nada. Ainda posso ver a barba branca de Buber, o jeito que Heidegger movimentava suas costas falando em voz alta e a maneira como Binswanger parecia-se com meus parentes (meu lado materno, lá atrás, é Binswanger, então somos primos de sangue), mas nada ficou retido. Não sou um bom aluno. Nunca fui o discípulo de um mestre; não me remeto a nenhum professor ou mestre em particular.

L.P. *E no Instituto?*

J.H. Bem, ali foi diferente. Absorvi tudo. Objetivamente falando, academicamente falando, provavelmente era uma coisa de segunda, a maioria dos cursos, a maioria dos professores, mas havia uma loucura ali, um espírito, e eu absorvi cada palavra; adorava aquilo.

L.P. *E os casos que você atendeu durante seu treinamento no Instituto?*

J.H. Eu tinha casos de controle rotineiros, e lembro que os deuses pareciam ter-me favorecido principalmente com mulheres mais velhas, bem mais velhas. Uma havia estado numa prisão feminina durante a guerra; outra vinha de um família de suicidas — enforcavam-se, cortavam gargantas; uma outra era tão horrenda que ninguém na sua família jamais conversou com ela. Tive estes casos para começar; lá estava eu, Hans Castorp, "a delicada criança da vida", bem no meio de velhas da pesada, e isto me fazia tremer mais do que nunca sobre a coisa toda. Então, no meu treinamento tive alguns casos longos e difíceis. Ia para o Burghölzli e escutava as sessões matinais de diagnóstico; deram-me uma chave e eu podia trabalhar com pacientes das piores alas. Mais tarde, estava dando cursos sobre terapia, sendo examinador e treinando alunos. Daí... bem... chegou um momento em que, por volta de 1969-1971, parei de ser terapeuta, de fato parei completamente por mais ou menos um ano e meio. Tive uma reação física contra aquilo. Pensava que nada do que tinha feito de 55 a 69 era autêntico, que eu só tinha feito o que havia aprendido. Era como uma doença, uma doença física; quando qualquer um mencionava pacientes, todos o meu corpo se esquivava disso... e as pessoas diziam: "Olha, você não tem atendido ninguém; não acha que deveria se manter ativo?", mas eu pulava fora, como um cavalo. Não queria nada que tivesse relação com a análise. Não conseguia sentar em nenhuma das cadeiras. Sentia que só estava fazendo aquilo que tinham me ensinado, que tudo era falso, que tudo era sentimental, que era tudo personalista de algum modo, que eu estava manipulando, fazendo coisas que eu não tinha entendido. Eu me criticava completamente, como se cada pequeno pedacinho de meu trabalho analítico tivesse sido um erro. Certas imagens de sessões terapêuticas de dois, cinco, sete anos atrás voltavam e eu me sentia nauseado comigo mesmo ou com a terapia. Foi uma *crise de foi* e foi tremendamente importante. Extremamente. Percebi quão opressivo tinha sido fazer terapia, que carga, quanta culpa envolvida, como estava carregando as pessoas, como estava tentando curá-las, como eu era... ah, meu Deus! Daí, aos poucos, recomecei... claro, os julgamentos sobre o que vinha fazendo eram parte desta revolução interna. Não posso dizer que estava certo, não posso dizer que estava fazendo uma boa ou má terapia, e também não é este o ponto. O ponto está na emoção que eu sentia com relação à terapia, e a resistência, a dúvida. Olhando para trás posso ver que minha crise com a terapia aconteceu no mesmo momento em que meu primeiro casamento estava se desfazendo e o livro da re-visão da terapia estava se formando.

L.P. *Quando você recomeçou, qual era a diferença da sua experiencia prévia com terapia?*

J.H. Olhando agora, parece-me que um outro modelo estava se formando. Encontrei uma nova fantasia para a coisa. Sabe o que era? Era a síntese de, bem, de minha *biografia* — ah! eu me imaginava trabalhando em minha sala, como se fosse um estúdio de escultura, e qualquer um que quisesse trabalhar comigo no estúdio poderia vir e fazer esculturas de ferro comigo. Tudo bem, vou lhe mostrar como eu faço, vamos fazer juntos, vamos trabalhar nisto, soldar o ferro. Não era mais "Estou curando sua psique", "Sou seu analista", ou até mesmo "Eu interpreto ou aconselho", ou qualquer coisa relacionada com terapia. Terapia estava contida agora numa outra fantasia *fora* da terapia, vamos chamá-la de "fantasia de arte", de forma que a terapia não era mais literal. Somos duas pessoas trabalhando juntas no material psíquico, e este material não se trata de nossos sentimentos, nossa transferência, pra frente ou pra trás; porque identificar o material psíquico com sentimentos subjetivos é simplesmente má arte, não importa quão intensos eles possam ser. E má terapia, também, como estava começando a perceber. Em outras palavras, eu estava encontrando uma maneira de fazer terapia com uma fantasia de artista, a qual não literaliza nem arte nem terapia — nem o paciente —, a qual permitia até mais sentimentos porque eles não eram tão pegajosos, tão superestimados. Mas aquele modelo de terapeuta que carrega a alma do outro tão longe quanto a sua própria pode ir — uma das precauções de Jung — de guiar, de casos bem ou malsucedidos — todos estes modelos me pesavam tanto...

L.P. *E agora?*

J.H. Agora é simplesmente receber o material que vem e trabalhar com ele, e eu adoro isto. Não interessa se é a vida das pessoas, seus sonhos seus sentimentos ou seus sintomas — é tudo material psicológico, pedaços de ferro a serem esculpidos. A questão da responsabilidade caiu por terra, junto com a coisa de ficar me julgando e me forçando. Não é que eu não fique ansioso e preocupado quando as coisas caminham errado, ou quando as pessoas com quem estou trabalhando entram numa confusão, quando parece que nada está acontecendo. Claro, você se cansa, e há sessões ruins, períodos ruins — como em qualquer outro lugar. Claro, você é pego pelo que está acontecendo, mas a própria maneira de ser pego é diferente. É, de alguma forma, aproveitável, divertida. Digamos que a escultura está esculpindo mais do que eu. A psique está se fazendo. É uma mudança em direção ao cultivo da alma, como eu o chamei, trabalhar e modelar a coisa psicológica.

L.P. *Você parece ter sempre questionado a terapia.* Suicide and the Soul *e os ensaios de* O Mito da Análise*, também escritos nos anos 60, levantam questões fundamentais sobre a natureza da psicoterapia. Você começa o ensaio sobre Eros perguntando o que dá paternidade à psicoterapia, qual o seu princípio gerador e sua base mítica.*

J.H. É verdade. De fato, uma das minhas raivas com relação aos meus colegas é que eles parecem muito convencidos daquilo que fazem. Não parecem questionar o próprio ato da terapia. Ou, se levantam questões, acabam com afirmações sentimentais de crença, fé "no processo", na bondosa mão divina, no instinto ou no que quer que seja. Mas ainda assim, esta crise de 1969 a 1971 — aquilo foi mais do que simples questionamento. Estava em meu corpo: eu não podia continuar fazendo terapia. Estava muito envergonhado. Meu corpo não poderia fazê-lo.

L.P. *"Seu corpo não poderia fazê-lo" — este parece ser um fator determinante, como você mencionou suas doenças, seus medos. E mesmo assim, em seus escritos você não dá muito espaço para o corpo. Você escreve muito mais sobre fantasias, imagens míticas, sentimenos, e parece situar a psique na reflexão.*

J.H. Você não acha que escrever é uma espécie de ato terapêutico que serve para preencher vazios? Quero dizer, você não acha que nos impulsionamos em nossos escritos, como se eles fossem sermões pra nós mesmos, ou maneiras de satisfazer desejos? Escrevo sobre todo tipo de coisas — como a reflexão —, mas eu não necessariamente as *pratico*, embora possa desejar praticá-las ou pensar que deveria praticá-las. Escrever é uma forma de praticá-las. Na verdade, o corpo determina grande parte de minha vida de várias e diferentes maneiras. Os leitores de meus livros, os alunos, não sabem nada sobre isso. Eles perdem o animal. Todo o trabalho baseia-se no animal. Neste sentido, os livros são enganadores.

L.P. *Então talvez a entrevista tenha seu valor: ela pode corrigir noções fantasiosas, demasiadamente intelectuais, reflexivas sobre você e seu trabalho.*

J.H. Dar ao leitor o quadro "real"? Humm. Mas você não acha que qualquer um que leia os livros ou vá a uma palestra — supostamente coisas tão intelectuais — perceberia logo de cara que há um animal ali? A energia, o estilo, o fluxo, os saltos e vôos, quero dizer...

L.P. *...você quer dizer, não lê-lo literalmente, mas pegar o tom.*

J.H. Sim, e quero dizer também que reflexão, intelecto e fantasia não são opostos aos corpo, mas vão com ele e vêm dele. Vamos tentar escapar de uma oposição entre corpo e fantasia.

L.P. *O seu "Essay on Pan" é precisamente sobre essa relação. Mostra como a fantasia está sempre ocorrendo no comportamento e como o comportamento é sempre um tipo de fantasia.*

J.H. Veja, enquanto falamos, as palavras que estamos dizendo, de onde elas vêm? Elas não são refletidas: elas simplesmente aparecem, como um macaco se balança num galho, ou um carneiro passeia aqui e ali por um pouco de grama. A coisa toda começa com o animal. E este é o propósito instrutivo que eu gostaria de alcançar, é o que pretendo ao falar sobre mim mesmo. Não é a biografia: o que fiz, onde estive, como me senti, e tal. É a forma como se acredita no animal que leva a coisa toda adiante, inclusive esta entrevista. Nem você nem eu esperávamos falar sobre o veículo animal como dizem na Índia, mas aqui está — ele veio, e nada poderia ser mais importante para aquilo que sinto sobre eu mesmo do que este animal.

L.P. *E animais não têm biografia.*

J.H. Não, eles não têm que contar estórias. Eles simplesmente se mostram. São como imagens. Eles *são* imagens.

L.P. *Então sua razão para não ser biográfico — que você mencionou antes —, que não consegue produzir imagens da sua vida e que prefere simplesmente fazer seu trabalho, é porque você quer mostrar, ser o animal?*

J.H. Vamos encarar a coisa deste modo. Estas perguntas sobre minha vida na Marinha ou em Zurique: são mesmo sobre minha vida? Não estariam tentando chegar a alguma coisa além da biografia? Algo mais além da história dos eventos ou a revelação do caráter? Não estariam tentando conseguir algum saber, penetrar no mito? O que faz uma figura é este folclore. A geração *beat*, por exemplo, Kerouac; o seu folclore tornou-os mais do que eram na verdade. Não podemos nos livrar de Nixon, não há meio de esquecê-lo, por causa do folclore. Agora, pense em Gerald Ford — nenhum folclore. Já Freud e Jung estão e ainda hoje continuam cheios disso: por isso continuam muito vivos como figuras na imaginação. Continuamos aprendendo com eles, através deste saber. Sempre pensei que fazer o treinamento numa escola significaria aprender o seu saber. A fofoca é vital para o processo educativo: é como você assimila a *Lebensphilosophie*, é como se aprende de que maneira aquela tradição lida com a vida. Mas, se você é a figura-alvo da fofoca, o folclore irá torná-lo um tipo de figura mítica. Pode ser bom para a tradição, mas e pra você? Então devemos perguntar novamente: por que precisamos de biografias, afinal de contas? Quem as quer — que parte de nós precisa das biografias? Precisamos de imagens, figuras, como histórias tribais de heróis e lendas para que possamos viver nossas vidas mais... com mais visão, mais inspiração. Para que possamos sobreviver. Portanto, esta biografia não é sobre mim, aqui, sentado nesta cadeira, com você. É sobre a figura "James Hillman" — e quem é este, quem é ele? Ele é uma imagem, e então esta entrevista se propõe a criar, acrescentar, ou mesmo polir aquela imagem. Estamos desesperados por estas imagens, elas são fundamentais... mas não sou eu sentado aqui, é James Hillman, autor, que então a partir da entrevista se torna uma autoridade.

L.P. *Uma imagem fundamental parece assentar-se sobre uma pessoa humana, e assim esta pessoa humana torna-se um fundador, um pai fundador e o fundador de uma escola ou movimento, como a psicologia arquetípica. E ao redor desta imagem fundamental formam-se várias lendas e cultos ao herói.*

J.H. E também ódios e desejos de morte! Há também um aspecto paranóico nisto, você sabe, bem como um aspecto de inflação. Mas não sou eu quem faz isso. É da própria natureza da imagem fundamental pedir ornamentação, emoções; a imagem de um tipo de vida própria e é a isso que, em última análise, serve a biografia; é o propósito mítico, arquetípico. Sim, claro, a biografia possui em si história social e complexos pessoais, mas não é isto o que torna a biografia importante para a sobrevivência. É a presença da imagem fundamental — esta figura se apresentando, se expondo — como um animal, para voltar onde estávamos. É como ser um totem vivo, de modo que também há morte nele.

L.P. *Não existe nenhuma relação entre "você" aí sentado na poltrona falando agora e o James Hillman mítico? Na certa é precisamente sobre isto que é a biografia: esta relação.*

J.H. Esta questão é enorme. Tem a ver com quem se é em última instância. Não tenho a menor idéia. Tudo o que posso dizer é que esta entrevista, esta biografia, me coloca a serviço de um James Hillman. Este "eu" sente-se obrigado a sentar-se aqui todas as tardes durante toda a semana porque alguém quer um livro. E este James Hillman pode tornar-se um monstro e devorar minha vida: é por isso que não quero fotos em meus livros, é por isso que sou relaxado e não faço a barba, é por isso que tenho problemas com entrevistas e TV. Tenho medo do efeito do folclore. Tenho que admitir que quero ter o controle da minha vida e não deixá-la ser levada pela estória. Não é fácil tornar-se o menos mítico possível; isso faz você passar por herói, e aí você está perdido. Eu tenho medo que a psicologia arquetípica me reembolse em espécie — mito —, transformando-me em algo que ela precise. O "eu" está se protegendo deste maldito James Hillman. Não sei como levar esta imagem fundadora elegantemente...

L.P. *No entanto, ela deve ser levada. Imagens fundadoras são necessárias à cultura. Ajudam a sustentar seu espírito. Além disso, se estas imagens fundadoras são como os totens animais da cultura, será que você não tem alguma responsabilidade social ou cultural com relação à figura "James Hillman"? Seus serviços a ela vão além de seus interesses pessoais. Jung não escreveu sobre esta questão em sua discussão sobre a personalidade-mana, que a personalidade-mana preenche a necessidade de mana da cultura?*

J.H. Não me sinto como um portador de mana. Não tenho nenhuma — como posso chamar? — "misticalidade" especial. Simplesmente estou repleto de coisas comuns, chatas. Jogo beisebol. Cozinho. Gosto de ir ao supermercado. Leio o jornal. Telefono para minha mãe, para meu irmão. Será que um portador de mana, uma imagem fundadora, telefona para sua mãe? Afinal de contas, nasci em Atlantic City, que é puro *show*, fraude, transações esfarrapadas, casas de leilão e uma falsa importância. Crescemos acostumados a não nos deixarmos iludir! Lá, mana significa falso, brilho repentino. É por isso que me refiro tão obsessivamente ao trabalho, aos livros, e porque é própria atividade de escrever que você pode vislumbrar mana, ou melhor dizendo, o animal em ação. Preciso corrigir isto: quando digo escrever, na verdade quero dizer outras coisas também, como dar palestras, clinicar. Isto está onde quer que o animal esteja agindo inteiramente em sua imagem. Onde a imaginação está acontecendo. Sim, precisamos destas imagens de figuras fundadoras. A figura configura ou exemplifica a atividade arquetípica de escrever, ensinar ou curar. A figura permite que estas atividades aconteçam, mas não é a pessoa. Veja, não sou eu dentro de James Hillman, não é nem mesmo James Hillman; é a figura arquetípica do professor ou qualquer outra que permita que o ensinar ou qualquer outra coisa continue a acontecer. Temos que ter figuras, e acho que temos que ter biografias, para que a cultura possa prosseguir.

7 VELHO E NOVO — SENEX E PUER

L.P. *Lendo tudo que você escreveu raramente encontramos referência ao moderno: você dificilmente se refere a seus casos, e ao falar de cultura seus modelos sempre vêm da velha cultura clássica humanista. A cultura antiga tem maior peso. Por que?*

J.H. A cultura antiga tem um maior peso porque eu acho que ela é mais importante! Uma razão — você está procurando razões — é que vivendo na América eu vejo o perigo de conectar tudo ao que é imediatamente tópico. A América é uma imersão completa naquilo que está acontecendo; é uma cultura do Agora, Agora absoluto. Então, o envolvimento com o passado deveria ser encarado como um modo de cair fora do Agora, em vez de ficar fazendo comentários sociais sobre ele. É claro que este movimento já é em si uma crítica, porque na verdade você não pode sair de onde está. Não há nenhum outro lugar para se ir. A Renascença não é um outro lugar ou um outro tempo. É um jeito de estar no Agora, olhar para o Agora e falar sobre ele. Isto quer dizer que a minha crítica não tem que estar formulada na linguagem do Agora. O próprio fato de eu falar em termos históricos e míticos mostra minha crítica ao Agora. São panoramas da fantasia através dos quais você pode enxergar o Agora ou evitar que o fenômeno se perca no Agora.

L.P. *Então a razão pela qual você se transportou para a Renascença em seus últimos livros...*

J.H. ... é natural que numa cultura que esteja perdida, à deriva, eu tome a mesma atitude que outras pessoas tomaram em outras épocas: eles voltaram para trás. Na Renascença — e lá eles estavam perdidos também — eles voltaram para trás. É um passo dado por artistas, pensadores, por culturas, o movimento de retroceder de forma que se possa estar em algum lugar...

L.P. *Mais sólido? O passado melhor que o presente?*

J.H. Não, não sólido: mas a gente adquire um olho que foi treinado por este movimento, o movimento de voltar para trás...

L.P. *O olho do velho?*

J.H. É, o olho velho, a chamada do velho, e talvez seja o olho essencial. O negócio é ganhar essência, não tempo: é treinar o olho para ler e a mão para executar o movimento certo; e não simplesmente porque o olho é velho. Acho que chamá-lo de "velho" já é em si um preconceito do Agora. O Agora não é uma questão de tempo. O Agora é simplesmente o não-refletido, a perspectiva naturalista, a maneira como as coisas acontecem — o "esquecido", como dizem os fenomenologistas. "Agora" significa aqui, perto, aparência; portanto distância, profundidade e essência são dadas pelo velho. A consciência do Agora não compreende que o velho nada tem a ver com tempo. O velho não pertence ao *senex* de uma maneira estéril e empoeirada. Se você vê a Renascença como velha, você está na consciência do Agora. Eu não vejo a Renascença como velha, vejo a Renascença como tendo se preocupado com as mesmas coisas, porém mais essencialmente. Não vejo a tradição como histórica, vejo a tradição como contemporânea, como que informando o que fazemos, como sentimos. O que é que faz com que as pessoas ainda se interessem tanto por templos gregos, pirâmides, os bronzes de Riace ou as cavernas de Altamira? Não é a história: este é apenas o primeiro nível da coisa, as pessoas exclamando: "Ah, meu Deus, isto foi construído há quatro mil anos, não é incrível, eles conseguirem construir estas pirâmides sem equipamento moderno?". Este é o primeiro nível da reação. Mas depois deste primeiro impacto, que começa a quebrar o Agora, o nível e a qualidade se modificam e você começa a entrar em contato com algo essencial. O Essencial não significa necessariamente que deva ter estado ali por mil anos. Mas, de algum modo, estar num templo grego, ver as pirâmides, ou ver as inscrições nas paredes de uma caverna na Espanha evoca as imagens eternas e essenciais da alma. Não precisa ser aquela pirâmide de fato que eu estou vendo: este é o literalismo da coisa. Você está vendo as imagens antigas, as imagens arquetípicas, não simplesmente as próprias pirâmides: mas ver as pirâmides evoca o sentido arquetípico de que lá estão imagens eternas, as quais lhe dão um sentido de essência.

L.P. *O que você quer dizer exatamente com imagens eternas, imagens arquetípicas?*

J.H. Aquilo que nos faz capaz de estar em contato com o que nos é dado, as formas de reconhecimento, as bases nas quais se fundamenta meu conhecimento, tudo aquilo que sinto como certo ou aquilo que sinto não ter nada a ver, o fazer certo ou fazer errado; os corpos que governam minha imaginação — essas são as imagens essenciais. E são essencialmente humanas; são elas que me fazem humano e aprofundam minha compaixão pela história humana, permitem-me compreender as coisas e encontrar nelas um caminho além dos limites da minha experiência pessoal. Veja que abrindo-se a imaginação essencial expande-se também nossa compaixão.

L.P. *Esta também é a velha discussão dos humanistas: a crença de que a cultura amplia o coração e o torna mais sensível, mais "humano".*

J.H. É assim que eu entendo moralidade também. Se você não tiver esses corpos que governam a imaginação, se não houver aquele sentido arquetípico, eterno no meio do Agora, então você não tem a menor idéia para onde está indo, em que estrutura você está, e sua resposta animal está desligada. Instinto. Jung dizia que instinto e imagem são a mesma coisa. Quando você perde aquele sentido das imagens essenciais, seu instinto está desligado e você constrói edifícios horrorosos, come demais, torna-se obeso. Toda sua estrutura fica desorientada. Você se torna imoral. Quero dizer, irrelevante, sem instinto nenhum, como que anestesiado. Retorno sempre, e cada vez mais a lugares antigos, não porque é lá que a essência *está*, mas porque isto evoca o *sentido* de essência. Definitivamente eu não quero dizer que você "precisa conhecer história": não é a história, mas o sentido de essência, o qual desliteraliza a história. Isto é muito importante porque a história se torna uma carga muito pesada quando encarada como uma coisa *senex*...

L.P. *Mata tudo...*

J.H. Perfeito, mata tudo. A história não é nada em si mesma — apenas uma estátua num parque para os pombos. Ela só é válida como uma avenida para enxergarmos o Agora em perspectiva. Você não pode ver de perto; fica tudo chapado. Você não tem que *tornar* a história relevante, porque uma vez que você tem um sentido histórico, ele dá relevância e separa a trivialidade através da perspectiva.

L.P. *"Perspectiva" está sempre aparecendo em seus escritos. Você fala dos deuses como perspectivas e que os mitos nos oferecem perspectivas, de modo que possamos enxergar os eventos de maneiras* *diferentes. Você poderia falar mais sobre esta noção de "perspectiva"?*

J.H. Eu gostaria de abordar o assunto nos termos em que venho pensando recentemente. Velho e novo, ou aquilo que a gente vem chamando de essência e Agora, podem ser vistos em termos de figura e fundo, como na Gestalt. Qualquer coisa na qual você se foca torna-se uma figura, ou seja, torna-se realmente *visto*, se houver um fundo. Por exemplo, um evento qualquer que esteja nos obcecando, algum item do Agora — algum sintoma, algum tópico do jornal, alguma discussão em psicologia como narcisismo — é imediato, extremamente próximo e literal. Mas, no momento em que trazemos a Renascença, o Egito ou o mito grego, no momento em que introduzimos uma frase de Shakespeare ou Keats, então o enxergamos como figura. Está ligado a um fundo; pode ressoar. Ainda está muito próximo e desfocado, mas, de repente, tornou-se relativizado; por ter um fundo, é *apenas* figura. O Agora se torna apenas agora e não toda a Gestalt. Torna-se uma imagem e não apenas um evento. A mesma coisa acontece com os casos. São somente casos; são pessoas extremamente reais e literais com problemas reais até que ganhemos uma perspectiva essencial, algum fundo, uma fantasia arquetípica, se você quiser. Então os casos se tornam imagens. Mas, cuidado aqui, não imagens *dos* mitos arquetípicos ou das fantasias — isto seria uma discussão platônica —, mas imagens como figuras porque existe um fundo. A História é um modo de se fazer uma gestalt: referências históricas, figuras do passado libertam o evento-figura de continuar preso somente àquilo que ele diz que é.

L.P. *Mas isto é também um* topos *retórico, o passado como um topos que torna sublime tudo aquilo de que falamos, enquanto que o presente é usado como uma maneira de trivializar a dicussão...*

J.H. Este é sem dúvida o *senex* — a perspectiva de Saturno, as velhas sabedorias estabelecidas: o passado aprofunda, dá maior validade, torna-se uma prova. Você sabe, este é um jeito clássico, latino de se provar algo: "A verdade resiste ao teste do tempo". Mas se você está no pólo oposto deste modo de consciência *senex*, se está no arquétipo da criança, se um *puer*, um mito jovial está dominando, o que acontece freqüentemente quando você tem catorze anos, ou mesmo quando você é muito mais velho, você descarta qualquer referência ao passado como fora de cogitação. História e tempo arruinariam completamente sua posição. O *puer* nunca aprende com tempo e repetição: ele resiste ao desenvolvimento e é sempre único. Nenhum precedente, nenhum passado — assim lhe parece ser. Uma cultura dentro deste arquétipo, como a nossa, não pode se safar de estar radicalmente contra o passado, contra aquilo que já aconteceu e que, portanto, não é único. Isto aparece em todos os aspectos da cultura. Por exemplo, qualquer livro básico americano de sociologia, psicologia, antropologia e até mesmo história não pode ter mais do que três anos ou será catalogado... três anos e o livro tem que ser revisto. Revisão instantânea! Só o mais recente é válido.

L.P. *Quando você introduziu a idéia do "re-visar" você não se referia nem a atualizar nem a modernizar. Você na verdade se referia a olhar novamente, ganhar uma nova visão baseada no retornar. O seu livro* Re-visioning Psychology *é uma psicologia nova ou velha?*

J.H. Por que fazer esta pergunta? Que diferença faz? Isto nos mantém paralisados no *puer-senex*: novo ou velho. O principal é reconhecer que o realmente novo não é o Agora. É mais como re-novar. O que importa é a pequena sílaba "re" — é a sílaba mais importante na psicologia: relembrar, retornar, rever, refletir...

L.P. *... reconhecimento, que é um conhecimento que vem daquilo que já está na alma e na cultura.*

J.H. Sim, a resposta. Uma resposta ao que se apresenta.

L.P. *Reagir...*

J.H. Sim, re-agir, tanto repetindo como respondendo...

L.P. *Repetição então seria uma forma de "retornar".*

J.H. Estas são palavras importantes — inclusive arrependimento e remorso —, palavras religiosas.

L.P. *Re-ligião, a própria palavra tem sido explicada como unir ou religar...*

J.H. ... ou conectar novamente. De todos estes "re", respeito talvez seja a mais importante, e quer dizer olhar novamente. Sabia disto? Isto é tudo o que a psicologia faz a coisa toda numa só palavra. Isto é o que nossos sonhos e lembranças fazem: levam-nos a ter respeito por nós mesmos — não *ins*pecionar com culpa — Mas re-olhar o que aconteceu ontem, o que aconteceu na infância, e respeitá-lo. Olhamos de novo para aquilo que estava esquecido ou reprimido, olhamos até para os mecanismos do esquecimento e da repressão, e ganhamos um novo respeito por aquilo que olhos novamente — quer seja em nós mesmos ou na cultura. Mas para conseguir isto, você deve deixar que a coisa aconteça e não tentar atualizar, renovar. O simples fato de olhar novamente, o respeito renova. O processo de atualização liquida a história; nada em nossa cultura é mais odiado e reprimido do que o velho. Há um medo desesperado do *senex*, como se ele fosse Velho George, o Terceiro — *senex* tornado ogro. Mas o *senex* é também o velho sábio, a velha baleia, o velho primata. E se você se fixar somente no novo e no futuro, só terá passarinhos ou mosquitos: nenhuma baleia, nenhum primata. Ainda somos todos positivistas; acreditamos que só seguimos adiante quando nos voltamos contra o passado, enquanto que no Renascimento nós seguimos adiante ao olhar para trás — esta era uma máxima favorita. Como também *Philosophia duce regredimur...*

L.P. *Você não está fazendo exatamente o que acabei de dizer: usando o* topos *retórico do passado, ou digamos, o* senex, *para enobrecer o velho?*

J.H. Claro! O *puer* poderia aparecer e dizer: referências históricas à Renascença matam a discussão enquanto que referência à *Guerra nas Estrelas* torna-a vívida, relevante, imediata. Isto nos ensina que sempre estamos num ou noutro estilo de retórica arquetípico. Você não pode abrir a boca sem uma perspectiva arquetípica falando através de você. A retórica não significa simplesmente a arte ou o sistema da discussão persuasiva; por retórica quero dizer que todo o discurso é retórico pelo fato de que todo arquétipo tem o seu próprio modo retórico, a sua maneira de persuadi-lo.

L.P. *De novo, a Renascença, especialmente a Renascença italiana... Por quê?*

J.H. Não falo da Renascença como um "filólogo" ou como qualquer pessoa instruída sobre cultura... Não me vejo de maneira nenhuma como um *scholar* da Grécia, da Renascença ou de história. Não me vejo como um historiador, mas sinto que estes materiais são nossas raízes, nossas raízes históricas ocidentais, e que se mantiveram trancadas pelos acadêmicos, guardadas nas universidades, nos museus, de forma que nós cidadãos, eu e você, tivemos nossas raízes cortadas pelos acadêmicos que clamam a ser as pessoas instruídas que têm cultura, mas que na verdade nos excluem da cultura porque eles a tornaram uma reserva acadêmica. Você tem que atravessar décadas de lavagem cerebral escolar para poder pensar sobre a Renascença. É preciso estar aberta de novo para o cidadão a possibilidade de recuperar sua própria cultura... Vivemos numa terrível cisão. Talvez a Renascença também, mas eles tinham máximas para curar a cisão, como *glória duplex*, manter a consciência da dualidade. O perigo está em separar o *duplex* em apenas *senex* ou apenas *puer*. Exclusivo. Um voltado contra o outro. Tivemos um *puer* unilateral nos anos sessenta, e agora aquele estilo caótico de destruição está dando vazão a um estilo programado de destruição *senex* — repressão política, armamentos, CIA — em nome da economia e da segurança, que são ideais *senex*. Se *gloria duplex* soa muito antiquado, muito italiano para você, então que tal nossa pequena sílaba "ré"? Ela pega o velho e dá uma torção *puer*. Ela traz coisas de volta e as vira de cabeça para baixo ao mesmo tempo.

L.P. *De que outra maneira você pode pensar na re-união de* senex *e* puer*?*

J.H. Acho que primeiro temos que tomar cuidado com qualquer simplificação. Simplificações já são parte da retória de um outro lado da cisão. *Gloria duplex* implica respostas complicadas, não uma série de respostas avulsas alinhadas como cenários alternativos. Uma fileira de alternativas não é o que quero dizer por *poli*, que é sempre complexo. A Renascença, como descreve Edgar Wind, por exemplo, falava de *complicatio* em vez de *explanatio* ou *simplicitas*. Quando nós complicamos da maneira certa começamos a forçar a imaginação a funcionar. Simplificação paralisa imaginação... À medida que imaginamos o mundo, à medida que imaginamos nossos problemas históricos, eles começam a ser interiorizados, começam a ser psicológicos. Mas não somos nós que fazemos estas complicações — é a psique, a *anima*. É isto que a *anima* faz — mistura as coisas, borra os limites. Ela torna as coisas enroscadas, enlaçadas — não é isto que quer dizer "plicado", enlaçado, envolvido? O princípio de uma reunião *puer-senex* implica em deixar que a *anima* chegue aos dois lados, deixar que o *senex* ressecado sinta a alma novamente, um pouquinho de umidade, de fantasias ciganas, e deixar que o *puer* aéreo, inflamado, sinta-se inferior, melancólico e confuso. Um pouco solitário, marginalizado e incompreendido como o *senex*. É tão difícil a gente se conscientizar de que os grandes problemas patológicos podem ter soluções tortas, patológicas. A única diferença entre o terrível velho almirante e a velha baleia sábia é esta conexão da *anima*.

L.P. *Então há uma grande diferença entre sua devoção ao velho como um modo de atribuir valor e essência e simplesmente estar preso ao* senex *como conservador ou patriarca — a tradição glorificada pela própria tradição e usada para sumprimir o jovem.*

J.H. Para mim, a tarefa mais importante é manter contato com o *senex* em todas as suas facetas. O *senex* entra quando você está distraído — não somente na depressão e na crueldade. É muito fácil ficar inconsciente do *senex* como um fator *psicológico* porque ele tende a concretizar sua perspectiva como "real", "dura" e "presente"... economia, por exemplo, Saturno é fixado em literalismos e abstrações materializadas.

L.P. *Isto está me parecendo novamente aquela falta de preocupação com o mundo concreto e suas leis, tão comum entre os junguianos...*

J.H. Não é o *senex* falando, bem aí, na sua frase? Não estou de forma alguma despreocupado com o mundo concreto, o mundo da matéria, muito pelo contrário! Escrevo sobre todo tipo de questões materiais, até química, transporte urbano e os edifícios do centro da cidade. Mas uma *visão* específica da matéria — chame-a científica, econômica, sociológica — está lentamente matando nossa civilização. Ou, então, vai matar rapidamente ao limitar o *puer* à sua unilateralidade exclusiva... então o *puer* vai reagir e matar a visão de mundo do *senex* rapidamente, anarquicamente, o fogo do apocalipse. Então, a tarefa da psicologia é manter o *senex* sempre num contexto psicológico, para evitar que Saturno se torne paranóico, anti-social, que são potenciais de sua natureza. É por isto que luto tanto contra o monoteísmo: vejo Saturno nele, sua perigosa "unicidade de visão". Esta cegueira e intolerância do *senex* poderia varrer-nos do mapa. Por cegueira entendo especificamente a concretude sem alma.

L.P. *O modo como você encara o mundo material — mesmo que seja concreto, não é desalmado. Não é isto o que você quer dizer quando pede um proximidade concreta, pede instinto e atenção instintiva ao mundo real e material?*

J.H. Exatamente! Eu me aproximo do mundo via *anima mundi*, como um mundo *almado*. O *senex*, como falávamos agora há pouco, está *literalmente* fixado no concreto — economia, poder político, energia, o que seja —, sem nenhum tom anímico, psicológico. O mundo para o *senex*, como já dissemos, não é uma expressão da alma; tem uma valência oposta à alma. E este concretismo desalmado domina, tanto o projeto da bomba de nêutrons como a atitude terrorista, e isto mostra que eles partilham a mesma realidade arquetípica, a mesma insanidade. Ambos acreditam que o que existe de mais real são as estruturas externas e físicas. Concretismo desalmado. Acredito que o que há de mais real são as estruturas da consciência, da imaginação, de forma que quando as idéias se movimentam, quando a mente se movimenta, quando as imagens se movem, as outras coisas também se movem. Ao atacar e defender as mesmas estruturas institucionais e concretas, ambos os lados reforçam o próprio conflito. Os Velhos Militares e as Brigadas Vermelhas reforçam-se uns aos outros e não preservam coisa alguma nem renovam nada. A alma não é realmente tocada, portanto nada se move. A visão anárquica, terrorista, é a meu ver completamente ultrapassada, uma visão de realidade do começo do século XIX com a qual não podemos nos iludir e a qual devemos abandonar — pré-psicológica, pré-metafórica, pré-fenomenológica. Por um outro lado, a psicanálise precisa de mais dissidentes, mais ainda do que Laing e o movimento da antipsiquiatria; precisa de seus próprios "terroristas da alma" no sentido de radicalmente não nos deixarmos iludir por seus investimentos fixos na profissão — seus bancos, seguros, fóruns, palácios de burocracia —, de modo a devolvermos a alma ao mundo.

L.P. *Isto soa messiânico, como a retórica do "puer" novamente.*

J.H. Por que não? — pelo menos por um momento! Isto não mostra exatamente a maneira como o *puer* irrompe quando se está fantasiando sobre o velho? Os arquétipos do novo e do velho não podem realmente se separar. Parece-me melhor focalizar cuidadosa dolorosamente no velho e deixar que o *puer* apareça espontaneamente como ele acabou de fazer aqui para nós, ao invés de focalizar tão literalmente no novo, que o *senex* o absorva e o torne concreto e desalmado dentro dos mesmos velhos padrões ressecados.

L.P. *Este tópico do velho e do novo, da velhice e da juventude, é tão velho em si, um topos tão básico na literatura, e que se repete na psicanálise em Édipo e em* Totem e Tabu, *os pais* versus *os filhos; e ainda assim é sempre novo. Expressá-lo em latim deliberadamente o mantém velho, e em nossa cultura lhe dá um novo som. Podemos ouvir ou ver as questões diferentemente. Conflitos de geração, renovação da civilização, conservadorismo* versus *radicalismo — até mesmo discussões sobre estilo na arte, arquitetura e literatura — podem ser concebidos dentro deste par arquetípico e pensados de forma a iluminar o conflito, tornando-o mais psicológico, em vez de simplesmente continuar do mesmo modo antigo que sempre nós é apresentado como um novo caminho.*

J.H. Iluminar os conflitos não significa nada além de torná-lo psicolaógicos, lembrando que os dois, *senex* e *puer*, devem aparecer juntos. Vocês não pode ter um sem que o outro esteja por perto.

L.P. *Os próprios termos,* senex *e* puer, *ilustram muito bem aquilo de que estivemos falando: a importância de voltar à Renascença italiana, a qual ao mesmo tempo traz algo de novo para a psicologia.*

8 ATRAVESSAR O RIO EM DIREÇÃO ÀS RUAS

L.P. *Nós estávamos falando de continuidade, tradição e cultura como coisas essenciais à psicologia. Desta forma, você coloca o problema da psicologia no tempo. De que maneira o tempo altera as condições da psicanálise, da terapia?*

J.H. Em minha própria vida a terapia extremamente importante; foi provavelmente pelo fato de eu ter feito terapia, anos de análise, que me tornei, suponho, um psicólogo, porque senti em minha própria carne o sentido de ser patológico. Não estou certo de que isto aconteça da mesma forma nos anos 80. Me pergunto se a consciência não se movimentou de forma que o patologizar, o sentido que se tem de sua própria sombra, não está mais construído sem que se precise ir para terapia. Antes de 1910-1914, terapia não era crucial. As pessoas se tornavam analistas sem análises longas e pesadas. O que contava então era mudança de consciência aliada à perspectiva da visão freudiana.

L.P. *Análise pode ser necessária para cada geração por diferentes razões. Nem sempre podemos ver a razões. Elas são inconscientes. Mas há sempre uma inconsciência em cada geração e esta inconsciência é a "razão" para a análise, mesmo hoje.*

J.H. Estou tentando imaginar que houve uma nova mudança de consciência, de forma que — através da crise — aquela infinita e extensiva terapia que era básica ao treinamento dos freudianos e junguianos no princípio, e até no meu tempo, não é mais igual. Pessoas que estiveram em análise por cinco anos, hoje em dia não são necessariamente mais psicologicamente aguçadas do que algumas pessoas que nunca estiveram em análise. Este é um troço chato de dizer, mas tenho que admiti-lo. Será porque hoje em dia as pessoas são psicologicamente mais aguçadas ou será porque a terapia está retrógrada e boba, conservando velhos truques que não mais aguçam as pessoas, mas as ridicularizam? (Eu certamente pareço antianalítico, não é?)

L.P. *Você disse antes que gosta de fazer análise, ainda assim você continua falando contra ela. Será que você não percebe que outros podem gostar dela como você?*

J.H. Sim, claro — *gostar* dela; mas não pense que ela é tão útil como antigamente se pensava, e não a prescreva para todo mundo. Como você diz, a inconsciência está diferente, portanto a análise não é mais tão útil para centrar-se, para a introversão e para a autorealização — todo aquele subjetivismo que antes era tão crucial. Isto está disponível em qualquer *workshop* de respiração profunda. Assim como interpretação de sonhos. Ou o trabalho corporal. Ou mesmo a descoberta da ''porção mulher''. O reprimido não é mais como era, e não está mais onde estava.

L.P. *O que é o reprimido hoje? Onde ele está?*

J.H. Está escondido em público; disfarçado, como o diabo sempre está, vestido em trajes simples, nas ruas. Nos tempos de Freud, sentiase a opressão na família, em situações sexuais, em nossos loucos sintomas de conversão histérica e onde nos sentíamos oprimidos estava o reprimido. Onde sentimos esta densa opressão hoje em dia? Nas instituições — hospitais, universidades, nos negócios, nos prédios públicos, no preenchimento de formulários, no tráfego...

L.P. *E nas relações pessoais?*

J.H. Bem... realmente? Será que não sabemos mais sobre elas? — como brigar, como fazer amor, como terminar e como recomeçar? Agora estamos muito psicológicos com o lado pessoal da vida. Hoje em dia o pessoal, a dimensão interior, é de domínio público. Está nos filmes. Há muitos filmes feitos por pessoas que nunca estiveram em análise e que têm uma acuidade psicológica muito grande, onde posso aprender muito sobre psicologia. Há estudantes, garotos, com quem aprendo e que têm uma acuidade que eu não tenho, mesmo depois de anos e anos de psicologia. O *Zeitgeist* é diferente. Minha geração teve que passar por intensiva terapia para sair da ignorância, para quebrar o ego naturalista que tínhamos, o qual era préfenomenológico, pré-metafórico, ainda preso nas estruturas de narrativa do século XIX.

L.P. *Como essas estruturas de narrativa do século XIX afetam a psicoterapia?*

J.H. Você sabe: uma estória de vida, do começo ao fim com uma figura central, *eu*. Isto tudo está destruído agora. O herói já era.

L.P. *De que maneira seus estudantes são mais perspicazes do que você e sua geração?*

J.H. Numa coisa: eles estáo mais conectados — o que quer que isso signifique. A sociedade levou trinta anos descobrindo sentimento e toque; assim, para eles, é mais fácil o sentimento e o toque. Estão mais conscientes a respeito das influências familiares. Nossa geração estava imersa nessas influências. De qualquer maneira, a psicanálise tem que ter produzido alguma conscientização depois de todos estes anos. As músicas são diferentes — com melhores imagens e metáforas. Drogas. Eles se movimentam mais facilmente por entre os diferentes níveis de consciência. Na verdade, eles nem mesmo usam o modelo de "níveis de consciência"; são espaços psíquicos diferentes, lugares diferentes, muitos lugares. A própria noção de psique mudou: mais aberta, mais politeísta... Bem, não sou um perito em consciência pós-moderna...

L.P. *Nenhuma sombra?*

J.H. Do tamanho de um mamute, imensa e em toda parte! Psicopatia. Não estamos mais numa era de ansiedade, histeria, ou até de esquizofrenia. Gostaria que estivéssemos numa era de depressão e eu pudesse trabalhar com ela. Como diz Adolf Guggenbühl, hoje tudo é uma psicopatia invisível, bem-sucedida, bem adaptada e você não pode vê-la... As pessoas simplesmente fazem, o que quer que seja. Agora eu vivo no Texas. As pessoas lá não se preocupam, as pessoas não têm inibições judaico-vienenses, não se desintegram num esquizofrênico *Zerfahrenheit*: elas estão aí no mundo e inclusive fazem dinheiro. Matam seus pais, matam seus filhos, estupram, bebem — toda a família bebe! —, dirigem o carro e bebem, tomam esta ou aquela droga, e compram, compram, compram, mudam rosto, levantam seios! compre algum cabelo! diferentes cabelos para diferentes ocasiões. Ponha um coração novo! Se você se cansar, de alguma coisa mude-se, venda ou arruíne-se. Divorcie-se! Se quiser, case-se. Travestis, transexuais, trans-o-que-quiser. Eu escolho: transcender. Há algo de religioso no fundo que as faz transcender a todas as suas condições. E este impulso acaba dando em sucesso econômico.

L.P. *Você parece horrorizado.*

J.H. Bem, estou, porque não há narcisismo nisto tudo, nenhuma reflexão e nenhuma memória. Nenhuma memória! Ninguém permanece no vale. As pessoas dizem que no Texas não há montanhas, é tudo plano. Mas os texanos têm seu imenso céu. O que está faltando são os vales, como na Suíça, ou as ruas escuras de Viena. O país da alma. A depressão, fechar-se com seus próprios demônios. Você sabe que quando se usa a palavra ''desenvolvimento'' em Dallas, ela significa propriedade, desenvolvimento das terras? Não quer dizer a mesma coisa que em Nova York ou Califórnia: desenvolvimento interno, psicológico, junguiano. Ao mesmo tempo isto é tudo sustentado pela igreja. É fundamentalista. Você vê para onde estou me dirigindo? O comportamento psicopata é fundamentalista: toma as fantasias literalmente e confunde o literal com o concreto. É exatamente isto que as igrejas fundamentalistas sustentam: se seu braço ofende a Deus, corte-o; se seu nariz ofende a Deus, endireite-o; olhar para uma mulher com desejo é a mesma coisa que realizá-lo; fazer alguma coisa na psique ou nas ruas torna-se idêntico. Se lhe dizem encolha a barriga, as pessoas vão e fazem lipoaspiração. Se você precisa ''levantar os ânimos'', você vai lá e levanta a sua cara, faz uma cirurgia plástica. As metáforas se tornam extremamente concretas. Isto tudo é a consciência pré-moderna, ou concretismo psicótico! O exterior determina o interior. Quando eles estão discutindo um novo edifício em Dallas — e eles estão subindo as construções cada vez mais alto, mais depressa e em maior número do que em qualquer outro lugar na América —, eles discutem a parte externa, seu visual, de que vai ser revestido, como se nunca alguém fosse entrar neste edifício. A vida vista da janela de um carro. Acho que é assim que as pessoas se vêem também. A dimensão interior é, então, ou o terror da depravação moral, ou um Muzak monótono de onde espocam momentos de sentimento ou alguma boa idéia de como fazer dinheiro. Essa concentração no exterior, como já disse, traz uma recompensa econômica.

L.P. *Texas deve ser um caso especial, e a maneira como você o vê mais especial ainda.*

J.H. E que tal a fascinação que o mundo inteiro tem pelo Texas? Será que isto não mostra um mundo tornando-se texano, similarmente psicopata? A assustadoramente empresarial, a economia no lugar dos valores — como o meu amigo Robert Sardello diz, eficiência em custo quer dizer o máximo de lucro com o mínimo de investimento: bem, isto é psicopata, uma deficiência moral e uma maneira de se livrar do assunto. O que está perdido é a interiorização, a sensibilidade e os desejos animais reais.

L.P. *Ainda assim, você vive lá. Por que?*

J.H. Por que? Eu nunca sei o "porquê" de coisa nenhuma. Por que? é uma péssima pergunta.

L.P. *Por que?*

J.H. Ah! Bom, porque sim — ah! ah! —, porque eu gosto de lá. Você vê, esta é uma resposta psicopata: faça o que você gosta, o que você quiser, com quem você quiser. Não, falando sério, lá temos bons amigos e é muito bom trabalhar lá. Dallas está aberta em aspectos que em Zurique estão fechados. Claro, estando aqui na Europa fica difícil enxergar as vantagens deste tipo de cidade; sim, parece psicopata, claro. Mas lá há uma lentidão, uma cordialidade — por exemplo, vivemos num bairro negro, antigo, onde as pessoas conversam muito. Tudo acontece nas varandas e nas ruas: telefone, música, visitas, gritos. Muita depressão, também. E há muita cortesia lá, aquele jeito de brincar e de caminhar no calor. Eu pego todos os tipos de imagens de meus vizinhos, todos os tipos de emoção. Você sabe que foram os negros que trouxeram a palavra "alma" de volta ao nosso vocabulário? Então há uma boa razão para eu gostar de viver em Dallas, mas a verdadeira pergunta não é por que, é *quem* gosta de Dallas?

L.P. *Bem, então, quem?*

J.H. O missionário gosta, porque há um deserto lá — à parte aquilo que eu disse sobre os negros da vizinhança —, é um lugar estéril e vazio de alma, então você pode se sentir em Las Casas, ao norte do México. Este deserto cultural estimula o missionário em mim, ou será o forasteiro, que gosta de estar em lugares impossíveis? Afinal de contas, Zurique era um lugar impossível para um garoto de Atlantic City: todas aquelas rochas e raízes suíças. Atlantic City não tem uma única árvore nascida naturalmente. É um bar de praia, o lugar onde nasci. A cidade toda é um *opus contra naturam*.

L.P. *Quem mais gosta de viver em Dallas?*

J.H. O psicólogo. Eu gostava de Zurique, porque tudo era tão intensamente psicológico — todo mundo era. Em Dallas é o contrário — digamos, ninguém é... daquele jeito neurótico, interior; claro, são psicológicos de outras formas, como nos negócios e na política. Estes dois lugares extremos, Zurique e Dallas, têm muito a oferecer ão psicólogo: Dallas é *a* cidade moderna, *o* desafio cultural para a psicologia. Você sabe, Dallas é um centro de moda. As síndromes aparecem como as modas, e são exibidas nas ruas: a psicopatia, o vácuo cultural, o fundamentalismo cristão ou o fanatismo, o culto à economia, à vaidade, gastar uma fortuna com o corpo físico, o corpo exterior, e, além disso, a mente tecnológica. Um exemplo perfeito disso é o *jogging* nas ruas com fones de ouvido — o corpo adaptado a uma mente eletrônica, não mais um animal ou nem mesmo um caçador, mas um equipamento muito fino e caro. Você tem que imaginar Dallas como a Viena de cem anos atrás, onde neurose, histeria, fantasias sexuais e repressão familiar apareciam por toda parte. Dallas é o lugar ideal para se estar imerso na síndrome do seu tempo, a qual eu estou chamando de psicopatia ou de concretismo psicótico. Esta comparação entre Dallas e Viena, esta idéia do desafio cultural significa que o herói cultural está falando agora: ele é o "quem". Você pode perceber como Dallas dá às idéias com as quais estou trabalhando uma base real nas síndromes. Talvez venha a existir uma Escola de Dallas, da mesma forma como a Escola de Zurique surgiu da esquizofrenia e a Escola de Viena surgiu da histeria.

L.P. *Eu queria ficar um pouco com o seu jeito de responder a questão sobre "por que" e "quem" porque este é um aspecto básico do seu livro* Re-Visioning Psychology. *Você escreve:* Por que *nos leva a explicações ou objetivos... quem "dissolve a identificação com uma das muitas vozes insistentes que nos preenchem com idéias e emoções... em última análise, o* quem *refere-se a uma figura arquetípica". Você apresentou muitos* quem *com os quais você poderia se identificar: o herói cultural, o forasteiro, o missionário, o psicólogo, então você diria que eles são a razão para você estar em Dallas?*

J.H. Eu diria que esses *quem*... e provavelmente há muitos outros... dão-me *razões* para eu estar em Dallas. Se você persegue a pergunta *por que* em vez de *quem*, ela o tira do aqui. *Por que* encaminha em direção ao tempo. Encaminha para o antes e o depois, causas — "é por isso que eu mudei para Dallas, *por causa* disto". Ou direciona para razões, para finalidades, *telos*: eu me mudei "a fim de". Isto nos mantém numa fala narrativa, respondendo a partir do "eu": "*Eu* me mudei porque *eu*...". Torna-se introspectivo, torna-se moral, uma justificativa para defender a razão pela qual me mudei para Dallas. *Quem*, por outro lado, é uma resposta da fantasia. Ela se abre para a fantasia. Ela permite que as criaturinhas apareçam e dêem seu recado. O herói cultural, o forasteiro, a fantasia do missionário. Ela cinde o "eu", ou simplesmente ignora o "eu" ao dar tantas respostas diferentes, algumas das quais surpreendem muito o "eu". Torna a resposta mais rica e mais psicológica porque contém uma auto-reflexão sobre as diferentes perspectivas que acontecem na minha cabeça e na mudança para Dallas. É uma mudança do monoteísmo para o politeísmo — não a mudança para Dallas! Céus, não *aquela* mudança — a mudança do *por que* para o *quem*.

L.P. *O que você acabou de dizer, o que você acabou de fazer comigo e com a pergunta do* por que *parece ser um ensinamento.*

J.H. Ensinamento, porém não "um ensinamento". Não há conteúdo — quero dizer, eu não lhe ensinei *coisa* nenhuma, nenhum assunto. Nada relevante para a escola. É só uma forma de lidar com uma questão.

L.P. *Estávamos falando sobre a sua fantasia da Escola de Dallas, a qual seria uma psicologia profunda do mundo exterior, da cultura. Seus colegas de lá a chamam de "psicologia cultural".*

J.H. Começa com Freud. Ele viu que o problema estava na civilização. Jung também viu: o demoníaco, o psicótico está na consciência coletiva. Mas eles não tinham como trabalhar com isto, porque ainda estavam presos na antiga idéia da subjetividade, e da terapia da subjetividade. Eles pararam cedo. Quero dizer que a idéia analítica básica sempre foi a de que você deve começar com o indivíduo para chegar à civilização. Só mudando a consciência do indivíduo é que você poderá atingir a doença da civilização. Se você quer uma medicina melhor, ponha os médicos em análise, se quer melhores edifícios, ponha os arquitetos em análise. Sempre começa com os indivíduos: isto é um dogma, tanto freudiano quando junguiano. Agora, de maneira nenhuma eu acho que seja suficiente trabalhar com você mesmo, individualmente, ou com seus relacionamentos. Se o lugar onde você mora e trabalha é disforme, construído com material de segunda, tecidos sintéticos, um ar envenenado, onde os íons fluem de maneira errada, se os lençóis e travesseiros onde você dorme são feitos de material petroquímico para evitar serem passados a ferro — e não para preservar o sono! —, se a comida é adulterada, a linguagem que você usa é degradada e os sons em sua maioria são barulhos... o mundo inteiro está doente... e você não pode consertar isto com um bom diálogo terapêutico ou encontrando significados mais profundos. Não tem mais nada a ver com significado; tem a ver com sobrevivência.

L.P. *Fale mais sobre isto. É extremamente importante.*

J.H. Devemos perceber onde estamos e onde está nossa consciência, ou seja: eu sou consciente e todo o resto fora de mim está morto ou, ao menos, não possui uma alma, animais não têm alma, e sabemos disto a partir de Descartes, de la Mettrie. Isto também é a coisa cristã padrão: somente humanos adultos batizados possuem alma, possuem psique, têm subjetividade (claro, é a coisa padrão cristã até que se chegue na questão do aborto!), e sabemos por Kant também que a subjetividade nos é interior e que o mundo material que nos cerca é "inorgânico", morto, nada floresce dele. Chegamos até a nos colocar como corpos "no meio dele", no meio deste mundo morto e inorgânico. Até mesmo nosso próprio corpo! Desde a anatomia de Vesalius, que vimos anatomizando o corpo e estudando-o por meio de cadáveres: uma máquina estruturada em partes, de forma que a medicina dos últimos quatrocentos anos tem tornado o corpo cada vez mais morto. Claro que precisamos de máquinas para a "compreensão" de nossas doenças, para a leitura de nosso corpo. Só máquinas podem entender nosso corpo porque ele também virou uma máquina. Sabemos muito bem disto tudo através de Foucault, van den Berg, Merleau-Ponty. Quer dizer, o único lugar onde há um sujeito, uma consciência, um ego-ótico-observador-reflexivo é dentro da sua cabeça, de seus olhos. Como Deus, que na teologia está fora da criação, totalmente transcendente, assim também o homem, criado à imagem de Deus, está fora, e, exceto Ele, tudo que está nas ruas é objeto morto. Algo como uma árvore, por exemplo, pode ser adorável porque é obra de Deus, mas ela em si não tem alma.

Tudo isto criou um incrível isolamento dos indivíduos, da consciência e uma tremenda destruição — de plantas, animais, lagos, rios, solo e também das coisas —, as coisas estão simplesmente mortas, então por que não destruí-las?, já estão mortas mesmo. (Que muitas coisas vivam mais do que nós vivemos, e o fato de não podermos utilizá-las tão facilmente, que elas estejam nos matando, ainda não criou em nós respeito por elas. Elas continuam mortas de acordo com nossa *Weltbild*. Veja como as idéias são poderosas — elas não são afetadas nem mesmo por aquilo que vemos todos os dias, pelas mais esmagadoras evidências).

L.P. *Bem, e onde entra a alma nisto tudo? Até agora você está só reclamando como os ecologistas.*

J.H. Além dos ecologistas. Não somente o "equilíbrio da natureza", não apenas árvores, esta é a retórica da Grande Mãe. Estou falando de coisas, *coisas*. Mesas, carros, sapatos, latas de tinta, plástico. Temos que abrir nossa mente para a possibilidade de alma em tudo; não podemos excluir coisas do tudo e amar somente a natureza. Isto implica em re-visar a idéia de alma antes de podermos revisar a idéia de coisas. Se pudermos libertar a alma da psicanálise, do Vaticano, de Kant e Descartes, e de sua própria experiência pessoal — todos estes lugares onde ela esteve presa ou definida — e recolocá-la no mundo, como a *anima mundi* dos platônicos, as coisas também seriam almadas. Quando Platão usou a palavra "psique" queria dizer ao mesmo tempo: "minha" alma no senso comum e também alma como um mundo objetivo além de "mim" e no qual eu estou. Esta é a alma-do-mundo, e a interpreto como sendo a alma-no-mundo, que tudo tem alma de um jeito ou de outro. Como poderíamos perceber isto? Olho para aquele cinzeiro... que tipo de alma tem um cinzeiro, uma pedra ou o cadarço de meu sapato? Acho que a única forma de chegar à alma de um objeto é pensando nele como uma forma, um formato ou uma face, uma imagem; ele exibe sua própria imagem, sua imaginação. Ele possui uma subjetividade. Não quero dizer com isto que o cadarço tem experiências, lembranças, sentimentos, que ele adora estar amarrado e detesta andar por aí solto — talvez sim. Não quero dizer que o cinzeiro espera por tocos de cigarros ardentes com um prazer masoquista — e talvez sim. Não sei. Mas não é isso: não estou antropomorfizando. A questão é que qualquer coisa é uma apresentação fenomenológica, com uma profundidade, uma complexidade, um propósito, num mundo de relações, com uma memória, uma história — portanto ela é também uma subjetividade. E se olharmos para ela desta forma pode ser que comecemos a escutá-la. Isto tampouco é animismo primitivo — que todas as coisas possuem em si um demônio. É uma apreciação estética da forma como as coisas se apresentam e que portanto elas estão de alguma maneira formadas, almadas, e falando à imaginação. Esta maneira de ver é uma combinação da *anima mundi* neoplatônica com a arte *pop*: que até mesmo uma lata de cerveja, ou um vagão ou um sinal de trânsito possui uma imagem e fala de si além de ser um objeto morto e descartável.

L.P. *Neo-platonismo pop! Mas um outro aspecto do pop e da arte contemporânea é a alienação no mundo dos objetos, um mundo que é completamente objetificado, onde a imaginação está confinada aos e limitada pelos objetos. Como você pode, de um mundo extremamente objetificado, criar um mundo que tenha alma novamente?*

J.H. Você está dizendo que hoje os objetos estão dominando os indivíduos. Não é que os *objetos* estejam dominando: é a *visão* dos objetos. É a visão objetiva que está dominando os indivíduos. É a visão de meu corpo como um objeto que levo ao médico para que ele me diga o que está acontecendo nele. Ele põe meu corpo numa máquina e a máquina diz alguma coisa ao médico; o doutor então traduz aquela informação "objetiva" para mim; não é o objeto que nos está dominando. Na verdade, os objetos são completamente descartáveis; não respeitamos os objetos, nós os jogamos fora, jogamos edifícios inteiros fora — arranha-céus descartáveis, bons por vinte anos, depois você os destrói e joga fora, ergue outros no lugar. É a visão de que eles são apenas objetos que reprime a alma no objeto, e o retorno do reprimido é o que nos faz sentir esmagados pelos objetos... enquanto pensarmos que só "nós sujeitos" estamos no controle e que isto é o que chamamos consciência, é claro, então, que os objetos se tornarão monstruosos, porque nós os teremos criado como monstros, os teremos criado como golems ou robôs, porque não consideramos a possibilidade de que qualquer coisa, qualquer objeto (como para os antigos egípcios, a coisa é *"l'objet parlant"*) tenha seu próprio eco além de uma simples natureza material; os egípcios, e tantas outras culturas que não a nossa, nem distinguiam uma natureza meramente material.

L.P. *Isto parece a visão Surrealista ou Dadá dos objetos, e reverte completamente a clássica concepção psicanalítica da relação sujeito-objeto.*

J.H. A relação sujeito-objeto da psicanálise não passa da coisa cartesiana ocidental requentada: a mesma coisa servida novamente. Não; nada a dizer a respeito disto, porque no momento em que você usa estes termos tipo "relação sujeito-objeto", eles grudam em você como piche — como sangue —; basta, basta deste maldito assunto. Eu não vou nem tocar neste modelo de pensamento.

L.P. *Está bem, então continue a falar dos objetos.*

J.H. Nem gosto desta palavra. Eu tenho objeção a ela. Ah! É um termo muito genérico que rouba da coisa seu nome e face específicos. É como chamar as pessoas, você, eu, de sujeitos. Veja como temos que examinar nossa linguagem o tempo todo para evitar cairmos em suas armadilhas. Temos que inverter todo este paradigma de sujeito-objeto, para podermos, por exemplo, pensar que eles olham para nós, e que não somente nós olhamos para eles. Isto modifica toda a questão de quem é objeto do quê... Claro, estou novamente pensando na arte moderna, quando tentam "deixar que o material fale", apenas um enorme pedaço de plástico, um ferro enferrujado ou sei lá o quê; devemos é permitir que a coisa se mostre fenomenologicamente, que ela nos mostre sua face. Esta fisionomia da coisa nos coloca numa relação com a coisa.

L.P. *Geralmente usamos objetos que não foram fabricados por nós, e somos tecnologicamente dependentes dos objetos. Isto dá a sensação de que os objetos são totalmente estranhos a nós, apenas as crianças tentam usar os objetos da maneira como você descreveu.*

J.H. Comemos maçãs que não foram feitas por nós e conversamos com crianças que não foram feitas por nós. Isto não tem nada a ver com você criar as coisas como uma extensão de si próprio. De fato, esta idéia de que os objetos são uma extensão de nós mesmos, expressões de nós mesmos, ferramentas, toda a visão antropológica darwiniana dos objetos como ferramentas começa com o ego ocidental, com a intenção. Vamos virar esta história: começar com o objeto. Será que a ferramenta em suas mãos não ensina como usá-la? Pegue uma agulha: meus olhos, meus dedos têm que se ajustar ao buraco da agulha e fazer passar a linha através dele. A agulha me ensina uma disciplina precisa, um refinamento da coordenação olho-mão. Se eu fizer errado, ou a agulha me pica ou sai de meu controle. As coisas são ''mestres'' neste sentido. E quando chutamos o aparelho de TV ou amaldiçoamos o carro porque não funcionam, nós é que estamos sendo maus alunos. Não queremos aprender — e só aprendemos quando as coisas se quebram, e não estou falando só de coisas, estou falando de nosso corpo, nossa psique. Só aprendemos quando ocorre uma interrupção. O problema com estas coisas, objetos, tecnologia, é, acima de tudo, um problema psicológico. A idéia destes objetos como simples matéria morta — aí está a causa do problema, não na ferramenta.

Deixe-me contar uma estória: um amigo meu alguns anos atrás estava no Egito, num vilarejo, no delta do Nilo. Um camponês queria seu relógio de pulso. Este amigo conhecia um pouco de egípcio, então pôde descobrir de que maneira aquele homem havia visto e compreendido o relógio de pulso. Era um poder; tinha mana — não porque você pudesse dizer a hora através dele, mas porque o povo ocidental, os europeus, podiam estar caminhando por aí, fazendo qualquer coisa e, num determinado momento, ao erguer o braço e dar uma olhada em seus relógios, repentinamente mudavam sua expressão, ficavam preocupados, começavam a andar mais depressa, ou até mesmo mudavam sua direção em cento e oitenta graus. Qualquer amuleto que possa fazer *isto* com você deve possuir um deus nele. Meu amigo acreditava que o relógio estava morto, que era simplesmente sua ferramenta; mas o egípcio viu o relógio como um sujeito, e de uma maneira notável um sujeito ainda mais importante que seu próprio ''dono''. Mas não precisamos destas anedotas antropológicas. Pegue sua máquina de escrever, por exemplo; enquanto você está trabalhando com a máquina, ela se torna sua e você a ''adora'', não teria nenhuma outra. Quando você está dirigindo um automóvel, ele se torna *seu* automóvel; você reconhece a subjetividade dele. Por isso, não pense que você pode contornar esta questão da consciência objetiva que cria objetos como objetos. Nós não começamos com um objeto. Começamos com uma *consciência objetiva* que considera estas coisas todas como objetos. Nossa consciência objetificante é que as torna objetos. Mas se entrarmos numa conversa com elas, se vivermos com elas imaginativamente, nossa consciência objetificadora mudará e elas deixarão de ser objetos mortos.

L.P. *Como poderia este retorno da alma às coisas do mundo afetar a psicoterapia?*

J.H. Pensemos, por exemplo, num casal de classe média. Eles brigam por causa de dinheiro, bebida, família, amor e pequenas manias. Daí ele vai para análise e ela vai para análise, trabalham a relação e são pacientes bons e sinceros que tentam de tudo — terapia de grupo, terapia ocupacional, terapia familiar, terapia sexual —, enfrentam tudo como pessoas razoáveis. Podem até ir à igreja. E ainda asim persiste um terrível sofrimento, porque o espaço que eles ocupam, o teto baixo, as portas vazadas, a cama, os pratos, os programas de TV, as revistas, os lustres, a mobília que eles têm à sua volta etc., todo um mundo de coisas materiais, verbais, institucionais, no qual seu casamento está inserido, é sórdido, bruto, feio, ordinário, inferior, depravado — completamente sem alma. Falso. Como poderiam resolver a situação se todo o cenário, inclusive as falas no *script*, são falsas?

Espere — deixe-me continuar: psicoterapia é uma coisa muito estranha num mundo como este. Ela contava com um mundo burguês que tinha certos valores e qualidades que deveriam ser percebidos com ironia, com ceticismo. Ver o reprimido. Mas este mundo desapareceu. Foram-se a política, a linguagem, a educação; as instituições que sustentavam o casamento desapareceram, os prédios, ruas, luzes, comida, palavras, mesas e cadeiras: mas a psicoterapia continua trabalhando como se aquele cenário ainda fosse o mesmo, analisando o casamento com teorias de 1920 numa realidade de 1980. A menos que a psicoterapia leve em conta a doença do mundo, ela nunca vai poder funcionar realmente, porque agora a *anima mundi* está doente. A patologia está "aí fora". Você pode senti-la nas estradas, no carro, em sua intuição de que algo está errado, falso ou feio, sem emoção ou sem alma, enfadonho ou dessexualizado, sem gosto. Como pode então a psicanálise, duas pessoas numa sala conversando, justificar-se?

Para os junguianos a justificativa está no trabalho de análise com uma alma individual: transformação do indivíduo, e na medida em que o indivíduo se transforma, ele afeta o mundo todo. Os marxistas diriam, não há justificativa; você tem que consertar o mundo; ele tem que ser re-construído em bases corretas. Mas esta base "correta'' é extremamente mecânica, estreita — e falsa, também. Acho que a psicanálise não levou em conta o mundo. A psicanálise tem que sair do consultório e analisar todo tipo de coisas. Você tem que ver que os prédios são anoréxicos, que a linguagem é esquizogênica, que a ''normalidade'' é maníaca e a medicina e os negócios são paranóicos. Você tem que enxergar o que está realmente acontecendo, as distorções. O mundo inteiro tem que se tornar um paciente, por assim dizer...

L.P. *Mas o que pode ser feito?*

J.H. Bem, para começar com o casal que estava agora há pouco brigando naquele condomínio imaginário, em sua caixinha de ''desenvolvimento'', no momento em que eles percebem que não são apenas eles — ''você falou...'' ''a culpa é sua...'' ''e minha mãe...'' ''e seu pai...'' ''e nossa vida sexual...'' ''você gasta muito...'' —, que é mais do que seus problemas pessoais, mais até que seus sonhos e suas histórias como indivíduos: que o que está errado com seu casamento, com eles e suas vidas tem a ver com sua TV, com as palavras que usam para brigar, com as cadeiras em que se sentam quando estão discutindo, a própria sala, então eles podem acordar, podem ver a caverna. De repende, seu relacionamento está situado num contexto onde eles não são mais inimigos entre si, mas onde podem se tornar colaboradores no seu despertar para o mundo que os está enlouquecendo, que está projetando sobre eles seu próprio sofrimento, fazendo-os sofrer, de forma que a única maneira que encontraram para viver num mundo desalmado foi tornando-se desalmados também, bebendo, entorpecendo-se com pílulas, estufando-se com comida feito loucos.

Se pudéssemos ver que estamos naquele filme *Fahrenheit 451*, ou naquele do Bergman sobre Berlim, *O Ovo da Serpente*... Está tudo aí... *1984* aconteceu há dez, quinze anos. As pessoas dizem: ''Ah, Orwell está por fora. Cá estamos nós nos anos 80 e nada é como ele disse''. Mas já estamos naquela consciência sem sabê-lo, que é justamente o que mostra *1984*: ser inconsciente do que o mundo está fazendo com você. A destruição da linguagem, a perversão paranóica dos valores, a impessoalidade das relações e a idéia romântica de pensar que podemos ser salvos pelo amor pessoal, a sensação de que o sistema é maior do que qualquer um de nós e que não há nada que possamos fazer a respeito, que a televisão nos observa, que as coisas estão ''estragadas'', que nós nos tornamos os objetos e eles os sujeitos — mas de uma maneira morta, de um jeito errado — isto é tudo *1984*, e está bem aí.

L.P. *Isto lembra o passado também, não somente* 1984. *Soa como os campos de concentração.*

J.H. Ah, sim, é isso mesmo. A fascinação pelo Holocausto, como se diz, como se ele fosse um novo produto ou algo assim, é um deslocamento. O Holocausto não aconteceu apenas nos anos 40. Está acontecendo agora. Não é somente que o mundo vá pegar fogo, mas que estamos vivendo num campo de concentração psíquico, no sentido de estarmos aceitando passivamente o mundo desalmado. Então, quando se discute sobre os judeus — ''Como é que eles se deixaram ser asfixiados daquela maneira? Por que ninguém, ou tão pouca gente fez alguma coisa?'' — bem, isto é um deslocamento. Temos que nos perguntar: Por que nós agora, *hoje*, não fazemos *alguma coisa* a respeito deste mundo desalmado no qual vivemos? É isto que quero dizer com enxergar a psicopatologia no mundo e encontrar um modo de trabalhar com ela *como um psicólogo.*

L.P. *Há uma resposta, que é a resposta do terrorista: quem se importa se vou acabar com uma vida humana? Pode não ser o ideal, a resposta; mas aquela vida humana já está podre ou morta e todo o sistema, tudo, tem que passar por uma mudança total e completa. Somente o terrorismo pode nos fazer sentir o terror deste campo de concentração, deste holocausto, deste* 1984, *que você descreve. Esta seria um tipo de resposta terrorista.*

J.H. Não conheço os terroristas. Não sei como eles sentem ou enxergam o mundo. Mas este terrorista imaginário que você encarnou, sim, está próximo do que estou dizendo, só que eu quero lidar com isto *psicologicamente* — e esta é uma enorme diferença!

L.P. *Em que termos você concorda com um terrorista — um terrorista imaginário?*

J.H. Em primeiro lugar, tomemos a palavra ''terror'' como uma reação ao terror já existente no mundo, a terrível, aterrorizante condição de sua alma. O terror já estava no mundo antes dos terroristas. Eles o tornaram consciente — não quero dizer que *eles* sejam conscientes, mas que eles tornaram o terror consciente, e assim, apesar de toda sua atrocidade, eles são parte da ampliação da consciência, da terapia que está acontecendo além dos consultórios. Temos que encarar coisas que nunca encararíamos. Elas são horríveis, mas ao menos nos forçaram a suspender uma repressão.

L.P. *O que você quer dizer com o terror já está no mundo inconscientemente?*

J.H. Se você tivesse estado num campo de concentração nos anos 40 e os médicos tivessem arrancado seu útero, isto seria um crime de guerra, não é? Tá, mas agora mais da metade das mulheres com mais de quarenta anos nos Estados Unidos têm seus úteros removidos. Imagine! Toda mulher com mais de quarenta com que você cruza nas ruas dos Estados Unidos não possui útero. Fazem mais histerectomias do que apendicectomias ou extrações de amígadalas. É a operação favorita da América. Isto é terrível, aterrorizante — e elas não são forçadas a isto como nos campos de concentração. Elas vêm de livre e espontânea vontade: é "bom pra você". Ou veja a Alemanha de hoje: uma em cada sete pessoas — e isto abrange milhões — toma algum tipo de remédio para dormir *todas as noites*. Isto é *Fahrenheit* 451, *1984*... você não vê?

Claro, não vivemos hoje literalmente em campos de concentração, com arames farpados e guardas da SS. Mas se continuarmos a imaginar aqueles campos de concentração dos anos 40 como *a única forma* de terror, perderemos os horrores reais que são perpetrados todos os dias — seja com lixo tóxico e poluentes industriais, com receitas médicas ou com estas histerectomias. Mesmo que as mulheres sejam coniventes com seus cirurgiões e queiram a operação, ainda assim é um horror. A extração do clitóris em algumas sociedades africanas e a atadura colocada nos pés das chinesas na cultura mandarim eram horrores, terrores de verdade, mesmo que as mulheres "quisessem" estas operações. O terror não depende apenas se o que fazem com você é "voluntário" ou não — é uma boa parte, claro, e não estou negando que nos anos 40 na Alemanha a força e a crueldade eram usadas. Crueldade e força podem acontecer de modo que não são sentidas como crueldade e força — mas ainda assim são crueldade e força. Por exemplo, sabemos através de estudos o que acontece em famílias esquizogênicas, que o terror está lá mesmo que não seja percebido. Pelo menos nos anos 40 ainda não estávamos tão anestesiados, tão inconscientes de que as vítimas não percebiam o que estava acontecendo. Talvez hoje em dia seja pior na medida em que nem sequer percebemos o terror. Em vez disso, temos este enorme deslocamento para o aborto, o direito à vida. Não interessa o feto; e a mulher de mais de quarenta? E o que está acontecendo — a terrível inconsciência do terror em nosso dia-a-dia anestesiado! E este é apenas o aspecto médico, uma pequena parte dele.

E os edifícios: veja tudo que está sendo explodido e posto abaixo, quanta coisa sólida, bem-feita e com memória. Se isto acontecesse nos anos 40, e aconteceu — Dresden, Coventry, Rotterdam, Varsóvia, e tantas outras —, era chamado de bombardeio e destruição e chorávamos a morte de nossas cidades. Agora chamamos isto de desenvolvimento, e as pessoas que o executam são chamadas de "planejadores", "aqueles que promovem o desenvolvimento das cidades". Isto é Orwell: *1984*. Antes era terror: agora, claro, as pessoas não são bombardeadas e mortas, mas a civilização — o mundo das coisas que não continentes da memória, da beleza e do amor —, esta se foi, e acho que isto é um terror, um terror inconsciente, um terror ainda maior viver numa cidade que foi destruída e ainda assim pareça nova e maravilhosa. A alma sente sua perda, mas não consegue dizer o que está errado. É esquizogênico. Estamos recebendo dois sinais ao mesmo tempo: porque a destruição real que é terrível recebe nomes maravilhosos tais como "desenvolvimento", "renovação urbana" — e depois nos perguntamos por que as cidades com seus edifícios maravilhosos e seu desenvolvimento estão cheias de crime, como se fosse culpa de fatores sociais, desemprego ou famílias sem chefe. Bem, o crime começa naqueles edifícios, nas pranchetas e nas comissões de planejamento. Um crime gera outro.

L.P. *Você não está exagerando? Você não está negando o crescimento populacional que necessita de novos prédios e das melhorias sociais que acontecem com a destruição de favelas? E não está generalizando muito a respeito de velhos edifícios serem sempre uma coisa boa e novos edifícios sempre uma coisa ruim?*

J.H. Claro que estou exagerando. Este é o melhor jeito de entrar na mentalidade extremista: não assumindo a posição oposta do bom senso razoável. Se você assumir uma postura clássica comigo, certamente me tornarei romântico. Agora mesmo estamos tentando entrar na fantasia anarquista, a fantasia niilista do terrorismo... E estou tentando situá-la como uma reação à alma do mundo que vive um terror, que vem daquilo tudo que tem sido feito no sentido de sua materialização nas coisas. Não só pelos desenvolvimentistas e planejadores, mas pelo cristianismo, Descartes, Newton, pela ciência e pelas universidades... toda a nossa tradição declarou que a matéria e as coisas materiais são más e mortas, pra começar. Você estudou filosofia; você sabe quanto esforço e tempo são despendidos para se provar a realidade do mundo exterior. Imagine ter que provar aquilo que todo e qualquer aninal sabe! Você sabe que as principais correntes de nossa tradição dizem que o mundo não tem nenhuma qualidade em si — nenhuma cor, nenhum sabor, nem textura, nem temperatura — e algumas destas correntes chegam a negar sua existência se não estivermos lá para percebê-lo. Negação ascética do mundo, a destruição do mundo acontecendo todos os dias nas aulas de filosofia. Terrorismo e niilismo já estão em nossa visão do mundo ocidental, de forma que os terroristas são a encarnação do niilismo que é inerente ao nosso sistema de pensamento. Suas raízes estão na *Weltbild* cristã, então, é claro, um ato simbólico de niilismo é assassinar o papa, cuja sombra é este niilismo no cristianismo. Síndromes psíquicas, de uma proporção tão vasta quanto esta, apresentam-se com este tipo de demonstração massiva. Mas sintomas — lembre-se do que aprendemos com Freud e Jung — têm sempre uma finalidade. Eles estão comprometidos com o problema, chegando a ser uma tentativa de resolvê-lo.

L.P. *Então você está situando o terrorismo dentro do cristianismo?*

J.H. Sim, estou. Temos que deixar de ser tão piedosos! Historicamente — você não acha que a Igreja cristã conhece uma ou duas coisinhas sobre o terror: o século IV, a perseguição dos heréticos. Poxa, se pelos menos em parte, se pelo menos eles pudessem começar a assumi-lo, então algumas mudanças poderiam acontecer. Se você se colocar fora do mundo cristão, como um índio americano, como um egípcio no século IV, ou como um judeu quase que o tempo todo, o cristianismo parece bastante aterrorizante. Pense somente nos japoneses em Nagasaki; quem lhes trouxe aquela bomba? O cristianismo possui uma sombra terrível, e nós temos que, de alguma maneira, tomá-la como nossa.

L.P. *Digamos que estes terroristas que estamos imaginando — e deve haver vários outros tipos deles na realidade — sejam idealistas, e porque eles descrevem uma resolução apocalíptica para o materialismo, eles permanecem* au fond *cristãos.*

J.H. Isto não é somente italiano, nem apenas cristão. Lembro-me de um estudante de religião me contando sobre sua meditação transcendental. Alguém da classe disse: "E o mundo político?". Ele respondeu: "Isto não importa. Os computadores podem cuidar do mundo político, de todo o país, muito mais eficientemente, e isto nos libera para buscar a iluminação através da meditação". Você vê a completa harmonia que existe entre a ditadura, o fascismo, a brutalidade política e o egocentrismo que há no ponto de vista espiritual? Isto abriu meus olhos: percebi que todos estes cultos de meditação que existem hoje em dia não são delicados, nem tão inofensivos quanto querem parecer, mas um bando odioso de totalitários. Eles não conseguem enxergar o indivíduo — o qual você só pode ver se procurar a alma, e procurar com alma. Eles não conseguem ver uma pessoa individual, tampouco uma coisa individual. O terrorista que atira num homem que está saindo de sua própria casa, atira em seus joelhos, não está enxergando este homem de jeito nenhum. Ele está imerso em sua meditação espiritual, ele é na verdade um fanático religioso.

L.P. *Às vezes eles executam sua missão como se ela fosse um martírio sagrado, como se eles fossem os santos do anti-Cristo. Porém, como você disse, eles levaram toda a sociedade e reconhecer uma coisa: seu terror invisível e inerente, e sua falta de alma. Vi escrito num muro na Alemanha: "Wo ist meine Seele? Die Bundesrepublik hat Sie getötet". (Onde está minha alma? A República Federal a matou.)*

J.H. Antes do terrorismo, na revolução de 68, os estudantes puseram no muro da Sorbonne: 'Imagination au pouvoir'. Mas a imaginação tem poder — neste sentido ela não manda nada. Ela tem que mandar internamente, reger cada um de nossos atos, como a imagem no ato. Acho que na verdade eles perderam a imaginação, e por isso eles têm que pensar em palavras grandes como "Poder" e "*Bundesrepublik*". Este é o pensamento totalitário, o pensamento monoteísta. Um Todo-Poderoso, um Ser Supremo que erra e que pode consertar tudo como um guru. O oposto deste Um é Nada. Niilismo. Eles nem sequer possuem imagens de como deveria ser o mundo, imagens da Utopia. Seria muito triste se não fosse tão assustador. Eles são como aqueles místicos que varreram a imaginação para viver na noite escura do espírito, e a sua *via negativa* acerta em seus joelhos — os joelhos, aquilo mesmo que se usa para ajoelhar-se, para a genuflexão, para curvar-se diante das imagens. Temos que ligar o terrorismo às suas raízes em nossa consciência religiosa. Um terrorista é o produto da nossa educação que diz que a fantasia é irreal, que a estética é somente para os artistas, a alma só para os padres, a imaginação é trivial ou perigosa e só para loucos, e que a realidade à qual devemos nos adaptar é o mundo exterior, e que este mundo está morto. Um terrorista é o resultado de todo este longo processo de eliminação da psique. Corbin me disse uma vez: "O que está errado com o mundo islâmico é que ele destruiu suas imagens, e sem estas imagens que são tão ricas e tão completas na sua tradição, estão enlouquecendo, porque não têm continente para seu extraordinário poder imaginativo". O trabalho que ele fez com os textos místico-filosóficos, os textos que resgatam o mundo imaginal, pode ser visto como uma atitude política de primeira ordem: era um confronto do terrorismo, fanatismo e niilismo bem nas suas raízes na psique. Mas Khomeini venceu: Corbin morreu em outubro e Khomeini reassumiu em dezembro.

L.P. *Então seu trabalho com a imaginação ativa, ativar as imagens, também pode ser visto como um contraterrorismo, e apesar de parecer só introvertido, parecer ignorar o mundo, ele é na verdade profundamente político.*

J.H. A consciência política não existe apenas no mundo político. Ela não deve começar na alma? Não devemos modificar as coisas *lá*, fundamentalmente, não no que concerne ao *self* somente, mas tendo em vista o mundo? Este terrorista, esta figura imaginária que está explodindo tudo porque sua visão apocalíptica lhe diz que o mundo precisa explodir para sua verdadeira redenção — ainda está com Nietzsche, não totalmente pagão, nem totalmente politeísta, porque ele — ou ela, ah, sim, *ela* também — não reconhece o mundo como sendo vivo e almado, que as coisas tenham faces, vozes, pessoas, que a alma do mundo esteja sofrendo e que você deve encontrar um caminho para este paciente, não simplesmente executá-lo com uma bomba. O terrorista também toma o mundo lá fora como um objeto morto: então pros ares com as estações de trem de Bolonha.

L.P. *Este foi um ato motivado inteiramente por razões políticas.*

J.H. Quaisquer que sejam as motivações conscientes, o resultado é a destruição da cidade.

L.P. *E das pessoas...*

J.H. Claro, da vida. Mas a vida humana não é o único lugar da alma. É exatamente este fracasso, esta negação de enxergar o aspecto sagrado do mundo construído, feito com mãos humanas, como o amor e a imaginação humanos — coisa que se vem fazendo nesta terra há milhares de anos —, que torna o mundo lá fora descartável, obsoleto, lixo. Precisamos salvar este lixo através de uma revolução na percepção que temos dele. Uma revolução na sensibilidade, uma revolução estética... tornando-nos cada vez mais sensíveis em vez de mais e mais violentos. Claro, violência pode ser uma reação sensível, como dar um soco na pessoa que toca na sua ferida aberta, mas achao que a violência agora não é isto. Parece mais programática, uma reação originada na apatia, na morte.

L.P. *Você não quer reciclar o lixo como um ecologista, ou enterrar o lixo e construir algo em cima dele como um grande negócio. Você quer salvar o lixo...*

J.H. ...como um terapeuta. A terapia vem trabalhando com o lixo há anos.

L.P. *Sua revolução estética ainda soa como Dada.*

J.H. Como Dada, sim, mas muito mais urgente do que em 1920. Dada é um bom modelo porque não é trágico, não é cristão — é muito engraçado. E não é programático, nem autovalorizado. Nenhum idealismo, nenhuma meditação transcendental, nenhuma travessia do Jordão em direção à terra prometida — nenhuma promessa, nenhuma terra. Fantasias sobre a terra apenas liberam um enxame de intimidações, aquelas fantasias utópicas de desenvolvimento: vamos construir tudo novo. Não. Dada fica com o que há e vira tudo de cabeça pra baixo, vira tudo do avesso. Devemos tomar cuidado com as Jerusaléns e com mais fanatismo. Não podemos simplesmente atravessar o rio em direção às árvores, o retorno à natureza, o esverdejar da América. Temos que atravessar o rio em direção às ruas, como Dada.

L.P. *Como? De que maneira procede sua revolução estética?*

J.H. Agora estamos ficando inflados: você a chamou de "sua revolução"... Não, não... além disso, falar assim sobre Dada começa a estruturar um programa para algo que é essencialmente não programável.

L.P. *Sério, como viabilizar esta visão do retorno da alma ao mundo?*

J.H. Esta questão é demais pra mim. É sobre isto que trabalho agora, há pelo menos dois anos. Não consigo resumir. Nem posso começar.

L.P. *Não tente explicar. Só me conte o que é que você está imaginando.*

J.H. Psicologia profunda... bem, toda a psicologia, clínica, experimental, e até mesmo social, não está preocupada com a relação sensual com o mundo. Deixou de fora a estética. Ainda assim, isto é o que somos: animais sensualmente imaginativos. A primeira coisa que a psique faz são imagens sensuais. Então por que não imaginar uma psicologia que comece ali, na natureza estética do ser humano, na natureza estética de um mundo que se exibe em eventos sensoriais, se exibe aos sentidos, e a primeira reação é vivenciar a coisa como uma imagem sensorial. As coisas têm pele, face e cheiro. As coisas falam a nós e é isto o que quero dizer, basicamente, por estética, falar aos sentidos, e ter a sensibilidade àquela pele ou brilho das coisas. Bem, isto seria uma revolução. Retornaria o mundo à sua alma, e deixaria a alma fora da nossa idéia subjetiva, pessoal e privada a respeito dela. Poderíamos então amar o mundo e não estar aterrorizados por ele. Nem querer matá-lo, a explodi-lo. A psicanálise nos manteve num subjetivismo pessoal e ignorou os cinco sentidos que nos conectam às coisas, a tudo que não é "eu".

A maior parte da psicologia ocidental tem sido uma psicologia abstrata, uma psicologia de segundo nível, conceitual e explanatória. Mas poderíamos nos voltar ao mundo dos cheiros, da linguagem, da cor, dos objetos, das canções, da natureza e da comida — o mundo com o qual a Itália renascentista se preocupava, e poderíamos reconstruir a psicologia numa base estética. Na Renascença este mundo sensual estava diretamente ligado ao mundo mítico dos deuses e dos planetas. Em outras palavras, estou imaginando uma psicologia arquetípica que é ao mesmo tempo mítica *e* sensualmente refinada e imagética e animal — imediata. Avisei que seria difícil falar disto. A psicanálise tem que trazer o mundo para *sua* perspectiva... o mundo do dia-a-dia concreto dos sentidos. Quero encontrar uma base para a psicologia naquilo que há alguns anos chamei de "a base poética da mente", na imaginação sensual que também está nas coisas reais, nas ruas — não nas abstrações da psicanálise, e certamente não na pseudociência, naqueles literalismos abstratos chamados de experiências "corporais" ou mecanismo fisiológicos do cérebro. Este movimento que se afasta da ciência e do literalismo em direção à estética está realmente muito longe de Freud e Jung e da preocupação científica que eles tinham, própria do século XIX; longe também de sua conseqüente preocupação romântica com a alma subjetiva a qual para eles, localizava-se em cada um dos indivíduos — a mesma antiga visão da tradição cristã ocidental. É por isto que recentemente estive mais interessado em, e escrevi um longo ensaio sobre, Alfred Adler — sua *Gemeinschaftsgefühl*, ou interesse social, sentimento comunitário, leva a psicologia a uma preocupação mais ampla do que a nossa sala de consultório. Adler morreu bem no meio da rua. Que bênção poderosa!

9 ESCREVER

J.H. Você perguntou sobre meu "desenvolvimento intelectual", e me esquivei porque ele aparece em tudo o que está escrito; ali está, bem ali, impresso. Tudo o que um autor escreve é autobiográfico, particularmente em psicologia. A psicologia é uma apresentação das preocupações psíquicas do autor, preocupações no sentido "daquilo que você captou", complexos, armadilhas.

L.P. *Você escreveu oito artigos sobre o* puer. *O livro* Puer Papers *juntou quatro deles e parece ter induzido outros autores a escrever sobre o mesmo tema com você. Será que o complexo da eterna juventude, do jovem Deus, de ser um menino no espírito, é portanto uma de suas "armadilhas"?*

J.H. O trabalho com o *puer* começou em 1967. Eu tinha quarenta e um anos de idade — não era nenhuma criança, mas, afinal de contas, um americano, e você sabe, levamos mais tempo com isto! Minha paixão era escrever uma defesa do *puer* porque me senti insultado por aquilo que os junguianos andavam dizendo sobre este arquétipo. Devorei toda a visão junguiana que diz que o *puer* significa complexo materno, fraqueza, fantasia, esteticismo, falta de contato com a realidade, aéreo, donjuanismo... umas quinze palavras negativas usadas a respeito do *puer aeternus.* Tendo vivido minha vida, ou parte de minha vida, dentro desta estrutura mítica, aquilo me parecia um abuso. Aquilo realmente me atingiu, me deu raiva, então começei a desenvolver um enorme trabalho sobre o arquétipo do *puer,* uma fenomenologia. Partes dele foram publicadas nos últimos dez anos. Bem, isto foi em parte uma defesa biográfica de minha própria estrutura mítica.

L.P. *Ou era uma defesa mítica de sua estrutura biográfica?*

J.H. Você está pondo a coisa de uma maneira redutiva. Estou falando do ponto de vista do próprio *puer:* começamos no mito e vivemos o mito na biografia. É por isso que você deve ler meus mitos — meus livros — para entender minha biografia. Meus escritos sobre o *puer* estão muito além do meu próprio complexo materno e do meu complexo paterno, de minha própria estrutura *puer*. Esta estrutura é também um presente, pois proporcionou-me a oportunidade de ter um *insight* sobre um problema além de mim, o grande problema que me deixou tão bravo. Havia esta sensação de que algo terrível estava acontecendo nos meios da psicologia junguiana que significava tanto para mim. Uma nova repressão estava acontecendo e ninguém a enxergava. Toda uma possibilidade espiritual nos jovens e no espírito da cultura estava sendo destruída pela condenação do *puer*. Significava estarmos atacando nossa própria possibilidade criativa. Mais tarde senti a mesma coisa com relação à histeria: alguma coisa estava acontecendo às mulheres e a Dionisio neste termo "histeria".

L.P. *Você publicou um trabalho sobre as mulheres e a histeria em 1969, a palestra que você deu em Eranos e que mais tarde tornou-se uma parte importante do seu livro* O Mito da Análise. *Em 1969 a revolução feminista estava adentrando a consciência. Seu trabalho foi importante porque mostrou os preconceitos da psiquiatria contra a mulher (histeria) e os preconceitos dos estudos clássicos contra Dionisio.*

J.H. Estas raivas eram muito profundas. Havia um abuso, e, revendo agora, penso que meu próprio espírito, meu Marte cabeça de carneiro, estava finalmente vindo à tona e despertando de um longo sono, como um longo sono da *anima,* sabe, um preocupação autoerótica, sintomas, querer ser amado, querer o sucesso.

L.P. *Mas você parece estar sempre bravo ou trabalhar a partir do ultraje, pelo menos em seus escritos:* Suicide and the Soul *(1964) é um ataque à medicina, e "Traição"...*

J.H. Acredito na minha raiva. É o meu demônio favorito. Ficar bravo e escrever caminham juntos.

L.P. *Como começou o* Re-Visioning Psychology? *Aquelas eram as famosas "Terry Lectures", as palestras que você deu em Yale. Jung deu em 1937, e assim também Rebeca West, Paul Tillich, Paul Ricoeur...*

J.H. Ah, sim, e muitos outros, como Dewey. Mas esta é a parte da inflação. Eu costumava ir ao Ticino para ficar cinco dias escrevendo.

Comecei simplesmente a escrever coisas, não tinha nenhum propósito em mente: mas comecei a ver a importância da psicopatologia em todo o negócio psicanalítico, pois todo trabalho começa na patologia. Lentamente começei a escrever sobre o que realmente estamos fazendo neste trabalho, porque a patologia é tão importante, e sobre a idéia de olhar pra dentro e de olhar através. Eu tinha então algumas destas idéias na cabeça e outras já num artigo em 1970. Foi nesta época que parei com a clínica. Parei por dois anos. Talvez eu tenha escrito para poder me livrar do peso de ser discípulo ''treinado''.

Não é que eu estava sem gás, como se diz. Na verdade estava sem graça, envergonhado. Eu simplesmente detestava toda a coisa psicanalítica, e eu dentro dela — como se alguma coisa me queimasse, um ácido, algo que tornava impossível eu estar ali. Também estive envolvido num escândalo que rompeu com muitos de meus relacionamentos. Constatei que eram fraudes, eu era uma fraude. Crise. O mundo inteiro desabou. Aí está um pouco de biografia para você... Analisando agora, penso que todas estas coisas entraram no *Re-Visioning Psychology*. Ah, sim, em março de 1969 fui para Londres com Lopez e Valerie, que tornou-se sua esposa, e com Pat, com quem me casei; eu estava desenvolvendo um trabalho sobre Dioniso, fomos ao Warburg Institute e ao Museu Britânico — e todas estas novas idéias sobre a psicologia ocidental brotavam na minha cabeça, eu ficava tomando notas para mim mesmo sobre tudo que encontrava, pensamentos sobre os deuses, sobre politeísmo, sobre imagens, a Renascença, eu queria descobrir quem foi Ficino, quem foi Gemisto Pletho. De repente eu encontrei uma base. Nada mais me interessava — lembro de andar pela seção asiática da biblioteca de Warburg e sair de lá dizendo: acabou. Posso encerrar este assunto. Que alívio. Veja, tudo isto junto tornou-se as Terry Lectures, o *Re-Visioning Psychology*.

L.P. *Podemos localizar o começo da psicologia arquetípica, talvez, nesta visita a Londres em 1969. Se assim for, isto revela algumas características da psicologia arquetípica. Desviar-se do leste e tomar a direção sul: a Itália renascentista. Depois, foi um passo cultural, aquele do Warburg Institute, em vez de ser um passo clínico — seus escritos anteriores foram sobre emoção e suicídio. Daí, além disso, você realizou esta viagem com amigos. Já era desde o princípio uma participação grupal, movida pela anima ou por eros.*

J.H. Sim, isto tudo é verdade, mas soa muito histórico. Se começarmos a datar o momento em que os livros nascem, então fica uma coisa como a Batalha de Hastings, ou algo parecido. Além disso está muito bonitinho, mas você não pode separar cultura e clínica. No que diz respeito aos amigos, e a não estar sozinho, sim, é verdade. Ainda assim, você poderia dizer que a psicologia arquetípica começou em 1966 — novecentos anos depois da Batalha de Hastings! —, quando estava trabalhando em minha primeira palestra para Eranos, e estava muito sozinho nisto. O problema que estava tentando resolver era o da criatividade: o que é criatividade psicológica, o que torna uma pessoa *psicologicamente* criativa. Quando você aborda esta questão, você encontra seis ou sete visões básicas a respeito. Quando comecei a organizar estas perspectivas descobri que elas pertenciam a padrões arquetípicos. Havia a noção de *puer* — livre, novo, original; o padrão da Grande Mãe — crescimento e fertilidade; o padrão do *senex*...

L.P. *Está tudo em* O Mito da Análise...

J.H. ...e assim por diante. Essas eram perspectivas arquetípicas. Nenhuma delas estava errada e nenhuma era melhor que a outra. Elas funcionavam como contrastes arquetípicos para o processo de se conhecer alguma coisa. Isto me fez ver que o problema do conhecimento, da epistemologia, tem fantasias arquetípicas em sua base. Estas fantasias arquetípicas estão funcionando todo o tempo, não apenas na terapia, não apenas nos relacionamentos, mas na maneira com a qual pensamos e conhecemos as coisas. A psicologia politeísta do *Re-Visioning Psychology* já tinha começado em 1966.

L.P. *Um livro muito estranho.*

J.H. Um livro estranho. Bem, fiz todos os esforços para quebrar os moldes de um livro de psicologia. Há a auto-reflexão e a tentativa de manter a mesma temática e as mesmas imagens, além da tentativa de dissociar o autor do livro. O autor, dentro do livro, é uma *persona* no sentido novelístico.

L.P. *Ele desaparece nele e dele.*

J.H. O que você quer dizer com isto?

L.P. *Bem, lembro do fim do livro, onde você praticamente faz uma espécie de cortejo com todos os assuntos do livro.*

J.H. Indo embora...

L.P. *Indo embora e desaparecendo no nada; só o que sobrevive é a* anima. *Bem, num certo sentido, a* anima *também é nada. Há um esforço consciente — um esforço retórico em jamais permitir que o conteúdo seja literal. Os temas podem ser tomados literalmente a bem da discussão até um certo ponto, mas então você os derruba, você* *os desmascara. E diz: "Foi isto o que eu quis dizer até agora, mas agora... vazio".*

J.H. Como escrever um livro que quer apresentar seriamente um corpo de idéias e ainda assim não ser pego pelo velho padrão de apresentação de idéias sérias?

L.P. *Não use argumentos literais.*

J.H. Bem, isto é polêmico.

L.P. *Sim, muita polêmica. Mas o esforço é totalmente retórico. Seu estilo requer que você coloque um conjunto de idéias contra outro conjunto de idéias.*

J.H. Sim, está cheio de discussões polêmicas, mas a discussão, como você diz, é usada dentro de um modelo retórico, e não no velho estilo de oposição, do pensamento contraditório, provar e refutar.

L.P. *Ler a sua obra tentando encontrar provas seria uma leitura completamente errada.*

J.H. Isto mesmo. Um dos comentários que aparece na contracapa do livro é: "Aqui está um livro inteiramente sobre a alma que nunca menciona sequer uma pessoa — exceto personagens históricos, ou autores". Não há um único caso, nenhum caso literal no livro. O que foi mais uma vez uma tentativa de libertar a alma da identificação com personalidade. Os gregos não tinham a idéia de "pessoa". Eles não tinham a palavra "pessoa". Ao meu ver, o livro foi escrito num estilo com o qual você teria que lidar caso estivesse na Renascença ou na Grécia. Ele não utiliza categorias fundamentais que são usadas pela psicologia do século XX, ou seja, se você está falando sobre psique, você tem que mencionar pessoas, casos, sociologia. Não é assim. O grego Platão falou sobre psique sem localizá-la num caso ou numa pessoa.

Na verdade, a palavra "pessoa" nos foi dada por Agostinho. Veio com o cristianismo. Não é que pessoa não seja uma idéia importante, é que se você está tentando escapar de um certo modelo de pensamento, tem que tentar desviar-se de qualquer armadilha deste modelo de pensamento. É por isso que, de propósito, eu não apresento nenhum caso, nenhum exemplo. Não há, de propósito, nenhuma evidência para provar algum ponto. Não há, de propósito, nenhuma base ontológica. Ou seja: este livro é a alma. E tudo é construído a partir desta substância alma. Não há nenhuma tentativa de construir uma estrutura sobre a qual ele possa estar embasado ou de elaborar um sistema a partir dele. O meu amigo que organizou o índice remissivo do *Re-Visioning Psychology* disse: "Como fazer um índice remissivo de um romance?". Porque não existe aquela lista de substantivos que formam um índice remissivo. Há, como você mesma diz, um jeito retórico de expressar certas idéias que não se tornam tópicos no sentido comum. O mesmo acontece com *The Dream and The Underworld* (1979). O livro tenta explicar de que maneira o mito é uma base — mas é uma base que desaparece no momento em que você tenta embasar alguma coisa nele.

L.P. *Acho o índice remissivo do* Re-Visioning *muito útil, e as notas de rodapé também. Se não houvesse essas notas, se não houvesse este índice, acho que seu livro seria um tratado de apologética pagã. Poderia ter sido escrito, digamos, no século IV.*

J.H. Maravilhoso! O livro tem sua própria pequena biografia. A primeira cópia do livro que mandei para o editor eram as próprias palestras de Yale, as quais podiam ser lidas numa noite. Eram quatro palestras de uma hora cada e que poderiam ser lidas da maneira mesma como foram faladas. Daí vieram as notas, que seriam muito ricas, cheias de comentários sobre as palestras — o segundo nível do texto. O terceiro nível era uma coleção de apêndices. Eu havia escrito uns dezessete apêndices sobre idéias básicas ao longo de todo o livro, ampliando-as. O editor disse que era complicado demais. Além disso ainda havia aquela idéia dos comentários sobre comentários. Pensei que o livro poderia ser lido em níveis diferentes. As pessoas poderiam usá-lo para aquilo que quisessem. Por fim, aqueles apêndices entraram como parte do corpo do livro, impressos num tipo menor, como "excursões". Você poderia pular as excursões ou lê-las, e elas se sustentavam por si mesmas. Durante todo o processo, havia esta questão de "como fazer" a forma do livro, um preocupação tanto do editor quanto minha. O problema da forma esteve presente o tempo todo.

L.P. *Mas a forma está bastante consistente. Não é aí que está o estranho da coisa.*

J.H. Bem, foi um longo caminho até chegar nesta consistência. Devo dizer que o livro foi recusado pela editora da Universidade de Yale e por um outro editor também. E muito desta consistência veio dos editores que me ajudaram na formação das frases, o que, é claro, significa meu pensamento. Editores, você sabe, são os terapeutas das frases. Não há nada mais íntimo do que a forma como o seu pensamento se transforma em palavras. É a sua própria alma, e os editores, se forem bons, sabem como realizar um trabalho preciso com sua alma escrita.

L.P. *Ainda por cima é um livro difícil de se traduzir justamente porque depende muito do estilo.*

J.H. Agradeço muito aos tradutores. É um trabalho tão incrivelmente desvalorizado. O tradutor tem que pensar da mesma maneira que o autor, de alguma forma venerar o mesmo altar. Uma vez conheci o tradutor americano de Mallarmé e Corbière. Ele costumava sentar nos seus túmulos para entrar em suas almas. Se você não colocar as sentenças do modo certo, pegar o ritmo certo, meu livro não fará sentido, ou pior, vai virar uma discussão conceitual, o velho modelo de novo.

L.P. *Mesmo assim, ele não é vago. É bastante claro, você sabe.*

J.H. Graças ao processo de revisão, de editoração. É uma clarificação alquímica, um "alvejamento". *Re-Visioning Psychology* tem sido usado na América em diferentes cursos: psicologia do excepcional, filosofia, religião, tem sido usado em cursos de arte, de cinema, cursos sobre a consciência pós-moderna... Os estudantes que têm que utilizar o livro geralmente não gostam e reclamam porque eles querem saber o que o livro está tentando dizer, eles querem o livro *explicado*. É difícil para eles porque estão sendo obrigados a ler de uma maneira diferente. Ao escrevê-lo eu só estava tentando ser claro. Minha luta é segurar o cavalo, não fazê-lo voar. Para mim é muito difícil ser claro; talvez seja por isso que freqüentemente vou aos extremos. Sempre acho que as coisas devem ser viradas de ponta-cabeça para que não voltem a ser aquilo que eram antes. E temos que levar cada idéia tão longe quanto possível para que as outras idéias possam se movimentar também. Se você deixar qualquer clichê aparecer ele vai afetar todo o resto. Ao mesmo tempo eu queria ser livre, queria deixar a coisa jorrar. Não é só uma questão de ser livre, mas ser livre e fazer com que alguma coisa aconteça. Então não me censurei muito.

Lembro de ter cortado uma certa passagem que me parecia muito forçada: sobre a presença dos deuses nas coisas, nas ruas, nos edifícios, e daí por diante. Cortei. E, claro, esta é exatamente a idéia com a qual estou trabalhando agora, em 1980: a reanimação do mundo. É incrível como é legítimo aquilo que pensamos! Você censura seu próprio pensamento porque pensa: "Isto é muito louco". De onde vem isso; esta idéia de que as formas das coisas são as faces dos deuses? Lembro de cortar esta idéia porque não conseguia estabelecê-la, conectá-la de modo algum. Estava já conectada, mas minha mente crítica, consciente, não conseguia vê-lo. Eu não estava apto a elaborar esta conexão corretamente. Imagine! Eu já tinha a idéia da reanimação do mundo em minhas mãos quando estava escrevendo há seis anos. Acho que o que nos faz escrever é este desejo de ir tão longe quanto nos é possível ir. Tentei fazer isto no *The Dream and The Underworld* também. Algumas partes daquele livro são completamente loucas. Quando digo louco, quero dizer que há um aspecto além da sua habilidade de justificar racionalmente aquilo que você disse. Deixar a coisa acontecer não implica em não tentar segurá-la. Ambas ao mesmo tempo. Louco e claro. Esta é a necessidade apolônica: manter a coisa clara, concisa e bem estruturada. É crucial.

L.P. *Você escreve de uma maneira deliberadamente irregular e terapêutica. Está freqüentemente saindo dos trilhos. Como na terapia, você não expulsa nada de seus escritos e deixa muita coisa entrar, talvez até demais. Muitas vezes é difícil captar de fato uma idéia. Uma coisa pode ser dita: não se aprende nada com seus escritos, assim como não se aprende nada com um sermão, ou uma* orazione, *você simplesmente "salva sua alma", concorda ou discorda, e admira. Então lemos seus escritos nos deparando com trechos soltos, picos, uma quantidade enorme de erudição, resumos literários e floreios, o conhecimento histórico... Você escreve deliberadamente neste estilo?*

J.H. Eu não planejo assim, eu *sou* assim. Por exemplo, recolher uma quantidade enorme de material, gastar muito tempo naquilo que você poderia chamar de tradição consciente padrão... então vem aquele salto, ou movimento, que vira tudo de cabeça pra baixo. Bem, este movimento, sim, é psicologicamente deliberado. Veja, não acredito que você possa mudar — a gente vem dizendo isto ao longo de toda a entrevista — sem levar sua bagagem consigo. Então, se você vai escrever sobre Pan...

L.P. *Pan, este é um bom exemplo. O seu* Essay on Pan, *que fez tanto sucesso na Itália — você sabe, foi um* best-seller *—, foi escrito primeiramente para acompanhar um texto acadêmico alemão. É por isto que ele começa de uma maneira tão lenta, e só depois você dá o salto.*

J.H. Este salto depende inteiramente do ritmo lento inicial, como o embalo que você ganha na corrida para dar o grande salto. Primeiro, você tem que entrar no Pan de todo mundo. *Só então* pode mexer com a tradição consciente padrão. Qualquer coisa com a qual você queira mexer deve começar ali onde ela está, no ponto em que ela está parada. Isto involve erudição — provavelmente muita erudição. O que se quer geralmente é ficar com a história, o material, o conhecimento, até mesmo saboreá-lo: uma biblioteca é um restaurante. Devoro tudo, e isto me dá apetite para continuar. Não sei exatamente o que quero dizer sobre Pan até que tenha comido tanto que escrever pra mim seja parte de um digerir, vomitar o que outras pessoas dizem e poder ser pego pela complexidade da coisa. É como em terapia: você precisa ser pego pelo complexo da outra pessoa para poder mexer com aquele complexo. Se uma mulher me diz: "Você está fazendo exatamente o que meu marido faz. Você está me interrompendo quando falo, está me desprezando, reage como se eu fosse a pessoa mais chata do mundo quando tento lhe falar alguma coisa", então digo: "Graças a Deus!, agora chegamos lá". Quero dizer que eu fui pego pelo material psíquico — "Estou atuando o mesmo complexo que você tem vivido em sua casa". Este é o complexo. Se me torno seu pai, seu irmão ou seu marido ou o que quer que seja, estaremos então numa posição tal que nos permita realmente mexer com a situação. Veja, eu faço a mesma coisa quando escrevo: fico deliberadamente algum tempo com o que já houve para subitamente poder enxergar através disso.

L.P. *Por que o seu estilo é tão irregular?*

J.H. Vamos dizer que esta irregularidade se deve a duas coisas. Primeiro, que é assim que eu sou, misturado. Misturado, *meshugge*. Segundo, é um jeito hermético. Na alquimia, mercúrio é a cor verde *e* amarela, todas as coisas estão misturadas, todas as coisas são duplas, ou de um momento para o outro, não são mais as mesmas, e assim por diante. Eu preferiria escrever um belo ensaio. Você sabe, fluente. Não consigo escrever um prosa simples e fluente. Para justificar a minha bagunça, digamos que ela pertença a um modo politeísta, um modo psicológico, porque todos os complexos estão falando e têm o que dizer. O velho professor tem suas notas de rodapé, e o *puer* tem seus vôos: há todo o tipo de vôos acontecendo, asas e flores e essas coisas. E há uma tentativa de relacionar o que acontece no livro com o sofrimento do próprio leitor. Veja, não acho necessariamente que este ensaio deva ser escrito por este complexo e aquele ensaio por aquele outro complexo. Por que não deixar que diferentes vozes falem num mesmo trabalho?

L.P. *Então, não tem tanto a ver com irregularidade, mas com o abandono do estilo monoteísta nos escritos psicológicos.*

J.H. É isso aí — os artigos nas revistas especializadas e nos livros didáticos são muito puritanos: cheios de abstrações, e não é permitido nada que seja barroco. É tudo extremamente frontal, nunca nada é insinuado. Você não evoca a fantasia do leitor, você nem sequer permite sua própria fantasia. Sempre um único objetivo levando a uma "conclusão" limpa e linear.

Durante todo este século, a psicologia tentou ser científica e agora fala como ciência, presa nesta linguagem chata. Nenhum adjetivo, nenhum advérbio — estes são por demais "subjetivos", porque a ciência diz que são opiniões pessoais e não pertencem ao mundo objetivo. Então a psicologia corta fora os adjetivos — e o subjuntivo, a metáfora...

Você escreve: "Ela é uma mulher de trinta e quatro anos, com sessenta e cinco quilos, 1,70 m, esquizofrênica paranóica". Mas você nunca diria algo como Dickens: "seus olhos salpicados de prata evitam furtivamente seu olhar, caindo em profundo silêncio como se para observar atenciosamente seus próprios pensamentos". Precisamos olhar para nossos pacientes como Visconti ou Fellini o fariam. Raramente se lê hoje em dia na América uma descrição cuidadosa do paciente como se lia em antigos livros psiquiátricos, como os de Bleuler ou de Kraepelin. Agora nossa linguagem é previsão estatística — cem pessoas classificadas desta ou daquela maneira, de modo que tantos poderão apresentar melhora dentro de determinado período com o uso de tal droga, e assim por diante. Não se encontra mais o olho descritivo individual, o olho clínico, o olho de Flaubert. Não confiamos em nossos próprios olhos e, de qualquer maneira, nem temos linguagem para aquilo que vemos, então aplicamos um teste Rorschach, ou um Minnesota. Esta linguagem é asséptica, objetiva. Resultado: perdemos nossa linguagem para descrever o próprio material com que trabalhamos — gente. Esta supressão da linguagem faz com que a maioria dos livros psicológicos pareça morta. Eles não falam da psique nem para a psique. Nenhuma complexidade.

O que significa que os grandes livros psicológicos ou são romance peças teatrais ou biografias, até filosofia; ou são do estilo de Freud, de Jung.

L.P. *O que você quer dizer por complexidade?*

J.H. Freud era um escritor extraordinário devido à complexidade dos diferentes níveis de coisas acontecendo ao mesmo tempo em suas ensaios — ele tenciona fazer uma estudo de caso no sentido médico; pretende fazer cinema verdade, aquilo que realmente aconteceu; pretende fazer um contribuição teórica à natureza humana, um trabalho de antropologia; ao mesmo tempo está fazendo uma ficção muito elaborada, uma construção bastante elaborada — e não sem um pouquinho de pornografia. Tudo isto torna sua obra fascinante e sedutora a vários aspectos da psique. Suas descrições de caso não são apenas casos clínicos, e seus escritos teóricos não são apenas teorias. Além disso, ele não tem a menor vergonha de suas fantasias: fantasias sobre Leonardo, sobre a horda primal, sobre a morte, ou suas fantasias sobre as fantasias sexuais da criança ou suas fantasias sobre mulheres... ele inclui tudo. Esta complexidade me parece crucial para uma boa psicologia.

L.P. *Talvez a psicologia devesse ser parecida com um bom romance...*

J.H. Hum, sim!

L.P. *E que tipo de retórica você acha que Jung usou, em comparação a Freud?*

J.H. Bem, ambos acreditam estarem fazendo ciência em algum nível. Jung complicou seus escritos com um enorme número de referências, aquilo que ele chamou de amplificações. Tudo o que escreveu dizia mais do que estava escrito. Ele também complicou através da erudição. Freud pôs muito pouca erudição em seus escritos, mas tinha uma visão mais conseqüente, mais passo a passo. Jung geralmente permitia-se desviar do assunto por quatro ou cinco parágrafos. As complicações de Jung também são estilísticas, mas de um modo romântico; Freud tentou escrever de um modo clássico. Na verdade ambos são terrivelmente complicados. O que as pessoas querem hoje em dia é uma psicologia geral simplista. Mas a boa psicologia tem complicações: a de Laing está em sua articulação paradoxal. Em Laing a complicação não está na riqueza do material como em Jung, e não está nos níveis daquilo que acontece na mente como em Freud; está mais nas viradas mentais ocorrendo nas palavras.

L.P. *E onde estão suas complicações?*

J.H. Minhas? Já disse que há uma terrível tensão entre tentar ser muito claro e ao mesmo tempo tentar virar a coisa toda. E esta é somente uma das tensões. Uma outra ocorre em relação a expansão e contração. Quero escrever de uma forma realmente compacta. Eu adoraria ser lacônico, lapidar. Escrever usando fragmentos que pudessem ser citados, e ainda assim tudo se expande, voa e quer prosseguir. Gertrude Stein diz que o próprio escrever quer prosseguir.

L.P. *Você também parece adorar notas de rodapé. O seu uso da erudição segue mais Jung do que Freud. Você tem sido criticado por estas notas de rodapé — como se elas fossem meras exibições.*

J.H. Notas de rodapé! Eu posso passar uma manhã inteira vasculhando uma pequenina coisa, conferindo alguma referência, checando-a novamente. Mas há alguma coisa sobre erudição nesta possessão que é... digamos, bem, parte de minha fé, o modo como encaro psicologia. Tento incorporar, vamos chamar de cultura, o máximo que posso. A alma tem que ter cultura. Tenho a impressão de que se eu puder incorporar todas estas referências culturais, a própria cultura será revitalizada, conectar as coisas da velha biblioteca com a mente de hoje e a mente de hoje com as bibliotecas. É uma preocupação cultural. Quero mostrar que a psicologia não é uma coisa nova porque a própria alma não é uma coisa nova.

L.P. *Esta não é uma ambição muito americana? Os "scholars" americanos adoram citações, vivem ocupados em fazer cultura.*

J.H. Não a psicologia americana: nela tudo é aqui e agora, corpo, estados alterados de consciência, renascimento instantâneo: atirado fora do canal vaginal como de um canhão de circo, a cabeça saindo já com um capacete. *Bang!* Novo! Agora! Uau! Nenhuma nota de rodapé! Para mim, isto simplesmente não é psicologia. Complexidade e erudição são maneiras de complicar as coisas — você tem um espelho para refletir a psique, como o que você disse há pouco sobre o romance... A psique é muito, muito rica. Sua própria psique é um aglomerado de complexos, emoções, idéias, memórias... Se você conseguir o máximo disso tudo num único trabalho estará falando a mais partes da psique.

L.P. *O que acontece de fato em sua mente, em sua fantasia, quando você está escrevendo? Como toma forma um livro tão complicado e tão cheio de coisas como o* Re-Visioning Psychology?

J.H. Quando eu estava tentando terminar o livro, desenhava mapas de batalhas. Todos os dias, eu desenhava o mapa de alguma parte do *front* a ser fechada — por exemplo, entre as páginas 81 e 85, ou de 112 a 113. Eu tinha estas lacunas nas linhas. Brincava de tentar fortalecer e encerrar todas as páginas que ainda estivessem fracas. Não escrevi consecutivamente: escrevi pedaços diferentes para diferentes pontos fracos do *front*. Esta foi a única maneira de conseguir terminar o trabalho. Se assim não fosse, ele se tornaria um trabalho literal, simplesmente levar a batalha adiante, página por página.

Lembro quando escrevi "Abandonando a Criança" em 1971 para uma palestra em Eranos. Minha imagem dela era a de uma coleção de aquarelas muito simples. E eu só queria pintar uma aqui, outra ali, uma pequenina sobre "a criança morta", uma outra sobre "a árvore e a criança"... como se você estivesse passeando numa galeria, e não importasse qual quadro vem primeiro; não havia nenhuma ordem consciente entre as imagens fenomenológicas do tema. Não queria contruir nada, não queria nenhum peso. Queria manter a coisa toda como uma série de imagens levemente tocadas, aquarelas. Dei a palestra e saí de lá pensando que tinha sido um absoluto fracasso. (Sempre tenho esta sensação, a de um absoluto fracasso.) Achei que o jeito , o estilo retórico não havia funcionado. Parecia suave de mais. Meu pensamento era frágil. Disse a mim mesmo: agora você arrasou com tudo por causa da fantasia estética das aquarelas. Eu culpava minha fantasia da forma — não as idéias. Na verdade, desde então o ensaio tem sido muito bem aceito como um trabalho escrito. Tem sido ensinado, traduzido, xerocado. Mas quando dei a palestra pareceu horrível.

L.P. *Isto foi em 1971, em Eranos. Em 1968 o trabalho que você apresentou foi sobre a linguagem psiquiátrica, que se tornou uma das partes de* O Mito da Análise. *Lá a fantasia deve ter sido totalmente diferente, uma vez que...*

J.H. Ah, Jesus, sim, aquilo foi um tremendo trabalho enciclopédico. Reunir todos aqueles fatos. Trabalhei durante meses naquilo! Lia tudo que podia — história médica — para conseguir novas imagens da psicopatologia. Eu não tinha nenhuma fantasia física especial como a batalha ou as aquarelas. Era um tipo de coisa mais enciclopédica. Quando estava escrevendo o trabalho sobre Dioniso e a histeria [*O Mito da Análise*, parte 3, 1969], lembro de dizer que me sentia como se estivesse dentro de uma daquelas esculturas enormes, um Henry Moore, ou uma daquelas enormes vigas de aço, tentando de todas as maneiras soldar os pedaços. Era como um enorme trabalho escultural, físico, exaustivo. Então as imagens do que faço *quando* estou escrevendo não têm nada a ver com *o que* estou escrevendo, mas elas se tornam necessárias para minha imaginação poder fazê-lo. Elas antecipam e dão forma.

L.P. *Elas são as "moradas" do seu escrever (Heidegger, acho).*

J.H. As moradas? Elas são a forma. E de uma maneira ou de outra elas me previnem de encarar literalmente o ensaio como ensaio. Elas são graças protetoras. E são como condutoras porque me lembram a música, voltar sempre a um mesmo tema. Estas fantasias simplesmente acontecem. Não as uso deliberadamente. Não penso: "Vejamos, qual é minha imagem para este ensaio? Ah, é uma escultura". Não é assim que funciona. Por exemplo, eu me trancava no escritório e começava a escrever... estava na Suécia... no verão. Minha primeira mulher era sueca e íamos para lá todos os anos com as crianças, para uma ilha. Eu ficava trabalhando naquelas enormes monografias para Eranos, e enquanto estava sentado em minha pequena sala branca trabalhando nestes textos tinha a sensação de estar fisicamente envelopado pelo material com o qual estava trabalhando — e aquela coisa escultural me abraçava, como as aquarelas.

L.P. *Estamos de volta ao físico...*

J.H. ... alquímico. Tem a ver com pressão. Naquela pequena sala era como se houvesse um aquecedor. A menos que o trabalho libere um tremendo calor, eu não consigo realmente chegar naquilo com que estou trabalhando, nem mesmo por que estou escrevendo aquilo tudo. Mas este calor evita que você escreva uma prosa fluente e fria. Ah — a idade de prata do Latim. Aí está a fantasia mediterrânea novamente: frases clássicas. Para mim, a coisa é mais sulfúrica, como se escrever fosse um modo de sublimar o enxofre — tantos ódios ali fervendo, idéias a serem atacadas. O enxofre é o elemento combustível. Ele gera calor e expansão e portanto precisa de condensação: isto significa reduzir, apertar, evitar as pequenas palavras e frases que tornariam tudo mais compreensível. A condensação torna o estilo denso, e isto gera mais pressão e mais calor. É um verdadeiro círculo alquímico.

L.P. *Se seu corpo físico carrega este calor alquímico, eu diria que sintomas, o que você chamar de patologizar, deveriam acompanhar o processo de escrever.*

J.H. Não realmente — os ombros ficam tensos, o rosto também, ao redor dos olhos, as pálpebras tremem se você força a "vista". E o estômago... eu tive úlcera... mas não foi de escrever. A maior parte é feita pelas mãos, junto com o estômago, e elas adoram! Eu como o tempo todo enquanto trabalho. Mas quando estou cortando àrvores na Suécia, nadando ou andando quilômetros pelas ruínas, eu como muito menos. É a mente que precisa de boa comida. A gente ganha corpo escrevendo *body-building**. Então, você pode estar trabalhando com "meras" palavras e só com a ponta de seus dedos, mas na verdade você cria um *corpus*, um corpo, que se torna uma pessoa em si, que não é "James Hillman" — mas *disso* nós já falamos. Então, há também uma luta livre, uma briga física acontecendo entre o corpo físico do autor e o corpo do trabalho. Por isso as pessoas que escrevem às vezes dizem: "Meu, este livro quase me matou. Me derrubou".

L.P. *Ponta dos dedos: isto quer dizer que você datilografa seus livros.*

J.H. Eu datilografo, uso tesoura e cola e ando feito um louco pela sala procurando por coisas. Tenho livros, papéis e anotações. Uma enorme mesa, tudo espalhado pela sala. Tão logo eu comece a trabalhar em algum assunto uma bagunça está formada... cada vez mais

* *Body-buildling*: o termo em inglês para exercícios de musculação; literalmente traduzido é "construção do corpo", daí o jogo de palavras do autor no original. (N.T.)

desordem, e cada vez mais atividade conseguindo tirar alguma ordem daquilo tudo. Mas a atividade física é um prazer, assim como a desordem. Eu bebo chá... então desço até a cozinha para preparar mais uma xícara de chá esquecendo de levar a xícara usada. Assim há xícaras de chá por toda parte, em cima de tudo. Mas com toda esta bagunça, minha mente está posta naquela sala, esparramada por cima da mesa, e é por isto que não posso limpar a sala até que termine o trabalho. Perder qualquer coisa ali seria como perder minha cabeça.

10 TRABALHAR

L.P. *Vamos falar da terapia sob o ponto de vista do trabalho.*

J.H. Então temos que começar pensando o que é realmente a terapia. Terapia não tem a ver com consciência; também não tem a ver com autodesenvolvimento e, lógico, tampouco é um tratamento médico. O que é então? Será que serve basicamente para promover aquilo que os junguianos chamam de "individuação"? Acho que não — ou pelo menos não da maneira como individuação é geralmente concebida. Essa idéia deve ser repensada, não tanto um processo no sentido da auto-realização como o cumprimento de um destino; a individuação me parece uma fantasia necessária para sustentar nossas esperanças de forma que cada um possa viver sua singularidade, realizar sua individualidade como um todo tão completo quanto possível a cada momento. Isto significa que terapia tem a ver com ser capaz de viver, amar, comer, pensar, fazer, responder — e trabalhar. De forma que o objetivo da terapia é levar uma pessoa de volta a um modo irrefletido, instintivo de trabalhar. É uma coisa maluca porque todo o procedimento baseia-se em *insight*, reflexão e conversa, e ainda assim o que se quer é uma responsividade irrefletida, o bom e velho trabalho — a mente trabalhando todos por si sem complicações neuróticas. Você sabe que Freud disse que a função da terapia era levar a pessoa a amar e trabalhar. Parece-me que esquecemos metade do que ele disse: trabalho. Estivemos falando sobre o que acontece de errado no amor por oitenta anos. Mas e sobre o que há de errado no trabalho? Quando isto foi discutido?

L.P. *Mas a noção da terapia adaptativa, a reeducação...*

J.H. Claro, estas coisas foram consideradas, mas não vamos fingir que tenhamos de fato lidado com elas. Você não adapta a pessoa ao trabalho: você adapta o trabalho à pessoa. Penso estar tocando num ponto delicado. Trabalho como *o* problema da vida humana: é com isso que o marxismo sempre se preocupou; mas não estou tentando esta abordagem, mesmo porque eu a questiono. Questiono a idéia econômica marxista do trabalho, apesar de eles estarem certos em insistir que o trabalho é básico. Trabalhar é o que a maioria das pessoas neste planeta faz: acordar de manhã e ir para o trabalho. Onde aprendemos a trabalhar, como aprendemos a eliminar a neurose do trabalho, de maneira que ele possa funcionar por si mesmo, e o que é o instinto de trabalho? Nós falamos do instinto sexual, falamos do instinto da fome, ou do instinto agressivo: o que é o instinto do trabalho? Acredito que há um instinto do trabalho; foi ele que desenvolveu a civilização humana, e acho que este instinto pode em si ser perturbado, afetado, patologizado. Como amor e sexo, o trabalho pode ter suas patologias.

L.P. *Você quer dizer que o trabalho não corresponde mais ao dinheiro, ou que as pessoas não trabalham o suficiente, que elas não sabem por que trabalham, e que o trabalho aliena...*

J.H. Não me refiro a patologias no sentido econômico. Essas coisas todas existem, mas não é isto o que eu estou tentando dizer. Veja o meu tipo de trabalho, eu me sento e minhas mãos não começam a trabalhar imediatamente quando paro o reflito: o que devo fazer? o que fazer agora? e, o que está acontecendo? Mas, quando algo me vem à mente, começo a trabalhar; quando separo este ensaio daquele, troco este livro de lugar, pego o lápis vermelho que estava procurando em cima da mesa, então estou trabalhando.

L.P. *Isto tem implicações bem perigosas. Primeiro, implica que quando você está questionando "o que fazer agora?" você não está trabalhando, e, segundo, implica que atividade mental não é trabalho, que somente a atividade física é trabalho. Além disso, implica também que a atividade física é "clara" — boa, simples e não neurótica —, e que questionar-se é neurótico.*

J.H. O questionamento na hora certa e do jeito certo é trabalho. Mas questionar em vez de deixar que suas mãos trabalhem não é a razão pela qual seu corpo está sentado ali naquela mesa. Se você está na mesa de trabalho, você está no lugar onde o trabalho acontece. Não cabe ali o questionamento como uma defesa contra as mãos. Se de fato o trabalho agora é o questionamento, então vá dar uma volta ou deite-se e medite.

L.P. *Há alguma coisa de errado aqui: o exemplo de você sentado em sua mesa implica que só a ação física das mãos é trabalho.*

J.H. O erro, o problema aqui é imaginar que as mãos não têm mente, que são só físicas. É aí que todo o problema do trabalho começa: no menosprezo e na má compreensão das mãos. O trabalho deve se tornar uma "ética": você tem que se convencer a trabalhar, educar as crianças para o trabalho, recompensar as pessoas pelo seu trabalho. Moralizamos o trabalho e o tornamos um problema, esquecendo que as mãos *adoram* trabalhar e que a mente está nas mãos. Que a idéia da "ética do trabalho" acaba impedindo o próprio trabalho... transforma-o numa obrigação em vez de um prazer. Precisamos falar do instinto do trabalho, não da ética do trabalho, e em vez de situar o trabalho com o superego, necessitamos imaginá-lo como uma atividade do id, como uma fermentação, algo que ocorre instintivamente, de maneira autônoma, como a cerveja, ou o pão. Claro, isto é um ideal, qualquer teoria do instinto de uma função humana tende ao idealismo — teorias do instinto tendem a ter Rousseau nelas. Porque bem no meio do trabalho eu posso perder minha concentração. Estou sendo atacado. Não posso mais fazê-lo, me parece chato, e penso: "Isto que estou fazendo é muito comum, não é importante, deveria estar fazendo algo muito mais importante do que isto" — este é um dos pensamentos que tenho. O que me salva nestas horas e a sensação de que *tudo* é importante.

Tenho uma fantasia, por exemplo, que tenho uma fazenda, e não interessa se estou corrigindo provas, escrevendo notas de rodapé, lendo algum ensaio chato, ou editando o trabalho de alguém... o que quer que eu esteja fazendo é como na fazenda, e tenho que dar de comer às galinhas, colher as batatas, cortar lenha, fazer a contabilidade e limpar o terreno. Cada um destes trabalhos é necessário e nenhum é mais importante do que o outro. Então a página em branco, esta importante idéia nova que você está desenvolvendo não é mais importante de que aquelas tantas outras coisinhas que aparecem ao longo do seu caminho. E acontece que elas também são o próprio caminho. Não tenho uma imagem monocêntrica do trabalho, como se cada um tivesse uma tarefa específica. Se me pergunto. "Qual sua tarefa na vida?", terei uma única resposta. Questões como esta vêm do ego, de forma que só podem ter uma resposta — ou uma escolha dentre respostas únicas. Questões do ego já estão instituídas — você nunca pode respondê-las psicologicamente, com uma resposta politeísta. Portanto não existe apenas uma tarefa específica, como um chamado ou uma vocação. Vocação é uma idéia espiritual muito inflada. De um pra um. De Deus pra mim. Repare como nossa idéia do homem da Renascença é uma fantasia politeísta.

Ele faz todo tipo de coisas. Mas a vocação direciona o ego e o torna um especialista — daí você "acredita em si mesmo" — e esta é mais uma armadilha daquele Demônio, a Crença — porque quem está acreditando em quem? Eu estou acreditando em mim — puro ego, então tenho uma missão. A fantasia da fazenda é politeísta, quem pode dizer qual é a coisa importante numa fazenda: o homem que compra ovos de mim gostaria de poder ter mais ovos, então lhe parece que o tempo que gasto cortando lenha é um desperdício. "Ponha um ajudante para fazê-lo. Você tem os melhores ovos da redondeza. Produza mais, quem sabe até melhores". Especialização : o melhor produtor de ovos da região; e isto é monoteísmo, missão e morte prematura! Se você não gosta da fazenda tomemos a fantasia do pintor: um pintor pode estar trabalhando em um ou dois óleos, estar re-trabalhando uma peça que fez vinte anos atrás, procurando uma nova coloração ou uma nova mistura de cores, e negociando uma comissão que lhe foi oferecida — ele faz todas estas coisas ao mesmo tempo.

L.P. *Você parece não enxergar uma distinção básica que aprendi na Suíça — a diferença entre* Hauptsache *e* Nebensache: *como se concentrar nas coisas principais e deixar de lado as menos importantes. Uma das críticas que geralmente se faz a um presidente ou a um primeiro-ministro é que freqüentemente eles prestam muita atenção aos detalhes às custas de seu programa político maior, ou vice-versa. Na sua "fazenda" parece não haver tarefas maiores ou menores.*

J.H. Minha fazenda é uma fantasia *psicológica*, e portanto tende a distribuir valor entre todas as tarefas reais, ao passo que numa fazenda *espiritual* as tarefas seriam dispostas numa hierarquia. "Importância" na minha fazenda não é uma idéia tão abrangente quanto a de uma grande tela ou uma história de psicologia de mil páginas; a importância aparece na maneira como você realiza cada coisa *Nebensache* se torna *Hauptsache* na forma como você faz o trabalho. E como a velha questão de que os fins justificam os meios, não é? Os fins têm que mostrar seu valor nos próprios meios que você está usando para atingir os fins. Análise é um exemplo perfeito: quando você está trabalhando analiticamente, seja qual for o objetivo da análise, as grandes idéias — conciência, sensibilidade, imaginação, totalidade — devem estar presentes em cada reação; estes fins têm que estar ali no trabalho em todos os momentos. Eu poderia colocar a mesma coisa numa linguagem militar: a estratégia está na tática.

L.P. *Isto pode estar certo com relação ao trabalho intelectual, mas e os outros tipos de trabalho: consertos, trabalhos domésticos, tra-*

balhos de rotina, nas fábricas, nos campos, dirigindo um caminhão ou o trabalho numa indústria química, onde você pode ser envenenado pelo próprio trabalho...

J.H. Não posso dizer nada sobre dirigir um caminhão, porque não sei nada sobre isto. Ou trabalho de secretária... às vezes tenho que datilografar uma página quatro ou cinco vezes...

L.P. *Mas estes são seus próprios escritos!*

J.H. Tudo bem, mas e uma mulher que vai para um escritório todos os dias e fica lá datilografando oito horas por dia? O que há de errado nisto? Porque *há* alguma coisa errada. Novamente estamos lidando com isto de uma perspectiva monoteísta — esta pessoa não está numa fazenda, esta pessoa tem um serviço especializado. Os serviços especializados são assassinos: você só faz uma coisa. Mas se a pessoa que está sentada na máquina de escrever o dia inteiro também faz o café, escolhe e cuida da mobília e do material de papelaria, limpa as janelas do escritório, também tem que sair para fazer as compras necessárias para o escritório, deve também cuidar da manutenção da máquina de escrever, deve conhecer suas ferramentas de trabalho, aí então a coisa toda muda, porque é tão importante manter a máquina de escrever em ordem e as janelas limpas como talvez também ler alguma coisa a respeito do material que ela está datilografando: então não mais estaremos falando de um serviço especializado, que mantém a pessoa presa somente à máquina...

L.P. *Mas não é para isto que você está sendo contratado!*

J.H. Não, não é para isto que você está sendo contratado por causa do estilo monoteísta de trabalho. A especialização tornou-se servir a um só Deus. De forma que esta mulher não tem o seu império, não possui um território: para se conquistar um território é necessário que se faça ao menos de dez a quinze coisas. Pequenos altares por toda parte. Do contrário, ela fica completamente identificada no escritório com a descrição do seu ofício, seu rótulo. Ela nem toca em algo diferente: "Não faço as compras, elas devem ser entregues por alguém na minha mesa"; "Não faço o café, sou melhor do que isto, a servente é que deve fazê-lo"; "Não vou sair correndo para botar uma carta no correio". A vida real seria sair e colocar a carta no correio, ver outras pessoas. Assim, você tem um pequeno império, todo um território, você está de volta à fazenda cuidando de cada uma de suas partes.

L.P. *Ainda assim você mantém a secretária distante dos processos de decisão. Você expandiu o território dela, mas não até a sala da* *diretoria. Ela continua uma trabalhadora, ainda que menos especializada.*

J.H. Esta ênfase nos "processos de decisão" não seria tão forte se fôssemos menos especializados. A especialização faz com que a pessoa se sinta sem poderes — tudo vai acontecer a ela de fora, exceto aquela única coisinha que ela controla. Daí querer entrar nos processos de decisão. Mas se tenho mais coisas a dizer sobre meu território efetivo — seu tempo, seu estilo, suas coisas, até mesmo as formas de negociação (não apenas o cliente), e as pessoas todas que estão envolvidas no meu trabalho (não apenas o pessoal do escritório) —, já estou participando do processo de decisão no ponto em que este processo realmente afeta meu trabalho diário.

L.P. *Isto é pura utopia: com certeza não é assim que a sociedade está estruturada!*

J.H. Será tão difícil fazer estas pequenas mudanças? Será que não podemos conseguir mais de nosso trabalho, tentar de fato possuí-lo? Quanto mais você investir, mais a fazenda vai crescer e se desenvolver; tudo faz parte. A visão especializada, monoteísta do trabalho é mesmo terrível. Ela presume que as pessoas não querem trabalhar e que elas preferem ter o mínimo de coisas pra fazer, apenas um único trabalho. Mas, de fato, há uma *Triebsamkeit* natural, uma atividade inata ao ser humano. Você acorda de manhã, e mesmo que eventualmente esteja deprimido, você quer fazer alguma coisa. Se acontece uma catástrofe, uma enchente ou uma avalanche, a primeira coisa que as pessoas fazem, uma vez que o impacto e o horror da destruição são controlados, é começar a colocar as coisas em ordem, varrer, limpar, arrumar, ou seja, trabalhar em dobro. Queremos desesperadamente trabalhar e o desemprego é uma terrível doença a se tolerar. Mas o desemprego não acontece somente quando não há trabalho. Ele ocorre na fantasia do trabalho que hoje nos domina: a especialização é um tipo de desemprego porque não estamos totalmente trabalhando, não estamos empregando nossa totalidade.

L.P. *Para se desenvolver esta idéia do trabalho como instinto você deveria estabelecer uma relação mais consistente com os padrões de comportamento e com sintomas, os distúrbios no comportamento, de forma que se torne mais evidente que o trabalho reflete mais id do que superego.*

J.H. Bem, tomemos a depressão novamente — nosso tópico favorito nesta entrevista —, ela é classificada principalmente como um distúrbio dos humores. Subjetivismo. Mas, antes de mais nada, como de fato podemos reconehcer a depressão? Como ela se apresenta? As pessoas dizem ao menos na Suíça, "Não consigo me levantar, não posso ir trabalhar". Ela aparece primeiramente como um distúrbio do *trabalho*. O subjetivismo: medo da doença e da pobreza, tristeza e humor negro — tudo isto poderia ser visto em parte como conseqüência de não trabalhar. O instinto do trabalho não está funcionando. E, interessante, a terapia mais importante que aprendi quando estudava na Suíça, em Burghölzli, é a terapia do trabalho. Não meramente ocupacional, manter-se ocupado, mas trabalho de verdade, em fazendas ou em lojas. Você também pode encarar a compulsão como um distúrbio do trabalho. "Trabalhólatras"; obsessão; você não pode parar. Mesmo alguns mecanismos de defesa freudianos são, antes de tudo, distúrbios do trabalho, ou pelo menos é assim que aparecem logo de cara. Anulação, por exemplo; ou formação reativa — quando toda a noção e o estilo de trabalho de uma pessoa consiste em colocar sempre tudo em risco.

L.P. *Transformar o trabalho numa teoria do instinto é querer deslocar seus problemas para um campo psicológico afastando-os dos campos social, político e econômico.*

J.H. Isto é um pouco ambicioso demais: quero simplesmente falar do trabalho como um *prazer*, como uma gratificação instintiva — não apenas o "direito ao trabalho", ou o trabalho como uma necessidade econômica, um dever social ou uma pena moral aplicada a Adão depois da expulsão do Paraíso. As próprias mãos *querem* fazer coisas, e a mente adora ser aproveitada. O trabalho é irredutível. Não trabalhamos para conseguir comida, pelo poder tribal e de conquista, para comprar um carro novo, e assim por diante. O trabalho é um fim em si mesmo e traz sua própria alegria; devemos ter uma fantasia para que o trabalho possa continuar, e as fantasias que hoje temos a seu respeito — sócio-econômicas — impedem-no de continuar, assim temos um enorme problema de produtividade e qualidade do trabalho no mundo ocidental. Temos trabalho onde não queremos. Não queremos trabalhar. É como não querer comer ou fazer amor. É uma deficiência instintiva. E isto é culpa da psicologia: ela não cuida do instinto do trabalho.

L.P. *Se você tem que trabalhar um certo número de horas, você entra num outro tipo de tempo, completamente diferente do tempo "fora" do trabalho. É uma outra dimensão do tempo. Mesmo que não esteja trabalhando na linha de montagem de uma fábrica, você sempre constrói um tempo enquanto está trabalhando, um tempo que está "no" trabalho.*

J.H. Você está tão certa, Laura! O tempo do trabalho é o tempo *no* trabalho e não apenas o tempo de trabalho. O próprio trabalho dita o estilo deste tempo; se a coisa deve ser feita rápida ou lentamente, se deve ser repetida ou se deve ser feita sem que você perceba muito o que está fazendo, como se realizasse a tarefa somente com suas mãos. Eu não chamaria isto de mecânico, chamaria de instintivo, manual — está nas mãos. O sentido do cansaço é que governa, o que determina o tempo é uma sensação dinâmica e não o relógio. É o seu corpo que determina o trabalho, o ritmo do seu passo. Se você começa a se movimentar muito rapidamente poderá sentir seu corpo queimando: começa a ficar muito quente, está trabalhando muito depressa. Às vezes, quando estou escrevendo, vou tão rápido que minhas mãos fogem de meu controle, uma mão machuca a outra, como algumas pessoas que se cortam, se queimam cozinhando. Suas mãos perderam o contato com o corpo, e com o próprio trabalho; elas se movimentam mais rápido que o trabalho. As mãos governam o trabalho — ou talvez o trabalho dá o ritmo às mãos. E quando é lento — como quando se está começando alguma coisa, é terrivelmente lento, uma energia lenta, como se diz, os motores estão frios, quando você abandona a coisa por um tempo, quando reencontra um paciente que não via há muitas semanas ou anos —, fazer com que as coisas voltem a acontecer leva um bom tempo. Isto é determinado pela natureza do trabalho, o conteúdo do trabalho, não pelo relógio e nem pelo dinheiro.

L.P. *Então isto seria retornar a uma das idéias de Jung, a idéia de "opus"?*

J.H. Sim, mas aqui temos que tomar cuidado. *Opus* está ligado a individuação — uma trilha única a ser percorrida, ir adiante, cumpri-la. É uma fantasia do "vir-a-ser"; o *opus* de si mesmo, a sua auto-realização, ou a realização do *self*. Em vez disto, vamos ligar *opus* À habilidade, a fazer alguma coisa. É isto que *poesis* significa: fazer. Então quando falo de fazer alma, estou imaginando o *opus* da alma como um trabalho que é semelhante a um artesanato, cujos modelos viriam das artes.

L.P. *As artes fornecem analogias visíveis para o trabalho invisível, como você mesmo disse em uma de suas palestras, aquela em Florença.*

J.H. Os artistas também. O *opus* não é apenas o produto, mas a *maneira como* trabalham. Não é curioso que saibamos tão pouco sobre a maneira como trabalham?

L.P. *Bem, sabemos que eles trabalham com as mãos, e você vive mencionando as mãos...*

J.H. E onde estas mãos aprendem a trabalhar? Elas aprendem com as ferramentas e os materiais com que trabalham. O martelo lhe ensina como segurá-lo para que você possa bater o prego, e a madeira lhe ensina quanta força você deve pôr nesta batida, se ela é uma madeira macia ou se é uma nogueira bem compata. A psicologia não reconhece isto. A psicologia ainda pensa que como o mundo material está morto ele não pode lhe ensinar coisa alguma. A psicologia ainda diz que as ferramentas são uma extensão da mão, partes do ego, instrumentos da vontade. Invenções para solucionar problemas. Mas as mãos não usam as ferramentas, são as ferramentas que usam as mãos e as ensinam como trabalhar. Então, para começar, aprendemos alguma coisa sobre o trabalho ao observar mais detalhadamente como realmente fazemos o trabalho. É impressionante como se encontra tão pouca coisa sobre o trabalho em si. Vá a uma livraria e você encontrará livros sobre como fazer amor em cem diferentes posições, como cozinhar qualquer coisa — sopas, feijões —, livros inteiros só sobre cozinhar feijões: mas nenhuma instrução sequer sobre a sensibilidade, o ritmo, os detalhes físicos e psicológicos do trabalho: como controlar sua concentração, sua velocidade, sua inflação, sua energia e atenção, como e quando parar, o que mais fazer. Como lidar com a sensação de ser estúpido, ou estar perdido, inferior, fazendo as coisas errado...

L.P. *Existem muitos livros sobre o sucesso, como vencer, como desenvolver sua concentração...*

J.H. É verdade, mas estou querendo dizer uma outra coisa — não se trata de um programa ou de regras prontas. É o que faz você procurar um professor, o que faz um pintor procurar um outro pintor — não apenas a forma com que ele lida com os materiais, mas observar seu ritmo, ver o que ele faz primeiro, como ele come enquanto trabalha... pequenos detalhes. Hoje em dia quando você vai para a escola, escola acadêmica, você aprende coisas, matérias; alguma vez você vê um professor trabalhando? Ele trabalha em casa. Você não tem a menor idéia do que ele faz em casa quando ele chega com a aula pronta ou quando se apresenta para um seminário; você não o vê *trabalhar*. Não vê a relação que ele tem com seu corpo ou com seu ambiente durante o processo de trabalho. Ir ao escritório de um professor seria uma forma de aprender a trabalhar, passar um dia inteiro com ele. Uma vez fui visitar Kerényi e lembro de vê-lo sentado em sua mesa. Ele estava reeditando um de seus ensaios mais antigos e havia colado nas páginas da primeira edição centenas de tiras de papel com novas notas de rodapé, novas frases, novos acréscimos, era uma massa gigante de pequenas correções, de um trabalho imaginativamente minucioso, imaginativo no sentido de intrincado: isto é ver *como* se trabalha. Você não vê nada disso quando compra o livro; está tudo escondido. Não sabe nada sobre a verdadeira *poesis,* a realização de um *opus.* E me parece que é para esta arte do trabalho que deveríamos ser treinados. Quando analistas ou escritores se encontram, normalmente se perguntam: quantas horas você trabalha? quando? como você organiza seu dia? onde você trabalha? Eles falam sobre a alimentação e o trabalho, sobre o cansaço, e sobre vários outros pequenos detalhes do ato de trabalhar. Eles não se detêm apenas em perguntar sobre preços, idéias ou se um determinado livro está vendendo ou não. A curiosidade é sobre a própria atividade do trabalho. Nossa curiosidade sexual tem sido cada vez mais saciada pelo cinema, mas a mesma coisa não acontece com relação ao trabalho.

L.P. *A sua idéia de trabalho pode ser como a sua fantasia da fazenda, mas na verdade você está falando do trabalho de uma maneira estética. Não é labuta, trabalho enfadonho, não é trabalhar para terceiros...*

J.H. Às vezes isto é mais fácil. Você tem alguma idéia das demandas do demônio?! Ele não lhe dá um único dia de folga, nenhum auxílio e não existe nenhum sindicato que possa tirá-lo de cima de suas costas. Mas você está certa: nós temos que re-ver o trabalho de uma maneira estética e arrancá-lo da visão marxista econômica do trabalho como enfadonho, a alienação do homem no trabalho. A psicanálise rejeitou o trabalho, de forma que ele permaneceu dentro da discussão marxista. Mas não quero entrar nisso. Não posso mesmo. Vocês na Itália sabem mais sobre isso. Na verdade tudo que sei é o meu trabalho e meu jeito de trabalhar.

L.P. *É espantoso para mim que pertenço a uma cultura que tem carregado uma influência marxista tão forte, que você possa falar do trabalho de uma maneira tão desconectada da economia.*

J.H. Temos que pensar assim porque é precisamente a ligação entre trabalho e dinheiro que nos faz sentir escravos. Veja: você não tem nada a perder exceto suas correntes; mas são as correntes que ligam dinheiro e trabalho. Se pudéssemos afrouxar este vínculo, o trabalho poderia ser devolvido ao instinto e assim poderia ser reimaginado como um fenômeno psicológico, uma atividade da alma, não meramente uma atividade econômica. Os pacientes, as pessoas estão procurando desesperadamente um trabalho que realmente *pague* — um trabalho que os valorize, que tenha vantagem e valor, que lhes dê participação. O pagamento em dinheiro é um substituto para estas necessidades da alma. A linguagem econômica usurpou todos os termos que a alma usa para expressar riqueza e qualidade — valor, benefício, crédito, vínculo, ativo e passivo, e assim por diante. O trabalho não pode se livrar do dinheiro sem perder a linguagem e o sentido de valor. O mesmo acontece com o amor: está atrelado ao sexo; assim também o trabalho está atrelado ao pagamento.

L.P. *Não acredito que você esteja dizendo que sexo e dinheiro são maus. Você não está tomando uma posição católica, ascética contra o marxismo, está?*

J.H. Pelo amor de Deus, não! O que estou tentando dizer é que o instinto do trabalho, como o instinto do amor, tornou-se confundido com uma parte da coisa toa, a gratificação de ser pago, recompensado, ou a gratificação dos prazeres sexuais. Assim como o amor, o trabalho também é satisfatório em si mesmo. Não devemos definir uma atividade instintiva por uma de suas partes ou fases. A psicologia ainda fala de gratificação como aquilo que acontece ao fim de uma atividade, em vez daquilo que está acontecendo dentro do próprio funcionamento desta atividade. A psicologia chama isto de "reforço positivo", como se sensações positivas não estivessem reforçando a atividade instintiva durante todo o processo. Esta é a sensação de um instinto. Ele gosta do que está fazendo. Tem seu próprio objetivo, porque esta é a natureza, a definição de um instinto. Quer dizer, a menos que ele esteja fazendo alguma coisa num ambiente não-instintivo como o laboratório de psicologia, onde as gratificações estão separadas das atividades. Mas é desastroso separar as satisfações, a causa ou o objetivo final de uma ação, de seu funcionamento. Assim, o funcionamento se torna sem sentido e a gente corre para ir buscar o pagamento. O pagamento é um deslocamento: você se defende do prazer do trabalho, de se entregar a ele, da paixão libidinal por ele em troca de um bom salário, mais dinheiro — e, é claro, nunca será suficiente e você se sente forçado e vendido. Isto acaba com o trabalho e arruina o amor. Se o objetivo do trabalho é ganhar dinheiro, ou mesmo se o ideal da comunidade é o objetivo do trabalho, isto desvaloriza o trabalho, e alguém que simplesmente ame trabalhar é chamado de "trabalhólatra", ou qualquer coisa do gênero. E ficamos concentrados no pagamento, no dinheiro, em todos os modos de gastá-lo — a sociedade de consumo —, em vez de nos concentrarmos na diferenciação do instinto do trabalho. Mas isto tudo já foi analisado de forma mais competente... Ainda quero dizer alguma coisa sobre o lazer — a clássica idéia de *otium*. Esta idéia foi corrompida pelo *senex*. Na América fala-se da ética do trabalho como se o trabalho estivesse ligado apenas ao princípio de realidade: trabalho duro, labuta pesada, dura realidade, dinheiro suado. As coisas reais, as coisas boas são sempre *duras*. Danem-se as implicações sexuais, observe como o puritanismo e o capitalismo gostam destas palavras duras. Tenho pacientes que simplesmente não podem trabalhar deste jeito *senex*. Eles ficam paralisados quando o trabalho é separado do prazer. Agora, quando esta ética puritana e esta noção monoteísta de Deus se quebra — Deus, o que tudo vê —, o trabalho se liberta da ética *senex* e assim o prazer também pode se libertar do *puer*. O prazer foi aprisionado pelas fantasias infantis de brincadeiras bobas, perda de tempo, férias fantásticas, vôos. Depois de um dia duro de trabalho, a cocaína, como a viagem máxima do *puer*. Precisamos da velha idéia de *otium* de volta, porque aquele era um lazer educado, cultivado, um lazer de *anima* para a alma, e não um lazer de *puer* para escapar da noção de trabalho *senex*, moralista, monoteísta e marxista. Na América, por exemplo, para muitas pessoas atingimos o ideal da sociedade marxista — ou pelo menos o ideal apresentado pelo discípulo de Marx, Lassale: lazer. Temos muito lazer, mas não somos educados para ele. Lazer sem alma. Há uma classe que tem acesso ao lazer completamente presa a um tipo de gratificação pueril por causa da noção de trabalho que é senil. Se o *senex* ganha, o *puer* gasta; se o *senex* trabalha, o *puer* brinca, e assim por diante...

L.P. *Existem determinados sentimentos ligados ao trabalho. Por exemplo, quando você empaca ou se repete, porque aquilo que está fazendo é chato e você sente que não pode lidar com aquilo ou que na verdade não dá para a coisa. Porém estes sentimentos são parte do trabalho, assim como seus aspectos positivos (você provavelmente os chamaria de inflados): a excitação de chegar em alguma coisa, de ter uma nova idéia e sentir que está realizando algo, algo que flui e que é completo. Como todos estes diferentes sentimentos fazem parte do trabalho?*

J.H. Eles pertencem ao *ritus* do trabalho. Não são sentimentos pessoais: todo mundo os tem. O trabalho é ritual, e parte deste ritual é o desperdício, a repetição, a chatice, a sensação de toda-uma-manhã-perdida: passei três, quatro horas numa biblioteca e comecei a ler outras coisas que não tinham nada a ver com o que eu estava trabalhando. Tenho um prazo até sábado, e perdi toda a manhã de quarta, é uma loucura! Este é um tipo de desespero. Outro tipo de desespero: você não consegue pegar uma idéia e as coisas vêm todas como um bolo, e não importa o quanto você se esforce para escrever aquele parágrafo, a coisa não sai. Então tem que largar tudo naquele bolo. Outro tipo de desespero: você não sabe mais o que está dizendo, o que está fazendo. De alguma maneira perdeu o sentido da coisa toda. Este sentimento de inferioridade, de perda de tempo, de bloqueio, de não ser capaz, como você diz, são tremendamente importantes, porque na psique existe uma razão para o bloqueio.

Talvez a psique precise ficar mais tempo onde está, no escuro, ou naquele bolo. Os sentimentos de inferioridade também são parte do trabalho num outro sentido: eles contrabalançam a ficção de perfeição que é necessária para que o trabalho seja concebido antes de tudo. Como você pode começar qualquer coisa sem a ficção da perfeição — que isto vai ser o máximo! Esta ficção é parte do ímpeto. Já disseram que o único prazer do trabalho é começá-lo, concebê-lo... uma outra fantasia do *puer*, é claro, e não uma com a qual me identifico, uma vez que adoro o momento anal de terminar, executar, fechar e enviar o trabalho para a datilógrafa para que ela me devolva uma "cópia limpa e clara" com um sorriso nos lábios. Mas de qualquer maneira a fantasia de perfeição inevitavelmente carrega consigo a fantasia da imperfeição e do fracasso. Inferioridade. Estas duas fantasias caminham juntas, quase simultaneamente — e assim deve ser. Se elas se separam, entra-se em ciclos maníaco-depressivos no trabalho. Quando elas estão juntas, e não em fases de altos e baixos, vive-se o prazer do *puer e* a crítica do *senex*. *Puer* não é apenas os assuntos de que trata o livro, nem mesmo o estilo simplesmente. O *puer* aparece principalmente na energia, no entusiasmo cego que traz um certeza que pode se tornar um literalismo. Quando você trabalha com e através do *puer*, você está sempre "pra cima" — mesmo que o assunto seja uma catástrofe nuclear. É como ter uma ereção durante todo o trabalho. É uma bobagem achar que quem é *puer* é imperfeito, fraco ou incapacitado para o trabalho: na maioria das vezes eles são quase psicopatas em sua energia para o trabalho.

L.P. *Psicopata?*

J.H. Porque eles perderam a alma para a energia. Não sabem mais o que ou por que estão fazendo, tamanho é o prazer na atividade em si. Faz com que eles voem. Veja, Marx não sabia muito sobre o trabalho do *puer*. Marx era monoteísta: uma fantasia de trabalho apenas, e literal, econômica. A atitude *puer* no trabalho nunca se imagina como parte de uma classe, um proletariado. Mesmo se a pessoa for um cozinheiro numa lanchonete ou um pintor de paredes — ou seja, trabalhos menos importantes, em que ela se sinta explorada e mal-paga, ainda assim a energia do *puer* faz com que ela flutue acima do trabalho numa sensação de ser especial. Sua realidade não é aquilo que Marx ou Freud chamariam de realidade. Sua solidariedade é com o Sopro Divino e não com o sofrimento humano — a menos, claro, que o sofrimento humano tenha se tornado em si uma visão a qual novamente perde o contato com o sofrimento humano real...

Mas gostaria de voltar àquelas duas ficções — perfeição e inferioridade, ou fracasso — que acontecem no trabalho intelectual. Quero salientar que o aspecto mais baixo, o fracasso, a sensação de inferioridade, como mostrou Alfred Adler, é psicologicamente tão importante quanto o aspecto mais alto: a ambição, o sentido do poder, a esperança ou aquilo que Adler chamou de "busca da perfeição". Essa busca da perfeição é parte do processo de toda a atividade humana, mas não devemos cometer o erro psicológico de identificá-la com todo o processo, o qual necessariamente requer bloqueios, inferioridades, impasses. Não costumo forçar a barra: se alguma coisa não funciona na página 31, vou para a página 46, vou para qualquer lugar onde haja movimento. Deixo que meu senso de fraqueza me oriente, não apenas minha busca da perfeição. Nunca tento vencer alguma coisa que esteja teimando comigo; eu desisto, e mais tarde tento novamente. Vamos encarar a coisa como uma ação militar: não tento subjugar cidades que tenham uma resistência forte; vou por onde dá. E esse "ir por onde dá" pode ser ir lavar pratos, passar a limpo partes já terminadas ou mesmo me aprofundar em alguma coisa que disse antes e que perdi, pois passei por ela muito depressa: tenho que voltar e encontrá-la. De forma que há sempre algo a se fazer na fazenda, ou no campo de batalha, mesmo quando não estou atacando o problema central. De qualquer maneira o trabalho continua acontecendo, e quando menos se espera vem à sua cabeça exatamente aquilo que você queria: então você anota, põe na mesa, e no dia seguinte pode trabalhar nisso.

L.P. *Você diria que o seu trabalho analítico também segue este método de nunca tentar vencer as resistências mais fortes, de sempre seguir o movimento?*

J.H. O trabalho analítico é traiçoeiro porque o movimento pode na verdade estar escondido bem ali onde ele parece bloqueado e resistente. (Minha mulher escreveu um artigo sobre isto também: "Stopping as a Mode of Animation".) Às vezes é como fazer um cerco — não um ataque direto à resistência, mas na verdade cercá-la, dar voltas e voltas em torno dela, quase reforçá-la, de forma que a resistência fique fechada em si mesma, bloqueada. Então talvez os portões se abram. O trabalho analítico precisa de centenas de fantasias diferentes — não técnicas, nem métodos —, mas fantasias dentro das quais se possa trabalhar. Pode ser beisebol, tourada, culinária, uma fazenda, estratégia militar, tecelagem, colecionar conchas, ou escultura... A menos que você tenha uma fantasia de trabalho, só existirá o trabalho como ele é concebido coletivamente, um tipo de literalismo que é ou marxista ou a "elaboração" psicanalítica — muito pesado, muito maçante, gerador de ressentimento. A gente precisa de uma fantasia que nos dê sensação corporal, uma dimensão manual ao trabalho no qual você está engajado. E em terapia ajuda muito se você casualmente mencionar, no decorrer do processo, com qual fantasia você está trabalhando, porque uma das coisas que a terapia deve fazer é trabalhar na questão do próprio trabalho no paciente, ajudar o paciente a aprender na terapia como imaginar o ato de trabalhar. Então, se posso dizer em que fantasias estamos agora — cerca a cidade com muros altos, ou aumentar um pouco a temperatura, por mais cor-de-rosa ou azul ou amarelo-ouro no quadro —, então essas fantasias previnem o trabalho analítico de se tornar literalizado num "o-que-é-que-deveríamos-estar-fazendo-aqui", um conceito abstrato, um ídolo chamado "análise".

L.P. *Num certo momento, você disse que esta arte do trabalho, este artesanato, lhe parecia ser aquilo para o que deveríamos ser treinados. Você usou o exemplo de pintores observando pintores ou você mesmo editando em colaboração. Bem, não será exatamente isto o que é análise didática?*

J.H. Sempre brinquei que editar é como uma terapia porque faz ambas as partes intensamente conscientes das minúcias de estilo, da sombra nos caminhos da mente, ou seja, de que maneira a mente inconsciente trabalha. Uma análise didática deve ser como editar, senão é somente copiar o silêncio! Se o analista simplesmente senta-se — suprime —, então tudo o que você aprende é suprimir. O que se quer aprender em qualquer tipo de treinamento são pequenos detalhes, como o "mestre" trabalha realmente — como fazer uma boa jogada, ou como exatamente cozinhar estes feijões. Uma simples receita simplesmente não mostra isto, e talvez a prática também não: você tem que observar o *chef*... como ele movimenta as mãos, onde ele coloca os pés. Você tem que entrar na cozinha dele.

11 AMAR

L.P. *Uma vez você disse que amor em terapia é mais importante do que consciência, e que você se enroscou nesta frase. Mas o que é o amor em terapia para você?*

J.H. Amor é uma única palavra para muitos fenômenos diferentes, mas em todos eles... mas, amor não é tão literal, tão concreto? A questão é: o que está fazendo a psique quando nos faz cair neste desejo concreto, este desejo pelo concreto, no qual caímos nos mais diferentes tipos de amor? Porque você cai, cai mesmo. *Fall* em alemão é uma armadilha, e é também um caso, como *cadere* no latim, que significa cair e é a raiz da palavra ‘‘caso’’. No momento em que você está amando, você é um caso. Caiu numa armadilha, a armadilha do desejo concreto, como um animal laçado, capturado. Mas não caímos em pecado. Não caímos no ‘‘desejo animal’’. O que aconteceu é que agora estamos subitamente conscientes da jaula que colocamos ao redor do animal, da animalidade. O animal não se apaixona, não ‘‘cai’’ de amor; ele não precisa — não porque já esteja caído, mas porque ele não começa com um ego que acredita não ser animal e, por isso, precisa cair.

L.P. *‘‘No momento em que você está amando, você é um caso...’’ Poderia dizer mais sobre este aspecto neurótico ou patológico do amor?*

J.H. O sentido de estar sendo enfeitiçado, transfigurado, ou sei lá o que, pertence ao estar amando porque amor é uma das formas nas quais o ego normal tem que se submeter à psique, como acontece na depressão na ambição. O ego se torna possuído, tomado pela psique. Então de qualquer maneira, encarar o estado do amor como uma salvação ou uma ilusão, não acrescenta muito ao amor. O que o amor está fazendo? O que quer a psique neste amor? O amor não é apenas a descrição infinita dos seus sentimentos e a descoberta do mundo subjetivo. Ele, na certa, também pode ser aquelas nuanças da subjetividade — e, é claro, ele o torna mais atento e mais sensível. Mas acima de tudo, o amor é uma explosão da imaginação, uma maneira extraordinariamente poderosa de a psique produzir suas imagens. Precisamos reconhecer esta explosão e não permitir que o amor se torne mero subjetivismo e uma orgia de sentimentos. Precisamos não nos iludir com o literalismo habitual, direto e psicótico que está pendurado na outra pessoa — tenho que ouvir sua voz a cada duas horas, telefone-me, ou tenho que tocá-lo ou ao menos, passar em frente a sua casa no meio da noite —, obsessão. O que está fazendo a psique neste tipo psicótico de ligação? Evidentemente eu preciso, ou a psique precisa, de uma outra pessoa concreta. Por que a psique faz com que o amor seja tão obsessivamente concreto, e por que todas as disciplinas do amor, de Platão à transferência, enfatizam o movimento para além do concreto? A outra pessoa tornou-se um incendiário misterioso, algum tipo de fusível que inflama a imaginação *concretamente*, torna a imaginação terrível e passionalmente real, física, viva, desejável. Isto é provavelmente o que eu quis dizer com "o amor é mais importante que a consciência", porque o amor lhe impõe a imaginação com *a* realidade. Os amantes estão sempre procurando a razão pela qual se apaixonaram um pelo outro. Contam estórias e estórias sobre isto a fim de tornar tolerável este louco mistério. (A transferência é uma dessas "estórias".) Mas o amor só se torna tolerável quando reconhecemos que ele é *a* necessidade da psique na sua luta com o concreto — para alguns, a fim de entrar mais no concreto, para outros, a fim de achar um caminho através dele, mas o amor sempre envolve a psique na louca impossibilidade da fisicalidade direta e concreta.

L.P. *Se o amor transferencial é uma dessas estórias, então você está dizendo que a transferência é uma ficção? Você está dizendo que a transferência é um jeito de envolver as duas pessoas nas estórias do amor?*

J.H. Acho que o que estou dizendo é que a transferência é a batalha contra o concretismo psicótico. Claro, os analistas são pegos pela transferência e contratransferência erótica: o trabalho deles, o nosso trabalho, é erotizar a imaginação. Agora, o que significa isto? Significa chegar na realidade sensual e sexual das imagens. Os santos sabiam tudo sobre isto.

L.P. *Eles viveram em castidade. Será preciso renegar a carne concreta para "erotizar a imaginação"?*

J.H. Essas perguntas são horríveis porque o que quer que você responda estará errado. Mesmo assim, a psicanálise, com sua teoria da libido, com sua idéia de que o sexo é *o* instinto básico, coloca os analistas num terrível dilema. Quando o sexo aparece na análise, nos sentimentos transferenciais, não se pode evitar acreditar que ele seja irredutível, e portanto literal — ah, agora chegamos na raiz da coisa. A única redução possível é com relação a outras figuras, figuras anteriores, incesto. Mas a psique nunca disse que sexo era a raiz da coisa — Freud disse isto. A psique diz que *ela* é a raiz da coisa: *ela* é básica, suas imagens; então o trabalho é reduzir o sexual ao imaginal, observando que o sexual está sendo usado pela psique como um gancho, um estímulo, um ''impulso'', como se diz, transformando o concreto em realidade psíquica, forçando-nos a reconhecer que uma obsessão sexual concreta não é apenas sexual, não é apenas aquilo que parece ser, mas sim uma atividade da imaginação.

L.P. *E a análise se torna o lugar, talvez o único lugar hoje em dia onde este reconhecimento do aspecto psíquico da sexualidade pode acontecer. Isto então não requer castidade, ou aquilo que Freud chamou de contenção?*

J.H. Sem dúvida nenhuma, e todos os analistas sabem disso embora estejam constantemente tropeçando, se perdendo, e muitas vezes nem sentem a coisa como um tropeço. Por que?

L.P. *Por que?*

J.H. Bem... uma das ilusões do amor é que ele é uma salvação — e um dos sinais de que a análise está se desviando, tornando-se espiritual em vez de psicológica, é a sexualidade tornar-se espiritualizada. Então a sexualidade se torna tântrica e mágica: você está caindo mas acredita estar se elevando. Parece salvação, iniciar os pacientes sexualmente para seu próprio bem. Toda a problemática psicológica desmoronou: nenhuma inibição, nenhuma compulsão, nenhuma ''queda'', somente êxtase. Novamente, este não é um problema sexual, é um problema espiritual.

L.P. *Mesmo assim, por que a regra profissional da castidade não procede?*

J.H. A regra tem que ter o lugar certo. Não pode ser simplesmente uma regra médica ou legal porque isto a localiza no superego e no quanto o superego pode agüentar de um id atraente e tentador, doce Maribel adulta! Temos, então, que localizar a regra da castidade *psicologicamente*, reforçá-la numa imagem. Assim ela pode funcionar como um recipiente, um vaso, em vez de uma grade — uma defesa. As imagens da sexualidade tornam-se seus próprios recipientes. A indulgência nas imagens, na verdade, irá discipliná-las — na alquimia isto é chamado o alvejamento do enxofre — e o concretismo se torna mesmo compulsivo. O prazer já está acontecendo. Não está do lado de lá da grade. Mas o terrível é que o amor sempre insiste em quebrar as regras. Eros é errante e manhoso, Vênus sem princípios e Pan tem a força de um pesadelo. Dioniso, você sabe, é adorado na forma de um falo. A análise convida poderes terríveis.

Estes são os deuses da conjunção, o que Freud chamou de princípio da unificação. Para mim, a parte interessante do amor é normalmente sua decadência, ou seja, a impossibilidade. Quando ele se rompe, quando não funciona, quando todas as patologias aparecem (e não estão disfarçadas em felicidade). Você vê esta decadência em sonhos quando antigos amantes não se querem mais, quando uma antiga atração, um antigo padrão não funcionam. Você é assombrado pelas velhas figuras, muitos anos depois. Elas retornam como fantasmas. Eros está se tornando "psiquezado", e você tem uma coisa muito dolorosa mas muito interessante com a qual trabalhar. Para que estes fantasmas estão retornando?

L.P. *O amor tem tantas atrocidades — ilusões psicóticas, lembranças obsessivas, fantasmas, a histeria, o narcisismo. A psicanálise parece pouco diferente da literatura do século XIX no que diz respeito à preocupação com as patologias do amor.*

J.H. Ah, acho que a análise é um grande avanço sobre esta literatura. Os romancistas colocavam o valor principal nas emoções, explorando-as, analisando-as. O que tento fazer é não colocar os sentimentos primeiro, mas as imagens, o que significa não dizer que alguma coisa é atroz porque o seu sentimento é atroz, mas examinar a atrocidade em termos da imagem. Isto dá um novo manejo da coisa. Qual é a imagem exata da desgraça? Pode ser você acorrentada, incapaz de se mover. Ou você como Cinderela, sentada ao pé do fogo abandonada, ou você jogada num fosso, ou odiada, paranóica, todo mundo rindo de você e te traindo. Ou a sua desgraça pode ser gritar, chamar e arder por alguma outra pessoa — numa cena ou lugar específicos. Lembro que uma vez minha própria desgraça apareceu num sonho como um leopardo em chamas dentro da minha corrente sanguínea. Você ficaria surpresa com as imagens que existem dentro dos sentimentos — mas uma coisa é certa, sempre existirá uma imagem reveladora. Uma vez uma paciente minha estava pertubada por causa de um namorado que a havia abandonado — mas, na verdade, como era esta tortura em sua imaginação? Era um *phallus* enorme e ereto, e ela se curvava diante dele, e ele ficava ali todo imperioso, impérvio, e ela rastejava: esta era uma imagem reveladora. Oferecia-lhe algo com que trabalhar. Quando você vê a imagem, você pode começar a enxergar as estruturas arquetípicas e os mitos que existem nos diferentes sentimentos que você tem, assim os sentimentos se tornam uma qualidade necessária da imagem, em vez de serem obsessivos em si mesmos. A imagem lhe oferece uma imaginação do sentimento. A imagem liberta você de sua obsessão com sentimento. Na medida em que as imagens mudam, os sentimentos também mudam. Infelizmente muitas psicologias enfatizam o sentimento o tempo todo e depois reduzem estes sentimentos aos sentimentos parentais a sexuais em vez de imaginar os sentimentos em detalhes ou mitologizá-los. Pode ser muito útil contrastar seu amor com o rico cenário de sofrimento oferecido pelos mitos, pela literatura e pelo drama: assim o que acontece não apenas ganha novos sentidos, mas também traz cultura.

L.P. *Mas não existe um fundamento narcísico no amor; este mito não é muito importante e não é que a razão pela qual o amor está sempre desapontando e talvez até iludindo?*

J.H. Por que chamá-lo narcísico? Por que misturar subjetivismo auto-erótico com um dos mais importantes e poderosos mitos da imaginação? — pense em quantos escritores, pintores e poetas foram atraídos por Narciso, e filósofos, incluindo Plotino. Esta confusão de Narciso com narcisismo mata um certo tipo de amor: o amor pelas imagens. Para penetrar na imaginação, para imaginar, você tem que desejar a imagem em si — sem nenhuma preocupação de onde ela vem ou que aquela pode ser uma imagem *de* alguma outra coisa. A imagem é a realidade. Narciso debruça-se sobre e para dentro da imagem; ele não está absorvido por seus próprios sentimentos, seu próprio *self*. Esqueceu-se de si mesmo, o subjetivismo foi-se completamente, nenhum narcisismo! A imagem preenche sua consciência e seu desejo. Mas a maneira com que "narcisismo" é usado em psicologia é um outro ataque racionalista à imaginação e ao próprio mito, o qual contém em si tremenda profundidade com relação à reflexão, ressonância e eco, com relação à paixão física pela imagem, devoção à imagem, com relação à beleza e à morte... Narciso dá sua vida por uma imagem. Mas a psicologia apavora-se com Narciso. Ela simplesmente não permite que ninguém ame as imagens tão fervorosamente e as tome por reais. Ela simplesmente não permite que o amor seja imaginal.

O mito é extremo o suficiente, dramático o suficiente para ser útil à patologia, mas isto não significa que o mito seja simplesmente patológico. Todas as grandes estórias e figuras míticas são úteis para vislumbrar nossas patologias humanas, mas lê-las de trás para diante, ler a partir da versão humana dessas patologias uma patologia correspondente no mito é uma distorção humanista. Narciso não é meramente narcisista. O termo "narcisismo" vê o amor no mito inteiramente a partir de uma visão secular normal de saúde mental, perdendo a sutileza, o motivo de redenção no mito. Se pudéssemos realmente penetrar nesta figura poderíamos ver como o amor funciona na mente imaginativa e como a psique trabalha dentro do sujeito: através de imagens e do amor por elas.

L.P. *Se o método imaginativo de trabalhar com o amor em terapia é um avanço sobre os métodos literários do século XIX de analisar o amor, você diria que a terapia teve um efeito de aperfeiçoamento no amor, que a análise tornou-nos mais imaginativos ou mais realistas, ou simplesmente "melhores" com relação ao amor?*

J.H. Não. Provavelmente o contrário. Há muita coisa que a psicanálise ignorou. Sabemos tudo sobre amor transferencial, amor incestuoso, amor materno, e "as vicissitudes do instinto sexual" como é chamado. Mas a literatura conhece diversos tipos de amor: voracidade, amor por dinheiro, gula, amor pelo país, pelo seu lugar de nascimento, por sua terra. E o amor pela religião — que pode ser um imenso e complicado tipo de amor. Para não falar do amor pela justiça. De uma maneira bem simples: você pode amar um rio. E o que faz a psicanálise com isso? Torna-o um símbolo genital, ou um símbolo vital, mas pode haver uma emoção muito profunda, o suficiente para que você funde uma comunidade constelada pelo rio.

Você vê, a psicanálise tem limitado o amor àquilo que acontece entre duas pessoas. Mas o amor que acontece numa alma humana em terapia pode refletir interesses daquela alma para além do incesto, até mesmo para além do mito de Eros e Psique, em direção a outros caminhos completamente diferentes, expandindo-se diretamente para o mundo. O tratamento de eros em psicanálise tem sido muito restrito. Até o amor família, que foi um dos primeiros assuntos da psicanálise, é um tamanho mistério e de tal valor que pode ser destruído pela própria psicanálise. Não há sentido em chamar estas ligações simplesmente de "complexo materno" ou "rivalidade fraterna"... elas são muito mais profundas e interessantes. O *insight* de Jung sobre a libido de parentesco como a base da transferência e dos laços comunitários foi um grande passo na direção certa — mas mesmo isto é muito simples e muito genérico porque os fenômenos do amor precisam ser explorados cada um na sua maneira.

O outro erro fundamental em psicanálise é o estudo do amor adulto em termos de bebês e crianças pequenas. Realmente precisamos de uma nova crítica da psicologia profunda em termos do que ela fez com relação ao amor em nosso século.

L.P. *Que outros aspectos do amor foram negligenciados pela psicologia profunda?*

J.H. Se ficarmos por um momento com a comunidade, penso que nem a libido de parentesco de Jung nem a *Gemeinschaftsgefühl* de Adler, ou o sentimento social, vão longe o suficiente, porque a primeira comunidade são os mortos, os ancestrais, a comunidade das almas. Este tipo de amor pode ser mais básico para aquilo que acontece em análise — o trabalho com figuras, com vozes, memórias, o mistério da própria análise, os laços que ela pode criar, e o mistério de sua própria morte — do que quaisquer outros impulsos ou idéias do amor. Não morremos sós. Esta é uma visão egóica, uma visão isolada e solitária. A morte é comunitária, adentrar a comunidade dos mortos, e esses mortos já estão presentes no coração. Penso que eles estão ali, como presenças. Eles podem ser a base do amor. Um chão para o submundo, não sei. Quem sabe? Mas o amor está fundado em algo muito além das idéias do consultório. Talvez o amor venha até nós dos mortos, dos deuses. Pensamos que *nós* fazemos o amor, que ele começa em nossos corações, mas que imagens estão se movimentando fazendo com que o amor aconteça — e por caminhos tão estranhos, por pessoas e coisas tão estranhas? É tão arquetípico que nos torna arquétipos vivos — que mesmo anos de análise não poderiam de maneira alguma estabilizar, humanizar as coisas demoníacas e arquetípicas que ocorrem no amor.

L.P. *Você vê diz que cada arquétipo tem seu próprio estilo de amor, e é por isto que você escreveu que não podemos situar todo o amor em um único altar, quer seja o altar de Vênus, Eros, Jesus ou a Grande Mãe — ou o Mundo das Trevas.*

J.H. De novo o monoteísmo. Você como ele se insinua em toda parte? Mesmo o monoteísmo, no sentido do ciúme no Velho Testamento, é um estilo de amar. Também o *senex* tem suas paixões e lealdades. Lealdade pode ser a principal maneira de certas pessoas demonstrarem seu amor. Alguns homens do século XVIII, como Pope, Swift e Cavendish, amaram principalmente através da lealdade. Muitos deles eram solteiros, mas eram leais a seus amigos, seus clubes, suas associações, suas posições políticas. A psicanálise omitiu a amizade...

L.P. *Há sempre um componente homossexual na amizade...*

J.H. Você sabe, o primeiro trabalho de psicologia que escrevi foi "Friends and Enemies". Ninguém gostou. O ensaio tentava mostrar que a amizade é mais importante do que a transferência, que a amizade era a virtude clássica e a mais difícil realização na vida de um homem, desde Aristóteles até a Renascença, e que há muitos tipos de amizade os quais Tomás de Aquino descreve em detalhes... Tentava mostrar que para haver a verdadeira amizade deve haver também verdadeiros inimigos que não sejam meras projeções de sombra a serem"integrados".

L.P. *Soa muito antipsicológico.*

J.H. Mas não é este o ponto? A psicologia colocou-se numa posição onde os principais motivos e virtudes da vida humana tornaram-se antipsicológicos. Em vez disso, vamos dizer que a psicologia é anticultural. Mesmo esta sua questão sobre a amizade ter um componente homossexual mostra esta *déformation professionelle* da psicologia.

L.P. *Depende de como você encara a homossexualidade. Se você a vê como uma perversão ou como um momento sexual, venusiano, ou um momento erótico que engendra amizade.*

J.H. Oh! Neste sentido, é claro, há um componente homossexual na amizade. Um amigo é alguém com quem você quer estar fisicamente perto — comendo, pescando, por aí. Fazendo coisas junto. Até conversar é uma realidade física. Veja toda a conversa acontecendo nos diálogos socráticos! A homossexualidade foi reduzida a homens pondo seus pênis através das paredes de toaletes — encontros altamente impessoais, genitais autônomos. A homossexualidade é muito mais do que isto; é homoerótica, o eros entre homem, entre mulheres, ou entre semelhantes — similares, conhecidos, iguais. Homoerotismo confundiu-se com auto-erotismo, mas o auto-erotismo pode aparecer na heterossexualidade da mesma maneira como aparece na homossexualidade...

Havia um velho analista junguiano, John Layard, que me deu muito amor, muita amizade, e ele estava sempre em crise procurando um analista especialmente entre homens mais jovens, porque ele dizia que Jung não tinha entendido e nem sequer tentaria entender o homoerotismo. Ele queria fazer análise comigo — recusei porque queria manter nossa relação como amizade. De novo, valorizei amor ou amizade mais do que a consciência analítica. Nossa conexão funcionava dentro do arquetípico da amizade, parecia-me errado trocar de padrão arquetípico. Há um tipo de colaboração das psiques que acontece na amizade — não que os amigos estejam necessariamente trabalhando juntos em projetos iguais ou similares, mas as psiques colaboram, afetam uma à outra, mobilizam-se. O amigo penetra sua imaginação e a fertiliza: isso é algo da homossexualidade na amizade. Pacientes homens que estão muito fechados em si mesmos são muito resistentes aos avanços e atrações homossexuais que aparecem em seus sonhos. Normalmente estas imagens são interpretadas como provas de homossexualidade latente e portanto o ensimesmamento do paciente é visto como o resultado da sua homossexualidade latente. Mas isso tem um outro lado, pois os avanços homossexuais apresentados a ele pela psique são precisamente a cura que poderia abrir a possibilidade de ele receber um outro espírito, ser penetrado, aberto. O homoeros pode movê-lo para fora desse ensimesmamento, não tem que, necessariamente, torná-lo mais fechado.

As amizades são muito difíceis de serem mantidas porque elas continuamente demandam abertura, que você se permita receber a outra pessoa, deixar sua imaginação ser mexida por pensamentos, enfoques, sentimentos que estremecem seu modo de ser já estabelecido. Eu sou mais bravo e mais intolerante — quero dizer, me enfureço e grito mais com meus amigos do que com qualquer outra pessoa. Mas este é apenas um pequeno aspecto da amizade. É muito mais complicado do que isto — mesmo o eros que existe na psicologia arquetípica; do qual falávamos outro dia, é um tipo de amizade comunitária. E tudo que quero enfatizar é o valor destes tipos de amor — homoeros, amizade — e apontar para o fato de que a cultura tem sempre reconhecido sua importância, desde os gregos, passando pela Renascença e pelos movimentos românticos, e que a psicologia de hoje não lhes presta a devida atenção.

L.P. *Você mencionou outros aspectos do amor, menos pessoais. Você estava se referindo ao amor místico ou religioso, ocidental ou oriental, espiritual ou físico?*

J.H. Provavelmente estava pensando em algo muito mais próximo. Eu me referi ao amor que está fixado ao par, ao casal, à díade, à ilusão da reciprocidade, o que seja. Um terceiro tem que aparecer. O próprio amor faz este movimento. Ele traz o triângulo, e esta é a importância do ciúme: faz com que você fique terrivelmente consciente do terceiro. Esta entrevista, por exemplo: a entrevista em si é um tipo de amor. Está mobilizando a psique para lá e para cá enquanto uma terceira coisa é explorada, a entrevista. Não daria certo se não existisse um amor enquanto trabalhamos. E o que é este amor? É amor de um pelo outro? Nem nos conhecemos. Mas em algum lugar existe uma reciprocidade, embora não somente aqui entre nós dois... há uma reciprocidade com relação ao que está acontecendo.

Então é a *entrevista* — não nossa relação — o *objeto* de nosso amor: um trabalho, um formar, um realizar. Veja, o amor não é um fenômeno da pessoa, o amor é um fenômeno do espírito que agita a alma e gera imaginação.

L.P. *A imaginação sempre necessita uma terceira coisa, como o espelho de Narciso. Amor não pode acontecer sem um terceiro.*

J.H. Exatamente. Imaginação é a coisa, e amor não pode acontecer sem o terceiro, o que Erik Erickson chamou de "generatividade". O estágio final do amor para ele é quando gera. Platão também chamou de generatividade, e conectou aquela generatividade com beleza, com o infinito poder que a imaginação tem de formar. Como se pode fazer uma entrevista sem amor, sem o trabalho da imaginação, sem esta tentativa estar acontecendo todo o tempo, enquanto estamos sentados aqui lutando por criar a própria entrevista numa forma, realizando nosso trabalho tão verdadeiro, tão belo, tão acurado e tão bem colocado quanto podemos? Você vê, há um idealismo no nosso trabalho, aquilo que há poucos chamamos de inflação, e aí está eros.

L.P. *O terceiro precisa sempre ser um produto? Precisa ser uma criança ou um novo estado de alma resultante de duas pessoas? Eu diria que o terceiro não é simplesmente algo produzido pelo amor, mas é o próprio amor, e é anterior às duas pessoas.*

J.H. Percebi que o terceiro é o problema, a dificuldade, a própria patologia. Sim, parece ser anterior e governar a relação. Por que nos focamos tão intensamente em nossos problemas? O que nos puxa para eles e por que são tão atraentes? Eles têm o poder magnético do amor: de algum modo desejamos nossos problemas; estamos apaixonados por eles tanto quanto queremos nos livrar deles, e eles parecem estar lá antes mesmo que a relação comece, antes que a análise comece. Agora, se o problema contém algum terceiro estranho que constrange e fascina, então ele é um objeto de amor ou é um lugar onde o próprio amor está se escondendo: bem no problema. Isto significa que os problemas são bênçãos secretas ou, vamos dizer, eles são tão problemas quanto emblemas — como a *emblemata* renascentista mostrando um grupo terrível de imagens interligadas que não fazem sentido e ainda assim são um moto, o brasão, a família erigida para a dignidade do emblema o qual sustenta... Os problemas nos sustentam — e talvez seja por isso que eles não desapareçam. O que seria uma vida sem eles? Completamente tranqüilizada e sem amor. Há um amor secreto escondido em cada problema... Vimos isto acontecer nesta entrevista. Começamos com um pequeno problema — poderíamos fazê-la? como fazê-la? fizemos? fiz? querer fazê-la — e na medida em que prosseguimos, o problema nos manteve aqui, conversando, trabalhando, conhecendo-nos. E tornou-se um produto, uma criança. Fizemos uma entrevista. Mas na verdade a entrevista nos precedeu, e ela começou como um problema. Só nos encontramos por causa da entrevista, da imaginação de uma entrevista, a fantasia dela como um emblema que nos unia cruzando o oceano e os Alpes, e agora estamos ambos vinculados e ligados por ela, um terceiro, e seremos muito leais e tentaremos energicamente ajudá-la daqui para a frente junto a editores e leitores, e ela vai durar mais do que nós, sustentando-nos, este terceiro, amando-nos de volta.

L.P. *Se considerarmos esta como a última parte da entrevista então podemos dizer que, como em muitos diálogos da Renascença, estamos terminando com amor. Depois que exploramos nossos assuntos em detalhe, o amor veio com as imagens de movimento ascendente, hinos ao amor e beleza no estilo platônico. Sem perceber, voltamos a ele...*

J.H. Ah, sim, voltamos a ele, mas com uma pequena diferença, que é assinalar a patologia do amor. Sem ter medo da sua patologia ou de diminuir o amor porque ele possui esta patologia, reconhecendo que no amor não somente existem as asas, mas que elas também se queimam. E há também truques e feridas em todo o amar: as pessoas conhecem isso muito bem; dizem: "Tudo bem, só não quero machucar ninguém" — mas vai machucar, tem que machucar. Então não estamos terminando com uma peã ou simplesmente com a exaltação do amor como ascensão, mas também com o prazer do patologizar do amor. E é isto o que nos mantém psicanalíticos, modernos: o sentido de que as patologias são formas de amar, maneiras de penetrar no amor, e de que a própria patologia nos ama. É por isto que ela nos pega. Difícil de acreditar, mas as hipocondrias estão cuidando de nós, as depressões estão nos desacelerando, obsessões são modos de polir a imagem, suspeitas paranóicas são maneiras pelas quais tentamos não nos deixar iludir — todos esses movimentos do patológico são maneiras pelas quais estamos sendo amados no modo peculiar em que funciona a psique.

L.P. *Parece que não conseguimos nos livrar do velho mito de Eros e Psiquê, o qual você considera ser o mito da análise: a psique está sempre atraindo amor, enquanto eros está sempre tentando encontrar a alma, de forma que tudo que a alma faz, não importa quão patológico, pode ser amado e tudo o que é erótico, não importa quão patológico, é psicológico.*

J.H. O amor não é pessoal — este é o ponto principal e é isto que sempre esquecemos. Esta é sua maior ilusão, sua grande histeria. Porque ele não é seu, ele não é meu. Ele provavelmente não pertence nem mesmo aos deuses. O próprio eros não era um deus. A noção de amor é muito estranha, muito alheia ao caráter de um deus no contexto da cultura grega e no contexto de muitas culturas, exceto no cristianismo. Supõe-se que esta seja a grande virtude cristã, sua singularidade: o cristianismo fez do amor o seu Deus. Então, para estar próximo do Deus de nossa cultura devemos sentir amor, amar, ser amável, amar aos outros e a nós mesmos como um mandamento, e assim o amor se torna um imenso problema, o principal empenho da terapia. A questão do amor na cultura cristã está toda embrulhada com a salvação de nossas almas e com o encontro com Deus. Até mesmo esta nossa conversa, o fato de estarmos falando tanto sobre o amor, nos coloca bem na armadilha da cultura cristã. Se pudéssemos deixar o amor em paz, se pudéssemos dar a ele mais espaço e menos atenção, ele poderia cuidar de si mesmo. É como receber um amigo em sua casa: não o amole tentando colocá-lo à vontade. Ou um paciente: não fique medindo a febre dele o tempo todo. Se pudéssemos simplesmente sair do caminho, deixá-lo ir e vir... Estamos sempre tentando canalizar o amor, "relacionar", "partilhar"... ufa! Por que?

L.P. *Por que? Porque temos medo dele.*

J.H. ... e ele pode surgir a qualquer minuto. E o que ele quer é a psique. Ele está atrás da alma, tem um trabalho a realizar na alma. Quero dizer, o amor está muito mais interessado em nossas fantasias, em nossas imagens e complexos do que em nós, pessoalmente, naquilo que sentimos, precisamos, desejamos. Por isso morremos de medo. Ele ativa todos os complexos. Torna nossas fantasias irresistíveis, douradas. Afrodite Dourada, como foi chamada. Brilhante. Flamejante. Mas o amor não é uma força independente exterior às imagens, aos complexos. Está bem dentro deles. O eros já está dentro da psique, pronto para pegar fogo. A psique é um material altamente inflamável. Estamos sempre embrulhando nossas coisas com amianto, mantendo nossas imagens e fantasias ao alcance da mão porque elas estão cheias de amor. Veja: Freud estava certo — o conteúdo da psique reprimida é eros. E resistência tem a ver com paredes à prova de fogo. Naturalmente todo mundo dá as costas para a análise, para seus sonhos e figuras tais como Maribel. Elas estão carregadas de amor. Mas o caminho para o amor não é imediato, você não pode ir direto nele. Teparias que encorajam o amor, que se focam na transferência, cometem o erro de ir direto nele. Pelo menos para mim o caminho é via alma, via imagem, onde o amor se esconde... É só começar a falar com alguém a partir da alma, sobre a alma, sobre o medo da morte, sobre uma lembrança dolorosa, pequenas desavenças, isolamento, e num instante surge o amor. Naturalmente, ele irrompe em sessões de terapia: onde houver psique, há amor, eros. O amor vem à terapia para encontrar a psique, para se tornar psicológico, e é realmente um erro psicológico tomar o amor de uma maneira pessoal. Claro, parece pessoal, porque amor é interior, íntimo, mas esta interioridade refere-se à alma, à ativação de complexos.

Os alquimistas dizem que à medida que você realiza o trabalho, o trabalho com a alma, o fazer-alma, "o amor do trabalho crescerá em você". Eles não disseram que você vai amar mais ou melhor, não disseram que o trabalho vai amá-lo mais, que você vai encontrar amor ou ser amado. Acho que estavam se referindo ao estranho fato de que na medida em que você se ocupa da psique há este "crescimento". A alma cresce com um amor vegetal, um amor mineral — e, claro, um amor animal ao qual estamos mais próximos e podemos reconhecer melhor. Este crescimento não é um aumento da consciência. Não é um crescimento como maturação ou desenvolvimento: a fantasia do "desenvolvimento". Sob estas idéias humanistas e seculares há uma atividade alquímica acontecendo no reino vegetal e no reino mineral, como se as folhas nas árvores brotassem na primavera simplesmente por amor, como se os rubis e as esmeraldas crescessem nas rochas como gotas de um intenso amor, como se as próprias rochas estivesem cheias de desejo, buscando uma intensidade cristalina, alguma luminosidade dentro delas mesmas. Bem, tudo isto exige calor, uma terrível pressão dentro do tronco da árvore, dentro da mina, de forma que quando estamos apaixonados ficamos corados e quentes — este é o amor alquímico crescendo em você. Concreto mesmo. Físico, porque acontece dentro da própria natureza.

Buda parece ter dito que há medo em todas as coisas — não será isto o eros dentro das coisas, intensificando-as numa imagem inteligível, em matéria psíquica, e as coisas resistem? Sentem medo. A mina quer ficar como está; esta é a natureza da substância como foi definida por Spinoza — o desejo de permanecer exatamente como você é. Não acredito que possa haver amor sem medo. Mas estas emoções não são você — ou é um tipo diferente de você, não aquele ego e aquele *self*, mas você como um objeto daquilo que está acontecendo, ou como um vaso no qual o crescimento está acontecendo. Você está sendo construído pelo desejo que há em seu próprio magma, que é, claro, nada mais do que seus complexos, seus problemas, as inalteráveis patologias do magma. É aí que está o calor, e é aí também onde se dá o crescimento do amor.

L.P. *À medida que examinamos detalhadamente as patologias do amor é que as coisas parecem piorar, há um "crescimento", uma melhora. É como o velho ditado: primeiro uma coisa precisa piorar para depois melhorar. Neste sentido, se temos medo de piorar, aquele crescimento do amor não pode ocorrer. Isto significa que as patologias são necessárias para amar.*

J.H. Sem dúvida — e isto é em parte a razão de termos passado tanto tempo falando de patologias. Mas agora podemos ver por que tivemos que dedicar tanta atenção a elas: porque elas são o magma do amor.

L.P. *Sinto que as patologias melhoram na medida em que o amor cresce e que agora estamos falando de cura.*

J.H. Talvez não devêssemos usar palavras tais como "melhor" e "pior". Talvez apenas a palavra "crescimento", tentando entender o crescimento do amor no sentido alquímico, tentando purificar este crescimento como se os rubis e as esmeraldas fossem purificações dos minérios, momentos de inteligência que se cristalizam como *insights* no meio de algum estúpido problema amoroso quando realmente existe calor. Estou querendo falar de algo que está além do crescimento do amor como compaixão ou simpatia por todas as coisas, como já foi chamado, além até mesmo do objetivo da terapia que freqüentemente mencionei: *Gemeinschaftsgefühl* de Alfred Adler, o sentimento comunitário, porque está além do sentimento e até da extensão do sentimento ao infinito e também da qualidade do ilimitado — que pode ser no final das contas apenas um subjetivismo mais amplo. Acho que o crescimento é mais uma intensidade, mas também não quero dizer paixão. É mais o reconhecimento da importância de cada momento, quando um momento se torna uma imagem, qualquer momento em que alguma coisa se clarifique e que haja tanta beleza, paz, alegria e excitamento.

Você pode chamar isto de cura, você pode chamar isto de transformação — há vários nomes. Mas vamos ficar com a palavra "amor" porque é maravilhoso perceber que o amor trabalha para a purificação, que sua intenção, que todo o seu fermento, toda a fervura, é seu "crescimento", tornar-se puro como manteiga, porque o que acontece é transparência. E quando tentamos "esclarecer" algo, ir ao passado para enxergar melhor, ou nos confessamos — tudo isto é parte da purificação do amor. Estamos trabalhando na transparência. Impossíveis e obscuros pontos do interior de uma pessoa tornam-se iluminados, a sombra, o homem mais feio, todas as vergonhas e os embaraços relativos ao *self* pessoal secreto e amarrado — bem, lá estão. "Bom dia! Como vai? Prazer em vê-lo!" Eles não desapareceram, não foram curados, nem integrados. Aquela histeria que você mencionou, aquelas ilusões: ali estão elas, mas tornaram-se transparentes, pelo menos por um momento, como rubis e esmeraldas. O leopardo não pode mudar suas manchas, mas as manchas podem ser pedras preciosas. Estou tentando dizer que sua sombra é sua virtude, e que é isto o amor. É isso que permanece — se alguma coisa tem que permanecer — depois que uma pessoa morre. Seus erros, suas características insuportáveis se tornam purificados, e você se lembra deles como virtudes. Eles aparecem nítidos e claros, como essências. É impressionante como a coisa mesma que você não podia tolerar na sua mãe ou no seu pai, na sua esposa ou no seu marido — eles morrem, e então os rubis aparecem bem lá na sombra...

E nós estivemos tentando alcançar isto na entrevista: deixar que a sombra entre, todas as confissões egocêntricas e as idéias infladas, toda *anima* e *animus*, seu tipo de questão e meu tipo de opinião, nossas terríveis limitações como pessoas, as limitações que pertencem às nossas naturezas, nossas manchas de leopardo... Oh, não penso que nós nos clarificamos, mas realmente sinto que alguma coisa alquímica esteve acontecendo e que a alma esteve presente o tempo todo, de modo que o embaraço, a vergonha e o medo, o revelar e o confessar, foi tudo parte da construção da intensidade em direção à purificação, o que significa que talvez o que estivemos fazendo foi parte do crescimento do amor.

L.P. *Nossa conversa insiste em recorrer ao modelo ou à forma do diálogo clássico, sobre o qual falamos no princípio, um diálogo que não apenas termina com amor, mas que parece fazê-lo conscientemente. Não podemos escapar à tradição.*

J.H. Também muito platônico. Chegamos até a apresentar um mito do amor...

L.P. *Você está falando do mito dos rubis e das esmeraldas?*

J.H. Estava pensando em transparência, em purificação. Penso que não estamos terminando nem com as asas platônicas nem com a redenção cristã, mas com uma coisa bem terra. Também não é *puer*, apesar de toda a conversa sobre fogo, essas idéias flamejantes. É terra porque estivemos lutando com rochas de minério, bem concreto. Síndromes e terapia; como trabalhar e escrever; Itália. Essas imensas figuras de peso como Freud e Jung — para não falar dos junguianos! Até de minha própria biografia. É um material difícil, duro, que tentamos clarificar. Suas perguntas estavam fazendo isso, e minhas divagações tentavam chegar aí: clarificar meus complexos sobre o *puer*, sobre Dallas, sobre cristianismo. Fomos levados para a vida concreta. Estivemos falando desta vida concreta em termos de terapia, mas terapia é na verdade um disfarce para a própria vida. O impulso de explicar cada uma destas coisas era no sentido de torná-las mais transparentes. E acho que terminamos. Tempo esgotado. O que está certo, pois quanto mais claras as coisas ficam menos você precisa se deter nelas, compreendê-las: seus motivos psicológicos, sua história, sua psicodinâmica. Apenas imagens. Nada mais a dizer. A transparência é o fim da psicologia. Está tudo ali, como aquelas miraculosas criaturas submarinas cujos corpos são geléias translúcidas, dissolvidas em sua própria transparência de forma que você pode enxergar direto o seu interior, e seus órgãos internos são cores vivas e brilhantes. Nada a esconder porque o que está ali é muito bonito.

L.P. *Como rubis e esmeraldas.*

J.H. E ao mesmo tempo eles são simplesmente fígados e estômagos.

L.P. *E aqueles truques e disfarces que você disse que eram necessários para uma revelação verdadeira?*

J.H. A água-viva é uma criatura muito escorregadia. Como dizer o que é revelação e o que é camuflagem?

L.P. *A camuflagem também é uma revelação, porque cada pessoa tem seu próprio jeito de se esconder. Camuflagem é simplesmente uma outra maneira de se revelar.*

J.H. Então não há nenhum disfarce possível numa entrevista. Ótimo. Isto a mantém transparente.

L.P. *Talvez possa parecer muito transparente pra você, ou pra nós, porque qualquer um pode escutar as fitas ou ler o livro e enxergar os órgãos internos — os complexos e as patologias. Na terapia, pelo menos, o que se torna transparente fica restrito ao consultório, mas uma entrevista tem o público em mente.*

J.H. Está aí para o público, como o meu sonho de fazer análise na rua. Entretenimento — sem nenhum anjo voando baixo, nenhuma visão platônica de coisas elevadas. Ainda assim alguma coisa importante aconteceu, mesmo que *nós* enquanto pessoas ainda estejamos aqui mostrando muito de nossas sombras — fígados e estômagos e manchas de leopardo —, a própria entrevista encontrou *sua* redenção. Ela quer retornar ao amor, como você disse; e é por isto que tentamos situar a entrevista num pano de fundo clássico, renascentista. Mas não são estes modelos históricos, nem mesmo o modelo platônico — o que realmente está na base da entrevista é o amor. E todo o esconde-esconde, o empurra-empurra entre nós, era pelo bem da entrevista, intensificando-a, desenvolvendo-a, para tornar *sua* forma mais clara.

L.P. *Se o contexto arquetípico da entrevista é o amor, se seu estilo — o qual queríamos descobrir lá no começo — toma sua forma no amor, ou tem o amor como origem, então vai ser muito difícil terminá-la. Ela parece querer continuar, parece ter uma vida própria...*

J.H ... porque quer continuar gerando, levando-nos a descobrir mais coisas. O tempo todo esteve gerando nosso comportamento e nos levando, por exemplo, a conversar num estilo de entrevista, numa retórica de entrevista. No começo pensei que estivesse nas minhas mãos, nas nossas mãos, mas nós não fizemos a entrevista, ela nos fez. Nós simplesmente estamos fazendo o que *ela* quer, aparecendo como ela quer. A entrevista fez com que nós dois pudéssemos sentar aqui, realizar o trabalho, gostar dele e gostar um do outro. O amor está bem aí. É como se o estilo, a entrevista como uma coisa viva, nos tivesse apanhado. Agora devemos simplesmente parar de falar, porque a entrevista dificilmente poderá prosseguir sem a gente, e temos que dizer pra ela: "Obrigado, Entrevista, mas já basta. Temos que ir agora. Por favor, permita-nos parar por aqui".

DAG GRÁFICA E EDITORIAL LTDA.
Av. N. Senhora do Ó, 1782, tel. 857-6044
Imprimiu
COM FILMES FORNECIDOS PELO EDITOR